敦煌文獻與文學叢考
上冊

黃永武 著、鄭阿財 編

總序

　　浙江，我國「自古繁華」的「東南形勝」之區，名聞遐邇的中國絲綢故鄉；敦煌，從漢武帝時張騫鑿空西域之後，便成為絲綢之路的「咽喉之地」，世界四大文明交融的「大都會」。自唐代始，浙江又因絲綢經海上運輸日本，成為海上絲路的起點之一。浙江與敦煌、浙江與絲綢之路因絲綢結緣，更由於近代一大批浙江學人對敦煌文化與絲綢之路的研究、傳播、弘揚而令學界矚目。

　　近代浙江，文化繁榮昌盛，學術底蘊深厚，在時代進步的大潮流中，湧現出眾多追求舊學新知、西學中用的「弄潮兒」。二十世紀初因敦煌莫高窟藏經洞文獻流散而興起的「敦煌學」，成為「世界學術之新潮流」；中國學者首先「預流」者，即是浙江的羅振玉與王國維。兩位國學大師「導夫先路」，幾代浙江學人（包括浙江籍及在浙工作生活者）奮隨其後，薪火相傳，從趙萬里、姜亮夫、夏鼐、張其昀、常書鴻等前輩大家，到王仲犖、潘絜茲、蔣禮鴻、王伯敏、常沙娜、樊錦詩、郭在貽、項楚、黃時鑑、施萍婷、齊陳駿、黃永武、朱雷等著名專家，再到徐文堪、柴劍虹、盧向前、吳麗娛、張涌泉、王勇、黃征、劉進寶、趙豐、王惠民、許建平以及馮培紅、余欣、竇懷永等一批更年輕的研究者，既有共同的學術追求，也有各自的學術傳承與治學品格，在不同的分支學科園地辛勤耕耘，為國際「顯學」敦煌學的發展

與絲路文化的發揚光大作出了巨大貢獻。浙江的絲綢之路、敦煌學研究者，成為國際敦煌學與絲路文化研究領域舉世矚目的富有生命力的學術群體。這在近代中國的學術史上，也是一個值得關注的現象。

始創於一九八七年的浙江大學，不僅是浙江百年人文之淵藪，也是近代中國社會科學與自然科學英才輩出的名校。其百年一貫的求是精神，培育了一代又一代腳踏實地而又敢於創新的學者專家。即以上述研治敦煌學與絲路文化的浙江學人而言，不僅相當一部分人的學習、工作與浙江大學關係緊密，而且每每成為浙江大學和全國乃至國外其他高校、研究機構連結之紐帶、橋梁。如姜亮夫教授創辦的浙江大學古籍研究所（原杭州大學古籍研究所），一九八四年受教育部委託，即在全國率先舉辦敦煌學講習班，培養了一批敦煌學研究骨幹；本校三代學者對敦煌寫本語言文字的研究及敦煌文獻的分類整理，在全世界居於領先地位。浙江大學與敦煌研究院精誠合作，在運用當代信息技術為敦煌石窟藝術的鑑賞、保護、修復、研究及再創造上，不斷攻堅克難，取得了舉世矚目的成就，拓展了敦煌學的研究領域。在中國敦煌吐魯番學會原語言文學分會基礎上成立的浙江省敦煌學研究會，也已經成為與甘肅敦煌學學會、新疆吐魯番學會鼎足而立的重要學術平臺。由浙大學者參與主編同浙江圖書館、浙江教育出版社合作編撰的《浙藏敦煌文獻》於二十一世紀伊始出版，則在國內散藏敦煌寫本的整理出版中起到了領跑與促進的作用。浙江學者倡導的中日韓「書籍之路」研究，大大豐富了海上絲路的文化內涵，也拓展了絲路文化研究的視野。位於西子湖畔的中國絲綢博物館，則因其獨特的絲綢

文物考析及工藝史、交流史等方面的研究優勢，並以它與國內外眾多高校及收藏、研究機構進行實質性合作取得的豐碩成果而享譽學界。

現在，我國正處於實施「一帶一路」偉大戰略的起步階段，加大研究、傳播絲綢之路、敦煌文化的力度是其中的應有之義。這對於今天的浙江學人和浙江大學而言，是在原有深厚的學術積累基礎上如何進一步傳承、發揚學術優勢的問題，也是以更開闊的胸懷與長遠的眼光承擔的系統工程，而決非「應景」、「趕時髦」之舉。近期，浙江大學創建「一帶一路」合作與發展協同創新中心，舉辦「絲路文明傳承與發展國際學術研討會」，都是在新的歷史條件下邁出的堅實步伐。現在，浙江大學組織出版這一套學術書系，正是為了珍惜與把握歷史機遇更好地回顧浙江學人的絲綢之路、敦煌學研究歷程，奉獻資料，追本溯源，檢閱成果，總結經驗，推進交流，加強互鑑，認清歷史使命，展現燦爛前景。

浙江學者絲路敦煌學術書系編委會

二〇一五年九月三日

說出
明版

　　本書系所選輯的論著寫作時間跨度較長，涉及學科範圍較廣，引述歷史典籍版本較複雜，作者行文風格各異，部分著作人亦已去世，依照尊重歷史、尊敬作者、遵循學術規範、倡導文化多元化的原則，經與浙江大學出版社協商，書系編委會對本書系的文字編輯加工處理特做以下說明：

　　一、因內容需要，書系中若干卷採用繁體字排印；簡體字各卷中某些引文為避免產生歧義或詮釋之必須，保留個別繁體字、異體字。

　　二、編輯在審讀加工中，只對原著中明確的訛誤錯漏做改動補正，對具有時代風貌、作者遣詞造句習慣等特徵的文句，一律不改，包括原有一些歷史地名、族名等稱呼，只要不存在原則性錯誤，一般不予改動。

　　三、對著作中引述的歷史典籍或他人著作原文，只要所注版本出處明確，核對無誤，原則上不比照其他版本做文字改動。原著沒有注明版本出處的，根據學術規範要求請作者或選編者盡量予以補注。

　　四、對著作中涉及的敦煌、吐魯番所出古寫本，一般均改用通行的規範簡體字或繁體字，如因論述需要，也適當保留了一些原寫本中

的通假字、俗寫字、異體字、借字等。

　　五、對著作中涉及的書名、地名、敦煌吐魯番寫本編號、石窟名稱與序次、研究機構名稱及人名，原則上要求全卷統一，

　　因撰著年代不同或需要體現時代特色或學術變遷的，可括注說明；無法做到全卷統一的則要求做到全篇一致。

書系編委會

目次

上冊

黃永武先生與敦煌學
及其敦煌唐詩研究之成就

一、引言

浙江雖與敦煌一在東南一在西北，遠隔千山萬水，遙遙相望，但在中國敦煌學發展史上卻始終是居於重鎮的地位。自一九一〇年以來，以羅振玉（1866-1940）、王國維（1877-1927）為首的一大批浙江籍以及在浙江長年工作、生活的學者，一直為推動中國敦煌學的形成與研究發展而努力，並做出了卓越的貢獻。浙江大學「一帶一路」合作與發展協同創新中心為總結浙江學者敦煌學與絲路文化研究的成績，擬編輯出版《浙江學者絲路敦煌學術書系》。

相對於浙江，臺灣同處東南，遠居海隅，與敦煌的距離更是遙遠，但在敦煌學的發展上，學者的孜孜矻矻努力以赴，確是卓有成就。其中文學家兼學者的黃永武先生，不但情深心細，才氣縱橫，而且學問淵博，著作豐富。他在文學創作上，筆下厚度與深度，獨樹一格的優雅風貌，稱著文壇。學術研究上，不論小學、經學、中國詩

學……面向寬廣，尤以中國詩學的研究成果最為卓著，學林共稱。而在敦煌學方面也是貢獻良多，特別在敦煌文獻的編纂與敦煌唐詩之研究上，更是影響深遠。《浙江學者絲路敦煌學術書系》的編選黃先生自然是不可或缺。

由於黃先生現旅居加拿大，專事寫作，書系編委會以余長年關注敦煌學研究發展，對臺灣敦煌學研究信息較為嫻熟，因此要我承擔黃先生部分的編務工作；心想一九八二年我的博士論文《敦煌孝道文學研究》口試時黃先生是答辯委員，是我的座師，且平時對我鼓勵有加，編務自是不敢推辭。如今編選完成，編委希望於書前略做導讀，[1]並簡述其總體學術成果與特色，論其在敦煌文獻編纂的貢獻以及敦煌唐詩研究等方面的成就。佛頭著糞，不敢妄言導讀，只是略盡弟子之誼，希望能有助本書之閱讀。

二、黃永武先生的學術簡歷

黃永武本名淮，字永武，以字行。浙江省嘉興市嘉善縣人。一九三六年生。一九四五年抗戰勝利，由屯溪回上海讀小學五年級。一九五〇年年底，由上海至香港。來年，由香港到臺灣，插班入臺南一中夜間補校初中三年級就讀。一九五二年考入省立臺南師範學校，並開始寫作、投稿。一九五六年師範畢業後，任教於臺南師範附屬小學，出版了第一本著作《呢喃集》，[2]署名「詠武」。一九五七年發表了《〈易

1　朱嘉雯：《勇闖天涯》，《文訊》月刊第 322 期，2012 年 8 月，第 41-50 頁。此文系該刊《人物春秋》專欄「資深作家」專題對黃永武先生的採訪報道，可資參考。另參酌黃永武先生 2013 年 11 月自編「黃永武著作年曆簡表」（見《我心萬古心——我怎樣做學問》附錄，臺北三民書局 2014 年版）。

2　臺南學興書局 1956 年版。

經〉蒙卦啟示的教育理論與方法》，[3]是他第一篇正式發表的學術文章。

一九五八年考入私立東吳大學中國文學系就讀，創辦「大學詩社」，任社長；一九六一年出版《大學詩刊》，為首開臺灣大學寫作新詩風氣之社刊，期間常在《聯合報》副刊發表創作的新詩。

一九六二年東吳大學畢業，考入臺灣師範大學「國文研究所」碩士班，一九六四年以論文《形聲多兼會意考》[4]獲得碩士學位。畢業後，曾在臺北第一女子中學任教；後來出版的修辭學專著《字句鍛鍊法》一書，其初稿開始就是為北一女學生上課用而編寫的。[5]一九六五年進入同校博士班繼續深造。期間持續發表多篇與《易經》有關的論文。[6]一九六九年，書稿《字句鍛鍊法》正式由臺灣商務印書館出版。[7]一九七〇年臺灣師範大學「國文研究所」博士班畢業，以《許慎之經學》[8]獲「文學博士」學位。

一九七一年七月出版《詩心》，[9]收入剖析唐詩的論著十二篇，材料專業，文字通俗，深入淺出，成為一本雅俗共賞的詩歌鑑賞著作；

3　《臺灣教育輔導月刊》，1957 年 1 月，第 14-16 頁。

4　載《臺灣省立師範大學「國文研究所」集刊》9，1965 年 6 月，第 141-311 頁。1969 年由臺灣中華書局正式出版。

5　黃永武在《你也有散文理論嗎？》中説：「我在碩士畢業時，曾去臺北一女中教過『文章做法』選修課，我認真準備功課，想趁此機緣寫一本《文章學》。後來出版的《字句鍛鍊法》，就是當時講稿上篇，也算是散文理論的第一步。」(見《好句在天涯——我怎樣寫散文》，臺北三民書局 2012 年版，第 75 頁)

6　如《王輔嗣明爻辨位例釋》，《中山學術文化集刊》2，1968 年 11 月，第 747-758 頁；《易先後天卦位合言及遞用例證》，《中山學術文化集刊》4，1969 年 11 月，第 35-44 頁。

7　《字句鍛鍊法》，臺灣商務印書館 1969 年版。

8　《許慎之經學》，臺灣中華書局 1972 年版。

9　《詩心》，臺北三民書局 1971 年版。

八月任職高雄師範學院「國文系」主任兼教務長，籌編《高雄師院學報》並於創刊號發表《怎樣欣賞唐詩》長文。[10] 一九七四年創辦高雄師範大學「國文研究所」並兼任所長。編纂出版專題套書《杜詩叢刊》；[11] 十月獲第一屆金筆獎。一九七六年《中國詩學：設計篇》、《中國詩學：鑑賞篇》出版，[12] 並編纂印行《杜甫詩集四十種索引》。[13] 一九七七年出任中興大學文學院院長，出版《中國詩學：考據篇》。[14] 一九七九年出版《中國詩學：思想篇》。[15] 創立中國古典文學研究會，任創會會長並召開第一屆大會，出版《古典文學》第一期。一九八〇年七月父親黃麟書（1899-1980）逝世，開始著手編纂《敦煌寶藏》以資紀念。

　　一九八一年，《敦煌寶藏》第一輯十冊問世。一九八三年中興大學文學院院長任期屆滿，赴美國康奈爾大學任訪問教授；出版與張高評合著之《唐詩三百首鑑賞》，[16] 並與張高評開始編纂《全宋詩》。一九

10　《高雄師院學報》1，1972 年 12 月，第 3-124 頁。

11　《杜詩叢刊》全 72 冊，臺北大通書局 1974 年版。

12　《中國詩學：設計篇》，臺北巨流圖書公司 1987 年版。此書旨在說明古典詩的匠心設計，如意象的浮現、字句的密度、氣勢強度、音響奧秘，及神韻、空靈如何具體呈現等；《中國詩學：鑑賞篇》，臺北巨流圖書公司 1987 年版。旨在闡述古典詩歌的詩人通過設計如何將藝術推向至美的境界。透過細密剖析，將抽象之美具體化，讓隱微之美顯現出來。

13　《杜甫詩集四十種索引》，臺北大通書局 1976 年版。

14　《中國詩學：考據篇》從幾則考據趣例入手，引讀者走進求古詩之真的殿堂——字詞校勘、佚詩搜輯、真偽鑑別、注釋訂補、音律規則、詩論源流、代表作挑選、詩史互證和詩歌史流派等等，既林林總總，洋洋大觀，又深入淺出，趣味盎然。

15　《中國詩學：思想篇》提示了淵源追溯、歷史演進、類別釐分、層次階進、心理反映、原型套用、神話探索、意識比較、思潮影響、哲理研采十個路徑。深入傳統思想的核心儒、釋、道三家之外，還著意於鳥獸蟲魚、花木瓜果，乃至江水美人等中國古典詩歌創作的思想原型，探討中華民族思維的集體理念直至集體無意識層面。

16　《唐詩三百首鑑賞》，黃永武、張高評合著，臺北尚友出版社 1983 年，初版，臺北黎明文化出版公司 1986 年第二版。

八四年返回中興大學任教，出版《詩與美》。[17] 一九八五年出任成功大學文學院院長，創辦歷史語言研究所並兼任所長；出版《載愛飛行》、《珍珠船》、[18]《抒情詩葉》等書，並編纂出版《敦煌叢刊初集》，同年《敦煌寶藏》全部一百四十冊印成。一九八六年編印《敦煌古籍敘錄新編》及《敦煌遺書最新目錄》出版。

　　一九八七年將十多年考訂敦煌寫卷李白、王昌齡、孟浩然、白居易等詩篇價值之篇章，結集成《敦煌的唐詩》出版，藉以說明敦煌資料對唐詩研究的重要性。又結集相關文章，出版《讀書與賞詩》一書。[19] 一九八八年轉往市立臺北教育大學任教。一九八九年與施淑婷合撰《敦煌的唐詩續編》。在金山農場置「愛廬」，開始在《中央日報》開闢《愛廬小品》專欄；又在《中華日報》開闢《海角讀書》專欄；《新生報》開闢《詩香谷》專欄，大量進行文學創作，出版《詩林散步》。一九九二年出版《詩香谷》第一集、第二集；《愛廬小品》（《靈性》、《生活》、《勵志》、《讀書》）四冊及《詩香谷》。一九九三年出版《愛廬談文學》、《愛廬小品》。一九九五年出版《愛廬談心事》。

　　一九九六年二月從市立臺北教育大學退休。八月回母校東吳大學中國文學系任教。一九九七年出版《生活美學》（分《天趣》、《諧趣》、《情趣》、《理趣》四冊）。一九九八年七月辭去東吳大學教職，移居加

17　《詩與美》，臺北洪範書店 1984 年版。此書系作者繼《中國詩學》後，融匯學術思考與現實賞析，探索古今詩藝之美，旁徵博引，是一部深入淺出、自成體系且具有創意的詩論。希望更上層樓地欣賞中國詩的崇巍與精深。

18　《珍珠船》，臺北洪範書店 1998 年版。本書透過深入、紮實的比類，探討傳統古典詩和一般文學史中值得深思的課題，包含十二生肖之謎、說金縷衣、唐代的酒壺、具象詩、孫悟空和豬八戒的由來……是一部學術普及可讀性高的新書。

19　《讀書與賞詩》，臺北洪範書店 1987 年版。收入十六篇文章，內容有論寫作、紀壯游、說閒情，涉及讀書、賞詩，文筆寬厚，理趣優美，結合古典和現代的學術，是兼具知性和感性的散文集。

拿大，專事寫作。出版《愛廬談諺詩》、《詩與情》。[20]

　　二〇〇〇年六月出版《我看外星人》。二〇〇一年出版《山居功課》。二〇〇二年七月新增訂本《字句鍛鍊法》由洪範書店重排問世。二〇〇六年增訂本《抒情詩葉》問世，並展開《中國詩學》「鑑賞篇」、「思想篇」、「設計篇」、「考據篇」等的增訂工作。二〇〇八年新增本《中國詩學：鑑賞篇》、《中國詩學：考據篇》出版。[21]並將《林下小記》稿件改名為《黃永武隨筆》印行。[22]二〇〇九年新增本《中國詩學：設計篇》、《中國詩學：思想篇》出版。[23]二〇一一年將《易象類釋》擴編並改名為《黃永武解周易》印行。[24]二〇一二年四月出版《好句在天涯——我怎樣寫散文》；九月《愛廬小品》分開成《靈性》、《生活》、《勵志》、《讀書》四本由桂林灕江出版社出版簡體字版，《中國詩學》增訂本的簡體字版則由北京新世界出版社發行，更便於大陸讀者與學界之閱讀與參考。二〇一三年四訂《字句鍛鍊法》（定稿本）。[25]二〇一四年出版《我心萬古心——我怎樣做學問》。[26]

20　《詩與情》，臺北三民書局 1998 年版。書中擷拾歷來感人情詩，透過讀書筆札之餘興，加以解說精要，使人讀來靈心浚發，感受怡然。

21　新增本《中國詩學：鑑賞篇》，臺北巨流圖書公司 2009 年版；新增本《中國詩學：考據篇》，臺北巨流圖書公司 2009 年版，新增「詩歌考據趣例」一章。

22　《林下小記》四冊稿件分寫景、記學、說理、關情四輯，改名為《黃永武隨筆》上下二輯，是其退休後旅居海外寫作的散文篇章。文章曼妙，雋永深刻，餘味無窮。

23　新增本《中國詩學：設計篇》、新增本《中國詩學：思想篇》，臺北巨流圖書公司 2009 年版。

24　《黃永武解周易》，臺北新文豐出版公司 2011 年版。本書改正《易經》之訛字，力求重現經文原貌；歸納分析卦象，歸為一統的條例，並考辨新出土簡帛易經之異文。

25　《字句鍛鍊法》，臺北商務印書館 1969 年版。增訂本，改由洪範書店 1986 年 7 月印行。新增訂本，洪範書店 2002 年 7 月印行。2013 年完成第四次增訂《字句鍛鍊法》（定稿本）。

26　《我心萬古心——我怎樣做學問》，臺北三民書局 2014 年版。本書以三十餘篇散文隨筆和讀者交流，將自身學術研究過程以實際經驗例證對做學問的方法進行現身說法。

三、總體學術成果與特色

近代學者兼文學家不多，文學家兼學者更是稀少。學術發展，分工專細，學者之中跨領域者有限，能通古今，擅寫作者尤為罕見。黃永武先生文學創作與學術研究兼通，且二者皆能卓然有成，為當代文壇之巨擘，學術之大家，更屬奇特。

黃先生年輕起即喜好寫作，並且養成每天清晨寫作的習慣，持續不斷，數十年如一日；退休後更是樂此不疲，尤其是寫作各類散文。從二十歲第一本作品《呢喃集》的出版，至今已經集結成書正式出版的有：《心期》、《載愛飛行》、《愛廬小品》（靈性、生活、勵志、讀書四冊）、《詩香谷》（第一集、第二集）、《愛廬談文學》、《愛廬談心事》、《生活美學》（天趣、諧趣、情趣、理趣四冊）、《愛廬談諺詩》、《詩與情》、《我看外星人》、《山居功課》、《黃永武隨筆》（上、下兩冊）……

黃先生學術研究與文學創作的能量無限，成就卓越，貢獻多方，影響深遠。研究與創作二者相互交流，彼此會通，學術著作獨樹一幟，自成一家；文學創作雋永深刻，餘味無窮。

黃先生自述自己文學之路的確有些特殊。大多數的人，到三十歲時學識已經「大定」，不再有幡然改轍的飛躍進程。而他「至四十歲後編敦煌卷，五十歲後寫散文書，幾乎每隔十年，仍對陌生領域具有高昂挑戰迎戰的好奇心。六十歲後寫外星人，寫域外考古的中華文化，七十歲後又寫《易經》」。[27] 可見其研究領域是廣泛的，同時既具深厚的小學根柢，又在不同時段中有新開創的不同研究課題，且均能持之以恆，深入鑽研，而呈現相當的深度與廣度。加上善於將其散文特色運用在學術成果的表現上，大大提升了學術成果的可讀性、趣味性，

27　黃永武：《好句在天涯──我怎樣寫散文》，臺北三民書局 2012 年版，第 2 頁。

更造就了獨特的學術風格。[28] 其學術著作等身，不論在文字學、經學、詩學、修辭學、文學批評、敦煌學、文獻學，以及《周易》學、《詩經》學，皆有獨到之見解。

　　綜觀其學術研究的著作歷程，明顯呈現出由小學而經學，由經學而文學的進程。眾所皆知，傳統中文系的學科可大別為考據、義理、辭章三大領域，每一領域中又有無數學問。黃先生涉略既廣，鑽研也深。他在《學文的初衷》裡說：「文學天地裡有考據、義理、辭章的不同路程，每路段使用不同的進行工具：遇到訓詁聲韻的考據之學，我就得步行，步步踏實，不容蹈虛；遇到群經釋道的義理之學，我就得划舟，涵泳江海，不容急躁；遇到寫詩作文的辭章之學，我就得飛航，凌空超絕，不容憑藉。」[29] 可見他的研究表現寬廣，面向多方。總體表現，概而論之，其特色與貢獻，大別有三：一是傳統小學與經學之研究，主要成果如：《形聲多兼會意考》、《許慎的經學》、《黃永武解周易》等。二是研究中國古典詩學與修辭學，主要成果如：《字句鍛鍊法》、《中國詩學》（鑑賞篇、思想篇、設計篇、考據篇）、《詩與美》、《讀書與賞詩》、《唐詩三百首鑑賞》等。三是敦煌學方面，既在敦煌文獻資料之編輯流布做出貢獻，如：《敦煌寶藏》一百四十巨冊之出版，《敦煌叢刊初集》、《敦煌古籍敘錄新編》及《敦煌遺書最新目錄》之編輯印行。又能從敦煌文獻資料中，關注唐人詩篇，充分發揮中國詩學

28　有關黃先生散文的評論者甚多，王偉勇：《析論黃永武先「言而有據」的散文寫作特色》中說：「筆下總帶著歷史的厚度與哲思的深度，感性、理性兼備，從容優雅，溫柔敦厚，具有詩的興味與趣味。」（見《文學新鑰》2010 年第 12 期，第 45 頁）

29　黃永武：《好句在天涯──我怎樣寫散文》，臺北三民書局 2012 年版，第 3 頁。

之廣博知識與深厚學養，成就獨到之見解，成就卓越，深受肯定。[30]

　　黃氏治學，從經學、考據入手，而後旁通義理，再落實到文學研究及散文創作上。分析縝密，語必有據，是他的特色；用專家的材料，寫通俗的文字，深入淺出，雅俗共賞，是他的總體風格與特色。

四、敦煌文獻編纂的貢獻

　　黃先生從事敦煌文獻整理與研究開始於一九八〇年。起因是父親黃麟書老先生逝世，黃老先生晚年潛心修佛，為感念父恩，乃著手編纂《敦煌寶藏》，以資紀念。編纂過程中，念及當時國人參考敦煌學相關書籍資料極其不易，特於編纂《敦煌寶藏》的同時也將搜輯所得早期出版的敦煌書籍二十多種，匯為十六冊，於一九八五年影印出版《敦煌叢刊初集》。[31] 其內容如下：第一冊：《英倫博物館漢文敦煌卷子收藏目錄》（翟爾斯）。附：《英倫所藏敦煌未知名殘卷目錄的新探索》、《敦煌六百無名斷片的新標目》（黃永武撰）；第二冊：《敦煌遺書總目索引》（王重民等編），附《劉銘恕〈斯坦因劫經錄〉之訂補》（黃永武撰）；第三、四冊：《敦煌劫餘錄》（陳垣）；第五冊：《敦煌石室畫像題識》（史岩纂）、《流沙遺珍》（金祖同輯）、《敦煌石室經卷中未入藏經論著述目錄》（李證剛纂）；第六冊：《敦煌石室遺書百廿種》（上）（羅振玉輯）、第七冊：《敦煌石室遺書百廿種》（中）（羅振玉輯）、第八冊：《敦煌石室遺書百廿種》（下）（羅振玉輯）；第九冊：《敦煌雜抄》（常

30　2010 年南華大學主辦「黃永武先生學術研討會」有多篇討論黃先生學術成就之論文，可資參考。如王偉勇：《析論黃永武先「言而有據」的散文寫作特色》（收入《文學新鑰》2010 年第 12 期）；林慶彰：《黃永武先生編纂叢書的貢獻》；張高評：《黃永武先生的學術成就》；陳章錫：《黃永武的經學主張與貢獻》（收入《文學新鑰》2011 年第 13 期）；林聰明：《論黃永武教授斠理敦煌唐詩的貢獻》；許建昆：《試論黃永武先生的散文書寫》（收入《文學新鑰》2011 年第 14 期）。

31　臺北新文豐出版公司 1985 年版。

鈞）、《敦煌隨筆》（常鈞）、《巴黎敦煌殘卷敘錄》（王重民）、《石室秘寶》（存古學會編）；第十冊：《敦煌石室寫經題記》、《敦煌雜錄》（許國霖）；第十一、十二冊《蘇俄所劫敦煌卷子目錄》（孟西和夫）；第十三冊：《敦煌遺書》（羽田亨輯）、《敦煌秘籍留真》（神田喜一郎輯）、《敦煌秘籍留真新編》（神田喜一郎輯）；第十四冊《敦煌變文字義通釋》（蔣禮鴻）；第十五冊《敦煌掇瑣》（劉復）；第十六冊《敦煌莫高窟石窟內容總錄》。

　　同年《敦煌寶藏》一百四十冊完整印成面世，成為敦煌學研究發展的重要基礎。其中第一到五十五冊為英藏敦煌卷子部分，根據英國博物館和日本東洋文庫合作一九五四年完成拍攝英藏敦煌漢文文獻的縮微膠卷翻圖版印行，包含了 S.1-6980 號，印本 P.1-19，及後來陸續補拍的殘片 S.6981-7599。第五十六到一百一十一冊根據北京圖書館藏敦煌文獻縮微膠卷翻印，自 0001-8738。第一百一十二到一百三十五冊為法藏敦煌資料，二十世紀七〇年代，法國發行了敦煌文獻的縮微膠卷八十九卷，計 P.2001-6038，由於法藏敦煌文獻基於保護考慮，館方於文獻原件上加上一層透明護膜，可免脆弱紙本的損毀，然卻影響拍攝的清晰度，使得法藏微卷質量不佳；出版公司據以翻印，質量效果就更差，造成許多圖版的難以辨識。第一百三十六到一百三十七冊則為日本大谷大學、龍谷大學等，及臺灣圖書館散藏收集所得的精華萃要的翻印，第一百三十八到一百四十冊主要據日本二玄社出版饒宗頤編《敦煌法書叢刊》加以翻印，為敦煌書法欣賞篇。還收入當時所能見到已公布的俄國敦煌文獻的部分圖版二十四號三十九種。

　　黃先生自言：「我不是敦煌專家，卻著手編《敦煌寶藏》，是反常，別人都替我捏把冷汗，認為最多是剪刀漿糊貼貼而已，哪知道我把數千號難以查明的無名斷卷一齊考出了經名，多少專家耗一生在夢想的

事竟實現了，就是合道。煌煌一百四十巨冊，大功告成在我手上，當然是奇趣一椿。」[32] 這是順著蘇東坡「反常合道生奇趣」的說法來發揮的。其實還有一椿為一般人所不知的事，那就是《敦煌寶藏》的編纂是在「請不起助理下，她（師母）一肩挑起；買不起微卷閱讀機，就自己用木箱做一個，木箱上開一個洞放微卷，箱內用燈光照，箱外用放大鏡看，煌煌大典，竟是如此克難設備下完成的」。我們很難想像數學系畢業的師母徐華美女士會對《敦煌寶藏》編纂的完成發揮極大的襄助之功。她與黃先生「共同讀完全部敦煌微卷，並從中歸納出各經卷的特點，……找出幾千號無名斷卷的書名」。[33] 這樣艱苦克難及同心協力下完成的學術貢獻，越顯得可貴而令人讚歎。

　　《敦煌寶藏》將當時可搜輯到的世界各地敦煌文獻資料複印件圖版集中複印確實是敦煌學界的一椿盛事。有了《敦煌寶藏》，從此學者不必遠赴英、法，也不必對著昏暗的閱讀機，便可在圖書館書桌上盡情地披閱珍貴的敦煌秘籍，這無疑快速提升了敦煌寫卷的閱讀環境，大大改善了敦煌學的研究條件，許多大學均購置，使各地所藏敦煌寫卷的閱讀更為普及而方便，研究風氣大開。促使敦煌學研究逐漸跳脫了抓吃式、尋寶式等個別寫卷的研究方式，而步入專題式的系統整理與研究。

　　在《敦煌寶藏》編輯的期間，黃先生還將披覽斷簡殘篇、無名缺題之敦煌寫卷，一一辨識考定，將其所得，分別撰寫《六百號敦煌無名斷片的新標目》、《英倫所藏敦煌未知名殘卷目錄的新探索》、《北平所藏敦煌「俟考諸經」的新標目》、《〈敦煌遺書總目索引〉之補正》

32　黃永武：《好句在天涯——我怎樣寫散文》，臺北三民書局 2012 年版，第 3 頁。
33　黃永武：《嫁給老「國文」》，《文訊》351，2015 年 1 月，第 108-110 頁。

等論文。為英藏 S.6980 後，微卷新公布的八百多號未標示的斷片、碎片，加以辨識，標目。同時就翟裡斯、劉銘恕等目錄對英藏寫卷未定名之殘卷，加以探索，給予標目定名。又對王重民等編《敦煌遺書總目索引》，北平藏卷中六十多則「俟考諸經」，進行檢索，加以定名。並補正王重民、劉銘恕《敦煌遺書總目索引》之闕漏。並將其成果輯入配合《敦煌寶藏》的檢索而編的《敦煌遺書最新目錄》一書，[34] 並附俄藏簡目，提供檢索敦煌寫卷的簡明目錄。

五、敦煌唐詩研究的成就

黃先生以一己之力，編成煌煌一百四十巨冊的《敦煌寶藏》，功在學界，有目共睹。而眾所周知，中國詩學研究是黃先生的研究主力，特別在唐詩研究上更是淵博而深邃。當接觸敦煌文獻中所保存的唐人詩篇，自然引發獨特的研究興味，更是多所創發。一九七七年起便先後發表一系列有關敦煌唐詩研究的論文篇章，如：《敦煌所見李白詩四十三首的價值》、《敦煌所見王昌齡詩七首的價值》、《敦煌所見孟浩然詩九首的價值》、《敦煌所見孟浩然詩十二首的價值》、《唐代有具象詩嗎》、《敦煌情歌》、《昔人已乘白雲去──敦煌本唐詩的價值》、《敦煌本白居易詩研究》、《敦煌所見白居易詩二十首的價值》、《敦煌本唐詩校勘舉例──試校敦煌伯二五五五號卷子中的二十七首唐詩》、《千金一字敦煌詩》、《敦煌卷本中的唐詩──介紹巴黎所藏伯三六一九號卷中的唐詩》、《敦煌本劉希夷詩四首研究》、《敦煌斯五五五號背面三十七首唐詩研究》、《敦煌本李嶠詩研究》……這些篇章都是他在敦煌唐詩研究的具體表現與成就。後來先後將這些積累十多年唐詩寫本考訂撰述的主要篇章收入《敦煌的唐詩》[35] 及與學生施淑婷合撰之《敦煌的

---

34 《敦煌遺書最新目錄》，臺北新文豐出版公司 1986 年版。

35 《敦煌的唐詩》，臺北洪範書店 1987 年版。

唐詩續編》[36]，成為敦煌詩歌研究的代表著作。另小部分選入《珍珠船》[37]、《讀書與賞詩》[38] 等書中，讓一般讀者對敦煌詩歌的意涵也得以嘗萬鼎之一臠。

從黃先生對敦煌寫卷所見李白、王昌齡、孟浩然、白居易等數十位詩人詩篇寫本價值的探究，提出其學術之判斷，並進行文藝賞析，可充分體會到敦煌寫本文獻對於唐詩研究的重要性，尤其黃先生還分別從字義、制度、音律、修辭、語彙、辨偽等面向細緻的論述敦煌寫本的唐詩，同時還每每以最達意的文字再現傳統，澄清公案，提供各界讀者共賞珍貴唐寫本唐人詩歌原貌的機緣。當一九八○年開始日本動員主要的敦煌學家編纂《講座敦煌》系列套書時，其中《敦煌の文學文獻》卷之編者金岡照光特別將其《敦煌所見李白詩四十三首的價值》請涉谷譽一郎譯成日文，收入韻文體類之第二節中，[39] 足見其在敦煌唐詩研究的地位與獨特貢獻。其研究特色主要在於充分利用原始材料，考鏡源流，辨音釋義，在以敦煌本為宗的同時，並能兼采今本以附益其義，而非一味迷信敦煌寫本。能廣博參酌諸家既有的研究成果，評論選擇又能嚴謹而做出正確的判斷。開創多元的校勘方法，推論闡發詳盡，論證嚴密，結論新穎，多所發明，尤其頗能理清唐詩的原始面貌，[40] 展現獨特的研究風華。

36　《敦煌的唐詩》，黃永武、施淑婷合著，臺北文史哲出版社 1989 年版。

37　《珍珠船》，臺北洪範書店 1985 年版。

38　《讀書與賞詩》，臺北洪範書店 1987 年版。

39　金岡照光編：《講座敦煌 9：敦煌の文學文獻》「四韻文體類」下「（二）敦煌に殘にさた李白詩四三首の価值」，東京大東出版社 1990 年版，第 267-338 頁。

40　林聰明：《論黃永武教授釐理敦煌唐詩的貢獻》，《文學新鑰》2011 年第 14 期，第 19-48 頁。

六、其他：有關敦煌文獻的叢考

　　除了敦煌唐詩研究的系列成果外，在一九八一年至一九八五年一百四十冊《敦煌寶藏》漫長的編印期間，黃先生依循敦煌史料，以及考古出土的石刻、古墓與廢墟所發掘的片圖隻字，撰述清新風趣的學術性散文多篇。這些短篇的學術性散文，筆調感性與理性兼具，處處顯露出淵博寬廣的學術根柢，而選題多新鮮奇異，趣味十足，形成極具「以專家材料，寫通俗文字」特色的學術散文。其內容涉及王昭君、西施等著名美人的歷史面貌，八仙過海、三十六禽與十二生肖的解謎，《西遊記》人物形象溯源，唐代的具象詩、突厥文與偽詩、怪字，以及漢代特技表演和唐詩中的酒壺……主題環繞詩歌、小説、戲劇、民俗、藝術等，將古典文獻中的「叢考」、「類稿」一類文章，發揮得淋漓盡致！後來將這些陸續發表於報章雜誌之篇章凡二十五篇，收羅結集成書，其中有關敦煌文獻的叢考的有：《沙漠大書坊——敦煌》、《榆林壁畫中的孫悟空》、《豬八戒的由來》、《唐代的離婚證書》、《夢裡乾坤》、《唐朝的國際球賽》、《久已失傳的望氣術》、《新年談祥瑞》、《武則天喜造怪字》、《唐代有具象詩嗎》、《孟浩然集內的偽詩》等。此類文筆，古人每稱之為「叢考」或「類稿」，黃先生則以其「一疑偶析，如獲珠船」，乃將此書取名為《珍珠船》，個中樂趣，不言可喻。其參考價值與意義，自是不容小覷。

四川大學中國俗文化研究所長江學者講座教授
南華大學文學系教授兼敦煌研究中心主任
鄭阿財

英倫所藏敦煌未知名殘卷目錄的
新探索（上）

　　敦煌卷子中，由於有許多斷裂、殘碎的情形，致使卷首、卷尾失去經卷的名目，成為未知名的殘卷。學者為求利用敦煌卷子作研究，必須先將各卷編號，並加以標定目錄，英倫所藏的敦煌卷子，自斯坦因氏編號以後，小翟理斯（Lionel Giles）曾作《英倫博物館漢文敦煌卷子收藏目錄〉》（1957），劉銘恕也曾作《斯坦因劫經錄》，輯入《敦煌遺書總目索引》（1962），劉書雖出版在小翟理斯之後，但不曾見到小翟理斯的書。另日人大淵忍爾對《敦煌道經目錄》的編輯，及《大正大藏》第八十五冊的輯成，亦對未知名殘卷作過一些考辨工作，可惜這英、中、日三方面的研究，對未知名殘卷的檢識，只作了一部分的辨明，還有許多殘卷仍未能被考查出來。

　　《敦煌遺書總目索引》中劉銘恕所做的目錄，對於佛經道經，除原卷本有標題者外，對未知名的殘卷，考出極少，（自《敦煌寶藏》第一冊至二十冊，共考出小翟理斯不知名的經卷二十條，計斯341、斯

573、斯 622、斯 797、斯 832、斯 1087、斯 1306 三條、斯 1337、斯 1389、斯 1516、斯 1728、斯 1731、斯 2137、斯 2261、斯 2313、斯 2317、斯 2325、斯 2446 號）其餘只標「佛經」、「佛經疏釋」或「道經」字樣，劉氏面對微卷閱讀，查書實多困難，所以連「佛經」、「道經」也偶有標錯的，例如：

斯 1161 號，劉目標為佛經，實為道經：《洞淵神咒經》第四

斯 1267 號，劉目標為佛經，實為道經：《神人所說三元威儀觀行經》第二

　　至於小翟理斯的目錄，其查勘的精神及對卷子長度、紙色等記錄詳盡固然令人欽佩，但是有待補正的地方仍不少，小翟理斯的目錄可分三點來說：

　　一、是他已經查定經卷名目及章次的，這部分是他的最大貢獻，雖然其中不是完全沒有錯誤，例如斯 31 號，他標為《大般若波羅蜜多經》卷第三十二，並不對，應該是卷三百八十九才對。《大般若波羅蜜多經》重重覆覆許多次，每次只換幾個字，對勘時若未曾一字一字地查對完全，往往會弄錯。

　　二、是他未曾查定經名，卻推想歸入某一類經的，這部分錯誤較多，即使類別猜對，也沒有經名、卷次，亟待補正，試舉般若經一類為例：

如斯 1538 號，其實不是般若類，是《大智度論》卷第六十六

斯 1644 號，其實不是般若類，是《大寶積經》卷第四十九（這種例子很多，不能詳列）

　　三、　其他未歸類的經卷，當然更無法辨認經名。

　　筆者近年來因編輯《敦煌寶藏》，對於未知名殘卷的標目，成為編輯中的重點之一，由於疑經碎塊，以佛經、道經為多，所以必須耗費極長的時間，檢視《大藏經》及《道藏》，每一碎塊都與原書校對，目前查出未知名殘卷，已在百分之九十以上，待《敦煌寶藏》全部輯成，詳目及分經索引編妥，則數以千計的斷卷，大都能重新綴聯，那時候，一分敦煌遺書的詳確目錄及索引才告完成。

　　筆者編輯《敦煌寶藏》，一開始沒有用小翟理斯的目錄，完全憑敦煌殘卷去查找原書，雖然花費了過多的光陰與精力，但這些苦功夫、蠻功夫，帶給我許多寶貴的查書經驗與閱歷，也解決了許多前人留下的難題。並使我對殘卷碎片的檢出充滿信心，例如斯 6980 號至斯 7599 號，這五百多塊各家尚未曾辨認出來的無名碎片，以及其他各地所藏的敦煌無名殘卷，得賴前面苦工、蠻力的訓練，而順利地解決困難。

　　下面將小翟理斯、劉銘恕等未曾檢出的殘卷目錄，而為筆者所檢獲者，列舉部分如下，作為這次新探索的小小成果：

斯 33 號　　《佛說法句經》

斯 35 號　　《妙法蓮華經》卷第二譬喻品第三

斯 42 號　　《佛說胞胎經》

斯 107 號　　《太上洞玄靈寶升玄內教經》

斯 118 號　　《大般涅槃經》卷第二十三

斯 124 號　　《仁王般若波羅蜜經》卷上

斯 195 號　　《大智度論》卷十八

斯 211 號　　《瑜伽師地論》卷第九十四

斯 215 號　　《大方便佛報恩經》卷第五

斯 219 號　《大般涅槃經》卷第二十一

斯 224 號　《大智度論》卷第四十

斯 271 號　《梵網經》盧舍那佛說菩薩心地戒品第十卷上

斯 303 號　《梵網經》盧舍那佛說菩薩心地戒品第十卷上

斯 331 號　《大般涅槃經》卷第三十九

斯 486 號　《大般涅槃經》第八如來性品第四之五

斯 487 號　《究竟大悲經》卷第一

斯 489 號　《大般涅槃經》卷第二十

斯 506 號　《梵網經》盧舍那佛說菩薩心地戒品第十卷下

斯 538 號　《大通方廣懺悔滅罪莊嚴成佛經》卷中

斯 564 號　《入楞伽經》卷第二

斯 600 號　《羯磨》（比丘尼衣羯磨文）

斯 623 號　《大般涅槃經》卷第四

斯 629 號　《大智度論》卷二十二

斯 743 號　《大方等大集經》卷第四

斯 752 號　《佛說佛名經》卷第一寶達問答報應沙門品第一

斯 754 號　《羯磨》（比丘尼羯磨文）

斯 809 號　《三洞奉道科誡儀範》

斯 810 號　《太平九極太上中皇真經》

斯 812 號　《大佛頂如來放光悉怛多大神力都攝一切咒王陀羅尼
經》大威德最勝金輪三昧咒品卷上

斯 835 號　《摩訶般若波羅蜜經》卷第十三

斯 836 號　《大佛頂如來密因修證了義諸菩薩萬行首楞嚴經》卷第
四

斯 837 號　《佛說法句經》求善知識不惜內外壽命嫌疑品第十、普

光問如茲偈答品第十一

斯 858 號　《金光明最勝王經》卷第二

斯 861 號　《太上業報因緣經》卷第九

斯 918 號　《大樓炭經》卷第五

斯 919 號　《大佛頂萬行首楞嚴經》卷第六

斯 920 號　《佛本行集經》卷第二十三

斯 934 號　《增一阿含經》卷第十四

斯 967 號　《大方廣佛華嚴經》卷第二十八

斯 969 號　《四分律》卷第五十二

斯 971 號　《佛說證香火本因經》

斯 979 號　《大般涅槃經》卷第十五

斯 984 號　《四分律》卷第十

斯 985 號　《佛說大乘稻芊經》

斯 986 號　《道要靈祇神鬼品經》

斯 1003 號　《大般涅槃經》卷第二

斯 1018 號　《佛說無量大慈教經》

斯 1020 號　《道經閱錄儀》

斯 1043 號　《四分僧戒本》

斯 1061 號　《洞淵神咒經》卷第四

斯 1083 號　《四分戒本說六法文》

斯 1088 號　《大般涅槃經》卷第一

斯 1091 號　《大佛說乘稻芊經》

斯 1102 號　《賢愚經》卷第一摩訶薩埵以身施虎品第二

斯 1157 號　《金光明經》卷第四流水長者子弟品第十六

斯 1158 號　《大般若波羅蜜多經》卷第三百七

斯 1206 號 《維摩詰所說經》卷中

斯 1264 號 《勝天王般若波羅蜜經》卷第一

斯 1266 號 《維摩詰所說經》卷下

斯 1267 號 《神人所說三元威儀觀行》卷第二

斯 1272 號 《大乘阿毗達磨雜集論》卷第十三

斯 1341 號 《金光明最勝王經》卷第四

斯 1365 號 《雜阿含經》卷第二十五

斯 1376 號 《太上洞淵神咒經》卷第六

斯 1397 號 《佛說救拔焰口餓鬼陀羅尼經》

斯 1406 號 《大般若波羅蜜多經》卷第五百九十一

斯 1451 號 《佛說救疾經》

斯 1479 號 《佛說無常三啟經》

斯 1485 號 《不空羂索神變真言經》卷第二十四

斯 1487 號 《普賢菩薩行願王經》

斯 1489 號 《摩訶般若鈔經》卷第五

斯 1538 號 《大智度論》卷第三十二

斯 1539 號 《諸佛要集經》卷上

斯 1569 號 《大般涅槃經》卷第十二

斯 1570 號 《妙法蓮華經》卷第六隨喜功德品第十八

斯 1644 號 《大寶積經》卷第四十九

斯 1645 號 《太上業報因緣經》

斯 1726 號 《佛說無量大慈教經》

斯 1825 號 《四分律刪繁補闕行事鈔》卷中之三

斯 1877 號 《佛說觀佛三昧海經》卷第五

斯 1895 號 《四分律》卷第十一

斯 1921 號　《四分比丘尼戒本》

斯 1932 號　《太玄真一本際經》卷第十顯明功德品第二

斯 1941 號　《大般若波羅蜜多經》卷第五百一十六

斯 1979 號　《佛號天地八陽神咒經》

斯 2007 號　《佛說七俱胝佛母心大准提陀羅尼經》

斯 2045 號　《長阿含經》卷第十八世紀經閻浮提州品

斯 2062 號　《大方廣佛華嚴經》卷第二十一

斯 2109 號　《佛說新歲經》（另有《佛說恆水經》等三種在背面）

斯 2237 號　《四分比丘尼羯磨法》

斯 2260 號　《大智度論》卷第十

斯 2334 號　《大方等大集經》卷第二

斯 2486 號　《大佛頂如來密因修證了義諸菩薩萬行首楞嚴經》卷第

十

斯 2530 號　《成唯識論》卷第三

斯 2536 號　《佛為首迦長者說業報差別經》

（以上為《敦煌寶藏》第一冊至二十冊止）

英倫所藏敦煌未知名殘卷目錄的
新探索（中）

　　「英倫所藏敦煌未知名殘卷」本來是指所有卷首、卷尾或卷背，不
具經名、書名的殘卷而言，但本文因限於篇幅，所發表新檢出的殘卷
目錄，只將小翟理斯歸入「未經安置、未經證實」類，而劉銘恕也未
曾能考出殘卷名目的部分，舉例發表。至於小翟理斯不曾指明「無法
辨認」，而是歸類錯誤的、歸類含混不清的或是卷子正反兩面是不同的
經典卻籠統不分地歸在同一類的，此種種為例太多，都不曾列入。

　　例如斯 4270 號，劉氏未能辨認，而小翟理斯誤以為是「其他頌讚
文」，其實是《金光明最勝王經》卷第八。

　　又如斯 3907 號背面，劉氏未能辨認，而小翟理斯依殘卷正面是戶
籍，歸入「戶籍表」類，對卷背只說是「清楚的手跡」，其實卷背是《小
品般若波羅蜜經》卷第十。

　　又如斯 3997 號，劉氏未能辨認，而小翟理斯含混地歸入「佛經大
意摘要」類，其實是《法苑珠林》卷三十七、卷四十一、卷四十二。

　　又如斯 5413 號，劉氏未能辨認，而小翟理斯含混地歸入「經論」類，其實是《大乘起信論廣釋》卷第五。

　　凡如以上的情形，小翟理斯的分類辨別，實際上等於是不曾辨認一樣，但由於條數太多，除在《敦煌寶藏》的目錄中辨正外，本文無法一一詳述。

　　兩年以來，探索這些未知名的殘卷，自有許多困難，尤其是這些編號稍後的卷子，殘破拼湊的情形相當複雜，在探索過程中，覺得下列的五種困難，值得一提：

　　第一是：單憑內容去臆測，往往離譜太遠。如斯 5761 號，劉銘恕見殘卷末有「汝等當知我今衰老，死時已至」的字樣，把這號殘卷標目為「遺囑」；而小翟理斯又見卷中有「誤服毒藥」字樣，竟歸入「道家醫藥書類」，實際上卻是「《妙法蓮華經》卷第五如來壽量品第十六」，待出處查明以後，才知前人的標目相當滑稽。

　　第二是：同樣的佛經故事，在不同的經典中，往往只差幾個字，極易誤認。如斯 6093 號敘述提婆達多菩薩鹿王事，在藥師經疏（已佚，見斯 2551 號）中，引述了相同的故事，文句亦雷同；而在《金剛經》卷上（已佚，見村山龍平氏藏敦煌本）中，也引述了相同的鹿王事，文句亦雷同。但經仔細比對，才知道本號乃是《大智度論》卷第十六。所以在探索時，萬不能隨便認定是異本的關系，不能忽略幾個字的出入，而隨便認為那是校勘版本上的問題。

　　第三是：許多缺少首題或尾題背題的未知名殘卷，偏偏又是早已亡佚的釋典，《大藏經》中沒有收錄，即使《大正藏》八十五冊輯佚書中，也未曾收錄，幾乎無從核對起，這類最為棘手。只能從斷卷相互的連綴中去判識，如斯 2158 號，久查不獲經名，必須核對斯 2422 號、斯 2693 號等「《無量壽經義記》卷下」，由第三子段釋「金樹銀葉」

等，可以推定斯 2158 號實在是「《無量壽經義記》卷上」，與前「卷下」同屬一經，這是迄今未被人發現的佛典新資料，足以補《大正藏》八十五冊的不足。又如斯 5858 號，為《勝鬘夫人經》卷上，也是一本佚書，由於正巧是斯 1649 號卷首上端的缺片，才能將該號認定。

第四是：西人整理殘卷時，偶有頁碼倒列、左右反置的情形，增加查檢的困擾。如斯 5532 號，微卷的角碼恰好顛倒了順序，並且每一張的左右兩塊位置全搞反了。經過重新序列以後，查出來是《觀心論》及《禪門經》一卷，《觀心論》已經失傳，但比對《大正藏》八十五冊輯佚所據斯 2595 號來看，首尾均增多數行。又如斯 2630 號唐太宗入冥小說，也有次序倒置的情形。

第五是：西人整理殘卷時，喜歡根據字跡或紙色等，自作聰明，將碎片聯成一卷，但由於其對筆跡、字義等毫無認識，所以有許多不同的經卷，被任意拼湊成一張長卷，致使一號之中，行數雖相接，而實為不同的經書，增加標目查對的困難。如斯 3953 號中是由《大寶積經》卷第十，《大方等大云經》請雨品卷第六十四，《大寶積經》卷第十一，《大薩遮尼乾子所說經》卷第九詣如來品第九，《大寶積經》卷第二十二，《大方等大云經》請雨品第六十四，《大寶積經》卷第九十、卷第四十九等碎片連綴而成。又斯 3955 號除《般若波羅蜜多心經》外，還有《四分律比丘戒本》。又斯 3959 號除《放光般若經》卷第十六外，還有《大寶積經》卷第七十一，而斯 3595 及斯 3990 號也是拼接而成的，至於斯 4644 號、斯 5665 號及斯 5766 號則更為複雜，茲舉斯 4644 號為例：

微卷角碼①為《未來星宿劫千佛名經》卷下、《菩薩十住行道品經》、《菩薩瓔珞經》卷第一

　　角碼②為《大方廣圓覺修多羅了義經》（自第十二行起，行數依《敦煌寶藏》為準。）

　　角碼③為《文殊悔過經》（自末三行起）

　　角碼④為《菩薩瓔珞經》卷第六（自第九行起）

　　角碼⑤為《大方廣佛華嚴經》卷第六十五（自第一行起）

　　角碼⑥為《大方廣佛華嚴經》卷第六十四（自第七行起）

　　角碼⑦為《大方廣佛華嚴經》卷第四十六（自第八行起）、卷第六十六（自末第五行起）

　　角碼⑨為《大方廣佛華嚴經》卷第四十六（自第三行起）《大乘莊嚴經論》卷第十（自第八行起）

　　角碼⑩為《大乘莊嚴經論》卷第十（自第七行起）

　　角碼⑪為《大方廣佛華嚴經論》卷第五十（自第一行起）、《大乘莊嚴經論》卷第七（自第十五行起）

　　角碼⑫為〈《大方廣佛華嚴經》卷第五十（自末第四行起）

　　角碼⑬為《御製蓮華心輪迴文偈頌》卷第十八（自第十二行起）

　　角碼⑭為《大方廣佛華嚴經》卷第五十五離世間品第三十八之三、《大方廣佛華嚴經》卷第四（自第八行起）

　　角碼⑮為《莊嚴菩提心經》（自第四行起）

　　角碼⑯為《大方廣佛華嚴經》卷第四（自第十一行起，下接角碼⑭）

　　角碼⑰為《大方廣圓覺修多羅了義經》（自第二行起）

　　角碼⑱為《大方廣佛華嚴經》卷第七（自第九行起）

　　角碼⑲為《大乘莊嚴經論》卷第八（自第十六行起）

　　角碼⑳為《大方廣佛華嚴經》卷第七十四（自第十一行起）

　　角碼㉑為《大乘莊嚴經論》卷第九供養品第十八（自第十三行起）

角碼㉒為《菩薩瓔珞經》卷第一（自第六行起）

一號之中，竟如此複雜，查對時逐字去尋檢，幾行在此，幾行又在彼，有時為了一個號碼，不但翻遍了《大藏經》，有時還得反復翻檢好幾遍。

探索雖然困難，但探索所得的成果，反因種種的困難而感受到甜蜜，下面仍是只提出小翟理斯指明「無法安置辨認」而劉銘恕也未能辨識的未知名殘卷，經筆者所考得者，列舉一部分如下：

斯 2604 號　《佛頂尊勝陀羅尼經》

斯 2618 號　《太玄真一本際經》付囑品卷第二

斯 2628 號　《大般若波羅蜜多經》卷第五百八十二

斯 2726 號　《摩訶般若波羅蜜經》卷第十三

斯 2769 號　《出曜經》卷第二十九

斯 2777 號　《妙法蓮華經》卷第一

斯 2789 號　《大乘入楞伽經》卷第二

斯 2795 號　《四分律》卷第十七

斯 2809 號　《妙法蓮華經》卷第五

斯 2820 號　《勝天王般若波羅蜜經》卷第四

斯 2831 號　《羯磨》（尼往比丘僧中受大戒法）

斯 2844 號　《大般若波羅蜜多經》卷第二十一

斯 2846 號　《大般若波羅蜜多經》卷第一百二十四

斯 2861 號　《大般涅槃經》卷第三十一

斯 2868 號　《四分律刪補隨機羯磨》卷上

斯 2879 號　《賢愚經》卷第一

斯2892號　《稱揚諸佛功德經》卷上

斯2918號　《大方廣佛華嚴經》第十五

斯2931號　《妙法蓮華法》卷第一

斯2943號　《弘道廣顯三昧經》卷第四（另原有標題三種不錄）

斯2944號　《大寶積經》卷第百一善德天子會第三十五

斯2944號　《放光般若經》卷第十六

斯2944號　《大寶積經》卷第三十四（偈頌）（另原有標題一種不錄）

斯2972號　《長阿含經》卷第十九第四分世記經地獄品第四

斯3008號　《太上業報因緣經》卷第一

斯3024號　《佛說觀彌勒菩薩上生兜率天經》

斯3026號　《大方廣佛華嚴經》卷第九

斯3051號　《異本妙法蓮華經》馬明菩薩品第三十（參見斯2734號）

斯3119號　《大般涅槃經》卷第十二

斯3140號　《神人所說三千威儀觀行經》

斯3150式　《式叉摩那尼六法文》（參見斯2603號）

斯3173號　《太上妙法本相經》

斯3192號　《瑜伽師地論》卷第四

斯3273號　《大智度論》卷第一

斯3292號　《大般涅槃經》卷第十七

斯3315號　《大佛名懺悔略文》卷下（見斯2792號）

斯3322號　《首羅比丘經》

斯3334號　《四分律比丘含注戒本》卷上、卷中

斯3370號　《道要靈祇神鬼品經》

斯 3429 號　《大般涅槃經》卷第三十一

斯 3432 號　《十一面神咒心經》

斯 3438 號　《大般若波羅蜜多經》卷第三百四十八

斯 3448 號　《摩訶僧祇律》卷第二

斯 3497 號　《大乘密嚴經》卷中

斯 3514 號　《佛說瞿曇彌記果經》

斯 3535 號　《大般若波羅蜜多經》卷第四百九十六

斯 3547 號　《道典論》卷一

斯 3564 號　《大般若波羅蜜多經》卷第五百二十五

斯 3591 號　《大般若波羅蜜多經》第四百九

斯 3595 號　《大方廣佛華嚴經》卷第七十

斯 3595 號　《菩薩瓔珞經》卷第一（角碼　第八行起）

斯 3595 號　《大方廣佛華嚴經》第六十（角碼　倒數第五行起至下頁第十一行止）

斯 3595 號　《大方廣佛華嚴經》卷第六十（角碼　第四行至第十六行止）

斯 3608 號　《大般若波羅蜜多經》卷第五百九十二

斯 3609 號　《大般若波羅蜜多經》卷第四百六十七

斯 3623 號　《大方廣佛華嚴經》卷第六十

斯 3634 號　《大般若波羅蜜多經》卷第五百九十九

斯 3672 號　《彌勒下生成佛經》

斯 3705 號　《洞淵神咒經》卷第九逐鬼品

斯 3705 號　背面　《太上一乘海空智藏經》

斯 3719 號　《大乘密嚴經》卷上（唐天竺三藏地婆訶羅譯本）

斯 3720 號　《大佛頂如來放光悉怛多般怛羅大神力都攝一切咒王陀

羅尼經》大威德最勝金輪三昧咒品第一

　　斯 3750 號　《陶公傳授儀》（參見伯 2559 號）

　　斯 3758 號　《佛說犯戒罪報經》

　　斯 3776 號　《佛本行集經》卷第五十七

　　斯 3785 號　《大佛頂如來密因修證了義諸菩薩萬行首楞嚴經》卷第
八

　　斯 3810 號　《佛說大乘稻芉經》

　　斯 3817 號　《佛臨般涅槃略說教戒經》

　　斯 3823 號　《大般涅槃經》卷第二十八

　　斯 3825 號　《大般若波羅蜜多經》卷第五百四

　　斯 3858 號　《金光明最勝王經》卷第一

　　斯 3863 號　《三洞奉道科誡儀範》（參見斯 809、伯 2337、伯 3682
號）

　　斯 3867 號　《梵網經》盧舍那佛說菩薩心地戒品第十卷下

　　斯 3893 號　《大寶積經》卷第七十四

　　斯 3898 號　《四分律》卷第三十一

　　斯 3921 號　《中阿含經》卷第三十七（《欝瘦歌邏經》）

　　斯 3973 號　《正法念處經》卷第六十

　　斯 3981 號　《毗尼心》（參見斯 490 及伯 2148 號）

　　斯 3990 號　《大寶積經》卷第一百十九

　　斯 3990 號　《大雲輪請雨經》卷上（「龍王」等六行，末六行起為
《大寶積經》卷第四十七）

　　斯 3990 號　《大寶積經》卷第十

　　斯 4016 號　《四分僧戒本》

　　斯 4019 號　《文殊師利所說摩訶般若波羅蜜經》卷上

斯 4072 號　《辯中邊論頌》辯得果品第六至辯無上乘品第七

斯 4077 號　《大佛頂首楞嚴經》卷第八

斯 4104 號　《四分律》卷第五十九、六十

斯 4156 號　《無垢淨光大陀羅尼經》

斯 4166 號　《大寶積經》卷第七十一

斯 4190 號　《放光般若經》卷第八

斯 4194 號　《佛本行集經》卷第二十八、第二十九節錄

斯 4195 號　《大智度論》卷第九十

斯 4236 號　《四分戒本釋賢稱注》（參見斯 2636 號）

斯 4280 號　《佛藏經》卷中

斯 4290 號　《金光明最勝王經》卷第十

斯 4304 號　《成實論》卷第十、第十一

斯 4308 號　《佛說無量大慈教經》

斯 4314 號　《道經紫文行事決》（下接斯 6193、伯 2751 號）

斯 4330 號　《太玄真一本際經》卷第四道性品

斯 4367 號　《道行般若經》卷第九

斯 4370 號　《瑜伽師地論》卷第三

斯 4399 號　《僧伽吒經》卷第一

（以上為《敦煌寶藏》第二十一冊至三十五冊）

英倫所藏敦煌未知名殘卷目錄的
新探索（下）

　　英倫所藏敦煌未知名殘卷的標目工作，業經初步完成，至於索引的編撰、提要的簡述、斷片的綴聯以及許多研究工作的展開，都需要在這未知名殘卷被查清以後，才能有良好的基礎。

　　這次的新探索，至少有下列四點發現值得一提：

　　第一是由於目錄的查對，發現有些今本是不全的。例如《大正藏》第五十四冊收《法門名義集》一卷，在「世界品法門名義第七」的最後，是以「或以恆沙三千大千世界為一佛土，或復清淨無三惡道」為結束，但從斯4913號的尋檢中，發現下面還有「人天升降……如融冰也」等三十字，而在後面更有「第二次列三乘賢聖人道」等數十行，可見《大正藏》所收的《法門名義集》不是一個全本。

　　第二是由於目錄的查對，發現了漏列的資料。例如發現斯6196號是一張《詩經》的殘卷，是《大雅·抑》十二章及《大雅·桑柔篇》，由於目錄不曾標出，所以許多研究敦煌詩經卷子的學者，未曾利用

它。又如斯 6551 號是講唱押座文，也是由於目錄未標出，所以研究敦煌變文的學者，也未曾注意到。至於斯 6691 號背面是「大佛頂如來密因修證了義諸菩薩萬行首楞嚴經音」，又在希麟《一切經音義》、玄應《一切經音義》之外，待目錄標明後，學者才會利用它。

　　第三是由於目錄的查對，發現輯佚常不完備。例如《大正藏》八十五冊有「大乘入道次第開決」，所收是根據斯 2463 號，末尾雖注明「以下缺」，但不知缺文在哪裡？現查出斯 6915 號也是「大乘入道次第開決」，殘卷的起首雖不如斯 2463 號完備，但從斯 6915 號角碼㉚倒數第四行「乃有差別」以下，至角碼㉟，尚有二百四十行文字，可補八十五冊所輯佚文的不足。又如《大正藏》八十五冊收有《四分戒本疏》卷第一、第二、第三，但斯 6889 號殘卷實為《四分戒本疏》卷第四，可補輯佚的不足。又斯 6789 號背面經查明實為《四分比丘尼戒本疏》卷四，也是八十五冊所未曾收錄的。又如斯 6381 號經查明為《維摩經》疏弟子品第三、菩薩品第四，或當為卷二。而《大正藏》八十五冊只收卷三、卷六，這張殘卷的查明，正可以補輯佚的不足。

　　又如斯 4011 號，其中論善有十一種，論六煩惱、論四不定，應為《大乘百法明門論》的疏釋，但《大正藏》八十五冊未能收錄；又斯 2613 號為《瑜伽論手記》四十三卷至五十卷，比《大正藏》八十五冊所錄多出甚多。又斯 4490 號殘卷，經查明實為《妙法蓮華經》度量天地品第二十九，而《大正藏》八十五冊所錄《妙法蓮華經》度量天地品第二十九，是依據斯 1208 號，但斯 4490 號實在是接續於斯 1208 號的，使輯文又增長了許多。而斯 2734 號、斯 4334 號，都比斯 1208 號完備，等到斯 6588 號查明亦是《妙法蓮華經》度量天地品第二十九，這張最為完備（起首略缺數行）的佛經逸文，就被揀出了。至於《大正藏》八十五冊所錄《妙法蓮華經》馬明菩薩品第三十，是依據斯

2734 號，除斯 4491 號可供對照外，斯 3051 號經查明也是同一種經，但文字與斯 2734 號不同，同作為搜輯佚文時的參考。

第四是由於目錄的查對，發現了新的釋典。例如斯 6891 號是《法華經義疏開題並玄義十門》，斯 6494 號可能是《妙法蓮華經論義》，斯 6166 號可能是《心經釋義》，斯 6348 號是《大佛頂如來頂髻白蓋陀羅尼神咒》（寫成圖形，不易辨認，經核對斯 4637 號才發現，是失傳的密宗經典）等等，久已失傳的釋典甚多，有了新的標目，容易一一檢出。

此外，如斯 6312 號，小翟理斯列人「未能安置辨認」類，而劉銘恕誤以為是「佛經」，實為道經「洞玄靈寶長夜之府九幽玉匱明真科第二十五」，經核對正統《道藏》五十七冊頁六五三才對出，由於標目的錯誤或不明，所以大淵忍爾的《敦煌道經》也不曾收進去，大淵的書下了很大的苦功，如果能早些提供這份目錄，他的書就尤加完美了。

目錄的新探索既有上述的功能，則每一未知名殘卷的核對，筆者不敢掉以輕心，必須逐行逐字地檢查，其中斯 5665 號及斯 5766 號，都是被後人任意拼湊成一張長卷的，需要將經卷名稱仔細地查出，斯 5665 號如下：

角碼②《菩薩受齋經》（前半段）、《摩訶僧祇律》卷第三（後半段，至角碼三）

角碼④《優婆塞五戒威儀經》一卷

角碼⑤《大寶積經》卷第百十二（前半段，下接角碼四十）、《雜阿含經》卷第三十六（後半段，下接角碼二十七）

角碼⑥《雜阿含經》卷第三十五（前半段）、《摩訶僧祇律》卷第二（中段，下接角碼三十）、《摩訶僧祇律》卷第三（後半段，下接角碼三十三）

角碼⑦《摩訶僧祇律》卷第二（下接角碼六）

角碼⑧《大寶積經》卷第十（下接角碼十）

角碼⑨《大寶積經》卷第一（前半段，接在後半段之末）

角碼⑩《大寶積經》卷第十（前半段，上接角碼八）、《大寶積經》卷第一（後半段，上接角碼二十一）

角碼⑪《大寶積經》卷第十（前半段）、《大寶積經》卷第一百十九（後半段）

角碼⑫《大寶積經》卷第十二（前半段）、《大寶積經》卷第七十一（後半段）

角碼⑬《大寶積經》卷第八十（前半段）、《大寶積經》卷第一（後半段）

角碼⑭《大寶積經》卷第十（前半段）、《大寶積經》卷第三十（後半段）

角碼⑮《大寶積經》卷第二十一（前半段）、《大寶積經》卷第二十二（後半段）

角碼⑯《大寶積經》卷第一百（後半段）

角碼⑰《大寶積經》卷第二十二（後半段，下接角碼十五）

角碼⑱《大寶積經》卷第十（後半段，下接角碼二十）

角碼⑲《大寶積經》卷第一（前半段，同角碼十）、《大寶積經》卷第十七（後半段）

角碼⑳《大寶積經》卷第十四（前半段）、《大寶積經》卷第十（後半段，上接角碼十八）

角碼㉑《大寶積經》卷第一（前半段，下接角碼十）、《大寶積經》卷第三十（後半段）

角碼㉒《大寶積經》卷第二十一（前半段）、《大寶積經》卷第十

（後半段，下接角碼十一）

　　角碼㉓《大寶積經》卷第一（前半段，下接角碼九）、《法集經》卷第四（後半段）

　　角碼㉔《觀察諸法行經》二卷第（前半段）

　　角碼㉕《中阿含經》卷第二十二《穢品經》第一

　　角碼㉖《阿含經》卷第三十五（後半段，下接角碼六）

　　角碼㉗《雜阿含經》卷第三十六（前半段）、《雜阿含經》卷第二十八（後半段）

　　角碼㉘《雜阿含經》卷第二十二卷第二十三（前半段）、《優婆塞五戒威儀經》（後半段，上接角碼五）

　　角碼㉙《大寶積經》卷第一百十二（前半段，下接角碼五）、《鼻奈耶》卷第三（後半段）

　　角碼㉚《摩訶僧祇律》卷第三（前半段）、《摩訶僧祇律》卷第二（後半段，上接角碼六）

　　角碼㉛《摩訶僧祇律》卷第三（上接角碼三十二）

　　角碼㉜《摩訶僧祇律》卷第三（下接角碼三十一）

　　角碼㉝《摩訶僧祇律》卷第三（至角碼三十四）

　　角碼㉟《摩訶僧祇律》卷第五（前半段）、《鼻奈耶》卷第三（後半段，下接角碼二十九）

　　角碼㊱《摩訶僧祇律》卷第三（至角碼三十七）

　　角碼㊳《摩訶僧祇律》卷第二（前半段，上接角碼三）、《法集經》卷第三（後半段，下接角碼四十）

　　角碼㊴《摩訶僧祇律》卷第三（前半段，上接於後半段）

　　角碼㊵《法集經》卷第三（前半段，上接角碼三十八）、《大寶積經》卷第一百十二（後半段）

角碼㊶《摩訶僧祇律》卷第二（至角碼四十二）

角碼㊸《大寶積經》卷第二十二（前半段）、《大寶積經》卷第七十（後半段）

角碼㊹《維摩詰所說經》卷上方便品第二（前半段，接於後半段之末）

角碼㊻《鼻奈耶》卷第三（後半段，上接角碼二十九）

角碼㊼《摩訶僧祇律》卷第三（上接角碼三十）

斯 5776 號拼湊的情形如下：

角碼①《摩訶僧祇律》卷第二（下半頁之前半段接於後半段之末）

角碼④《鼻奈耶》卷第三（前半段，上接於後半段）

角碼⑤《摩訶僧祇律》卷第三（前半段）

角碼⑥《摩訶僧祇律》卷第三（前半段，下接角碼五前半段）、《摩訶僧祇律》卷第三（後半段，下接前半段）

角碼⑦《鼻奈耶》卷第三（上接角碼四前半段）

角碼⑧《摩訶僧祇律》卷第二（前半段，下接角碼九前半段）

角碼⑨《摩訶僧祇律》卷第二（前半段，下接角碼八前半段）《摩訶僧祇律》卷第三（後半段）

角碼⑩《鼻奈耶》卷第三（前半段）、《摩訶僧祇律》卷第三（後半段，上接角碼五前半段，下接角碼十一）

角碼⑪《摩訶僧祇律》卷三（下接角碼九後半段）

角碼⑫《摩訶僧祇律》卷第一、第二（至角碼十四，下接角碼三後半段）

　　拼湊殘破，的確整理困難。劉銘恕在眾多未知名殘卷中，查出不多，但亦有斯4561、斯4593、斯4979、斯5382、斯5506、斯5538、斯5746、斯5768、斯6149、斯6220、斯6268、斯6281、斯6290號等十三張。而小翟理斯窮畢生之力，費時三十七載，查出的雖較多，但仍有不少未知名的殘卷，為此二家目錄均未曾檢獲的。筆者編輯《敦煌寶藏》，重新一一尋檢，除尋獲小翟理斯分類時眾多的誤列，及斯6980號以後的殘卷為諸家所未曾編目者，當另有專文刊布外，現將二家目錄中均稱無法辨認的殘卷，列舉經名卷次如下：

　　斯4401號　《雜阿毗曇心論》卷第五

　　斯4402號　《光贊經》卷第八

　　斯4403號　《大般若波羅蜜多經》第一百十七

　　斯4405號　《妙法蓮華經》卷第三

　　斯4418號　《大乘稻芉經隨聽疏》（較《大正藏》85冊所錄省略三段）

　　斯4433號　《太玄真一本際經》卷第四道性品

　　斯4434號　《大方等大集經》卷第五

　　斯4437號　《曇無德律部雜羯磨》

　　斯4464號　《賢愚經》卷第一梵天請法六事品第一、《賢愚經》卷第六月光王頭施品第三十

　　斯4468號　《賢愚經》卷第六月光王頭施品第三十

　　斯4469號　《金光明最勝王經》卷第八僧慎爾耶藥叉大將品第十九

　　斯4490號　《妙法蓮華經》度量天地品第二十九

　　斯4504號　《四分律比丘含注戒本》卷上、卷中

　　斯4516號　《佛說觀普賢菩薩行法經》

斯 4519 號　《維摩詰所說經》卷中

斯 4522 號　《金光明最勝王經》卷第二

斯 4539 號　《金光明最勝王經》卷第三

斯 4542 號　《佛藏經》卷中

斯 4545 號　《大方廣佛華嚴經》卷第二十五

斯 4546 號　《提謂經》（已佚，參見《法苑珠林》卷八十八及《翻譯名義集》卷七所引）

斯 4559 號　《佛說無量大慈教經》

斯 4560 號　《大般涅槃經》卷第三十四

斯 4565 號　《金光明最勝王經》卷第七

斯 4568 號　《摩訶般若波羅蜜經》卷第二十四

斯 4572 號　《妙法蓮華經》馬明菩薩品第三十

斯 4573 號　《大樓炭經》卷第三龍鳥品第六

斯 4579 號　《優婆塞戒經》卷第六經業品第二十四之一

斯 4618 號　《四分律比丘戒本》

斯 4636 號　《比丘道惠所恭養經》

斯 4646 號　《太玄真一本際經》卷第六

斯 4666 號　《佛說法句經》

斯 4670 號　《妙法蓮華經》卷第二

斯 4676 號　《法門名義集》（《賢聖品法門名義》第五）

斯 4683 號　《大方等大集經》卷第四十五

斯 4716 號　《大般若波羅蜜多經》卷第五百九十四

斯 4766 號　《大般若波羅蜜多經》卷第三百五十三

斯 4773 號　《大般若波羅蜜多經》卷第五百六十八

斯 4778 號　《佛本行集經》卷第二十七

斯 4857 號　《羯磨自恣法》第六

斯 4885 號　《妙法蓮華經》度量天地品第二十九

斯 4961 號　《妙法蓮華經》卷第二

斯 4963 號　《太上業報因緣經》卷第一

斯 5009 號　《大般若波羅蜜多經》卷第一百三十四

斯 5016 號　《四分律比丘含注戒本》卷上

斯 5088 號　《沙彌十戒》、《式叉尼法六法文含注》

斯 5156 號　《摩訶般若波羅蜜經》卷第二十一

斯 5167 號　《摩訶般若波羅蜜經》卷第二十二

斯 5213 號　《大般若波羅蜜多經》卷第四百二

斯 5315 號　《太上洞玄靈寶無量度人上品妙經》

斯 5378 號　《大佛頂如來密因修證了義諸菩薩萬行首楞嚴經》卷第

八

斯 5381 號　《金光明最勝王經》卷第二

斯 5617 號　《瑜伽師地論》卷第二十三

斯 5719 號　《摩訶般若波羅蜜經》卷第十二無作品第四十三

斯 5720 號　《大般涅槃經》卷第六如來性品第四之三

斯 5732 號　《太上業報因緣經》卷第四

斯 5733 號　《太上洞玄靈寶五篇真文赤書》

斯 5740 號　《太玄真一本際經》卷第七譬喻品

斯 5817 號　《放光般若經》卷第一假號品第三

斯 5840 號　《洞真太上說智慧消魔真經》

斯 5848 號　《佛頂尊勝陀羅尼經》

斯 5884 號　《洞淵神咒經》卷第十煞鬼放人品

斯 5887 號　《老子道德經開題序訣義疏》

斯5905號 《御注金剛般若波羅蜜經宣演》卷上（參見伯2173號）

斯5915號 《法苑珠林》卷七十四、七十五、六十八

斯5921號 《靈真戒拔除生死濟苦經》

斯5922號 《藥師琉璃光如來本願功德經》

斯5930號 《太玄真一本際經》卷第七譬喻品

斯5931號 《妙法蓮華經》馬明菩薩品第三十（已佚，參見斯2734號）

斯5984號 《太玄真一本際經》卷第十顯明功德品第二（《太上道本通微妙經》）

斯5990號 《妙法蓮華經》卷六隨喜功德品第十八

斯6027號 《太玄真一本際經》卷第一護國品

斯6044號 《道德經解題書》

斯6065號 《太上業報因緣經》卷第八

斯6091號 《佛頂尊勝陀羅尼經》

斯6029號 《道行般若經》卷第二摩訶般若波羅蜜功德品第三

斯6093號 《大智度論》卷第十六

斯6095號 《佛說救疾經》

斯6107號 《金光明最勝王經》卷第七

斯6118號 《大般涅槃經》卷第二

斯6127號 《太玄真一本際經》付囑品卷第二

斯6133號 《妙法蓮華經》卷第二譬喻品第三

斯6137號 《太玄真一本際經》付囑品卷第二

斯6142號 《大般涅槃經》卷第十八

斯6145號 《太玄真一本際經》卷第七譬喻品

斯6151號 《千手千眼觀世音菩薩治病合藥經》

斯 6159 號　《梵網經注疏》

斯 6193 號　《紫文行事決》（與斯 4314 號、伯 2751 號接合）

斯 6218 號　背面　《淨名經集解關中疏》卷下

斯 6219 號　《上清真旨要玉訣》

斯 6231 號　《維摩詰所說經》卷下

斯 6312 號　《洞玄靈寶長夜之府九幽玉匱明真科》第二十五

斯 6319 號　《大般若波羅蜜多經》卷第三百八十一

斯 6444 號　《將釋僧戒初篇第四波羅夷義決》

斯 6474 號　《妙法蓮華經玄贊》卷第一本、卷第一末

斯 6680 號　《大佛頂首楞嚴經》卷第七

斯 6706 號　《佛說無言童子經》卷上

斯 6784 號　《大方廣佛華嚴經》第四、第五，四諦品

斯 6812 號　《瑜伽師地論》卷第五十四

斯 6827 號　《大般涅槃經》卷第十四

斯 6829 號　《大乘稻芉經隨聽手鏡記》

斯 6862 號　《四分律》卷第二十三、第二十四

斯 6912 號　《大方廣佛華嚴經》卷第三十四、第三十五

斯 6915 號　《大乘入道次第開決》

斯 6976 號　《善見律毗婆沙》卷第四（第六行起）

（以上《敦煌寶藏》第三十六冊至五十三冊）

六百號敦煌無名斷片的新標目

　　就英倫所藏的敦煌卷子而言，目錄都只編到斯 6980 號為止，至於斯 6981 號至斯 7599 號，以及斯 7599 號以外的諸多碎片，目錄書都不曾論及，例如小翟爾斯（Lionel Giles）的《英倫博物館漢文敦煌卷子收藏目錄》及劉銘恕的《斯坦因劫經錄》（後收入《敦煌遺書總目索引》）都只編至斯 6980 號結束，其實應該還有六百十八號斷片及一百九十七號碎片，總計將有八百餘號敦煌資料的目錄不會被標示出來，因此研究敦煌學的學者極少去利用它們。

　　其實這些斷片與碎片中，蘊含著不少極具學術研究價值的寶物。例如斯 7452 號斷片，顯然是斯 4546 號的下半截，兩號是相接的，由於前後的對照參研，發現其中敘述「五官者：一曰鮮官禁殺；二曰水官禁盜；三曰鐵官禁淫；四曰土官禁兩舌；五曰天官禁酒」一條，和《經律異相》卷第四十九所引的《淨度三昧經》相同。《淨度三昧經》早已佚失，而這兩號就是失傳已久的《淨度三昧經》。此外斷片中的斯 7444 號，也可能是《淨度三昧經》，這是學者們尚未發現到的新資料。

　　又如斯7111號有《曲子別仙子》，也是《雲謠集》以外的新資料。
又斯6981號的《禮懺文》，也與《大正藏》八十五冊所收的《敦煌禮懺
文》不同，其中的異文，往往可訂正《大正藏》所收《禮懺文》中的
錯字。

　　至於碎塊之中，赫然有北宋極早的單疏本《春秋左傳正義》的殘
葉在裡面，北宋單疏本早已失傳，世人無從睹見原貌，據記載，最早
在淳化元年（990）刻成的原本是每頁十五行，而此碎片尚存十三行，
敦煌石窟的封穴若是在西元一〇三五年，則石窟中所存的殘葉，年代
甚早，幾乎接近初刻本的年代了。

　　以上略舉數例，就可以瞭解這些斷片碎塊的學術價值，由於碎塊
較小，除非有圖相配，否則編號較難，只有在《敦煌寶藏》中附列圖
片才能加以說明，而本文只就六百張較長的斷片，自斯6981號至斯
7599號，完成了最新的標目，奉獻於讀者諸君之前：

　　斯6981號　領粟賬

　　斯6981號　《祈願文》

　　斯6981號　《禮懺文》（參見斯6206號及中村不折氏藏本）

　　斯6981號　施主納麥賬

　　斯6981號　《十恩德贊》（倒行）

　　斯6981號　《壬戌年錄事轉帖及釋門雜文》

　　斯6981號　取物用面賬

　　斯6982號　《曇無德部四分律刪補隨機羯磨序》及卷上

　　斯6983號　《觀音經》一卷（附圖）

　　斯6983號　《佛說地藏菩薩經》

　　斯6984號　《大乘無量壽經》

斯 6985 號 《佛經神咒》

斯 6986 號 《佛說護諸童子經》

斯 6987 號 《四分戒本疏》卷第三

斯 6988 號 《妙法蓮華經》卷第七

斯 6989 號 《大般若波羅蜜多經》卷第二十三

斯 6990 號 《四分比丘尼戒本》

斯 6991 號 《維摩詰經》卷下香積品第十

斯 6992 號 《大般若波羅蜜多經》卷第四十四

斯 6993 號 《大般若波羅蜜多經》卷第三十七

斯 6994 號 《妙法蓮華經》卷第七

斯 6995 號 《大般若波羅蜜多經》卷第四百五十二

斯 6996 號 《大智度論》卷第一百

斯 6997 號 《普賢菩薩說證明經》

斯 6999 號 《大乘無量壽經》

斯 7000 號 《般若波羅蜜多心經》

斯 7001 號 《佛像圖》

斯 7002 號 《論語・公冶長》第五

斯 7003 號 《論語・八佾篇》何晏集解（附碎片）

斯 7004 號 類書《樓觀篇》第六十五、《宮闕篇》第六十六

斯 7004 號 《大方廣佛華嚴經》卷帙品目

斯 7006 號 《佛說無量大慈教經》

斯 7007 號 《阿毗達磨大毗婆沙論》卷第四十八

斯 7008 號 《大般若波羅蜜多經》卷第二百十五

斯 7009 號 《大般若波羅蜜多經》卷第五百一

斯 7010 號 《大般若波羅蜜多經》卷第三百四

斯 7011 號 《大般若波羅蜜多經》卷第一百一十三

斯 7012 號 《大般若波羅蜜多經》卷第一百六十一

斯 7013 號 《大般若波羅蜜多經》卷第一百九十二

斯 7014 號 《大般若波羅蜜多經》卷第五百九

斯 7015 號 《妙法蓮華經》卷第七

斯 7016 號 《妙法蓮華經》卷第二

斯 7017 號 《大般若波羅蜜多經》卷第五百三十四

斯 7018 號 《大般若波羅蜜多經》卷第五百五十八

斯 7019 號 《大般若波羅蜜多經》卷第四百二十一

斯 7020 號 《大般若波羅蜜多經》卷第一百八十九

斯 7021 號 《大般若波羅蜜多經》卷第四百七十

斯 7022 號 《大般若波羅蜜多經》卷第五百八十二

斯 7023 號 《普賢菩薩說證明經》

斯 7024 號 《大般若波羅蜜多經》卷第三十三

斯 7025 號 《大般若波羅蜜多經》卷第二百九十五

斯 7026 號 《大般若波羅蜜多經》卷第五百七

斯 7027 號 《金剛般若波羅蜜經》

斯 7028 號 《十一面神咒心經》

斯 7029 號 《金光明最勝王經》卷第十

斯 7030 號 《金光明最勝王經》卷第八

斯 7031 號 《大般若波羅蜜多經》卷第二十四

斯 7032 號 《妙法蓮華經》卷第七

斯 7033 號 《妙法蓮華經》卷第八

斯 7034 號 《大般若波羅蜜多經》卷第四百七

斯 7035 號 《妙法蓮華經》卷第二

斯 7036 號　《大般若波羅蜜多經》卷第二百九十三

斯 7037 號　《大般若波羅蜜多經》卷第四百二十四

斯 7038 號　《瑜伽師地論》卷第九十四

斯 7039 號　《四分律》卷第十九《式叉迦羅尼法》

斯 7040 號　《薩婆多毗尼毗婆沙》卷第一（又見《大方便佛報恩經》卷第六優波離品第八）

斯 7041 號　《大乘大集地藏十輪經》序品第一

斯 7042 號　《金剛般若波羅蜜經》

斯 7043 號　《大般若波羅蜜多經》卷第三百九十八

斯 7044 號　《金剛般若波羅蜜經》

斯 7045 號　《大般若波羅蜜多經》卷第五百二十一

斯 7046 號　《摩訶般若波羅蜜經》卷第四

斯 7047 號　《摩訶般若波羅蜜經》卷第四

斯 7048 號　《大般若波羅蜜多經》卷第一百八十一

斯 7049 號　《四分律》卷第十九

斯 7050 號　《佛說阿彌陀經》

斯 7051 號　《維摩詰所說經》卷上

斯 7052 號　《大般若波羅蜜多經》卷第一百八十六

斯 7053 號　《金光明最勝王經》卷第六

斯 7054 號　《佛說阿彌陀經》

斯 7055 號　《妙法蓮華經》卷第三

斯 7056 號　《金剛般若波羅蜜經》

斯 7057 號　《大般若波羅蜜多經》卷第九十六

斯 7058 號　《金剛般若波羅蜜經》

斯 7059 號　《大般若波羅蜜多經》卷第一百六

斯 7060 號　牛驢麻麥賬

斯 7061 號　《金光明最勝王經》卷第二

斯 7062 號　《大般若波羅蜜多經》卷第八十八

斯 7063 號　《妙法蓮華經》卷第六

斯 7064 號　《金剛般若波羅蜜經》

斯 7065 號　《妙法蓮華經》卷第二

斯 7066 號　《大般若波羅蜜多經》卷第三百六

斯 7067 號　《大般若波羅蜜多經》卷第四百八十一

斯 7068 號　《大般若波羅蜜多經》卷第一百十四

斯 7069 號　《大方廣佛華嚴經》卷第六十一

斯 7070 號　《佛說魔逆經》

斯 7071 號　《大般若波羅蜜多經》卷第五十八

斯 7072 號　《大般若波羅蜜多經》卷第十一

斯 7073 號　《大般若波羅蜜多經》卷第十一

斯 7074 號　《大般若波羅蜜多經》卷第五百五十七

斯 7075 號　《大般若波羅蜜多經》卷第二百九十二

斯 7076 號　《大般若波羅蜜多經》卷第二百五十二

斯 7077 號　《大般若波羅蜜多經》卷第四百七十二

斯 7078 號　《大般若波羅蜜多經》卷第二百十七

斯 7079 號　《大般若波羅蜜多經》卷第二十六

斯 7080 號　《大般若波羅蜜多經》卷第九十九

斯 7081 號　《大般若波羅蜜多經》卷第一百八十五

斯 7082 號　《大般若波羅蜜多經》卷第十二

斯 7083 號　《大般若波羅蜜多經》卷第五十一

斯 7084 號　《大般若波羅蜜多經》卷第二百十七

斯 7085 號　《大般若波羅蜜多經》卷第九十三

斯 7086 號　《十住經》卷第一離垢地品第二

斯 7087 號　《妙法蓮華經》卷第二

斯 7088 號　《大般若波羅蜜多經》卷第五百五十八

斯 7089 號　《妙法蓮華經》卷第七

斯 7090 號　《妙法蓮華經》卷第七

斯 7091 號　《大般涅槃經》後分卷上遺教品第一

斯 7092 號　《金剛般若波羅蜜經》

斯 7093 號　《大般若波羅蜜多經》卷第五百二

趣 7094 號　《大般若波羅蜜多經》卷第五百六十八

斯 7095 號　《金剛般若波羅蜜經》

斯 7096 號　《大般若波羅蜜多經》卷第五百九十二

斯 7097 號　《大般若波羅蜜多經》卷第二百八十六

斯 7098 號　《藥師經》

斯 7099 號　《金剛般若波羅蜜經》

斯 7100 號　《大乘入楞伽經》卷第七偈頌品第十之二

斯 7101 號　《金剛般若波羅蜜經》

斯 7102 號　《妙法蓮華經》卷第七

斯 7103 號　《金剛般若波羅蜜經》

斯 7104 號　《大方便佛報恩經》卷第一

斯 7105 號　《大智度初品總說如是我聞釋論》第三（《大智度論》卷第二）

斯 7106 號　《金剛般若波羅蜜經》

斯 7107 號　《大般若波羅蜜多經》卷第九十七

斯 7108 號　《金光明最勝王經》卷第四

斯 7109 號 《佛說佛名經》卷第七

斯 7110 號 《金剛般若波羅蜜經》

斯 7111 號 《大般若波羅蜜多經》卷第二百五十三

斯 7111 號 背面曲子《別仙子》

斯 7112 號 《妙法蓮華經》卷第七

斯 7113 號 《大方廣佛華嚴經》卷第七十六（唐實叉難陀譯）

斯 7114 號 《妙法蓮華經》卷第六

斯 7115 號 《金剛般若波羅蜜經》

斯 7116 號 《大般若波羅蜜多經》卷第五百四十四

斯 7117 號 《大般若波羅蜜多經》卷第四百二十七

斯 7118 號 《妙法蓮華經》卷第一

斯 7119 號 《妙法蓮華經》卷第二

斯 7120 號 《大般若波羅蜜多經》卷第二百九十

斯 7121 號 《妙法蓮華經》卷第四

斯 7122 號 《妙法蓮華經》卷第三

斯 4123 號 《維摩詰所說經》卷上

斯 7124 號 《妙法蓮華經》卷第二

斯 7125 號 《藥王藥上經禮五十三佛》（參見《三劫三千佛緣起》）

斯 7126 號 《大方等大集經》卷第四

斯 7127 號 《金剛般若波羅蜜經》

斯 7128 號 《大通方廣經》卷中（參見斯 6382 號）

斯 7129 號 《大般若波羅蜜多經》卷第五十一

斯 7130 號 《大般若波羅蜜多經》卷第一百九

斯 7131 號 《妙法蓮華經》卷第七

斯 7132 號 《大般若波羅蜜多經》卷第四百八十六

斯 7133 號　西域文十八行

斯 7134 號　《大般若波羅蜜多經》卷第五百九十八

斯 7135 號　《菩薩瓔珞經》卷第十二清淨品第三十四

斯 7136 號　《大般若波羅蜜多經》卷第二百四十

斯 7137 號　《金剛般若波羅蜜經》

斯 7138 號　《大智度論》卷第五《初品中摩訶薩埵釋論》第九

斯 7139 號　《金剛般若波羅蜜經》

斯 7140 號　《妙法蓮華經》卷第四

斯 7140 號　《大方廣佛華嚴經》佛母品第八

斯 7141 號　《金剛般若波羅蜜經》

斯 7142 號　《金剛般若波羅蜜經》

斯 7143 號　《金剛般若波羅蜜經》

斯 7144 號　《大般若波羅蜜多經》卷第二百二十一

斯 7145 號　《大般若波羅蜜多經》卷第八十五

斯 7146 號　《大般若波羅蜜多經》卷第十三

斯 7147 號　《大般若波羅蜜多經》卷第四百五十一

斯 7148 號　《金剛般若波羅蜜經》

斯 7149 號　《維摩詰所說經》卷下

斯 7150 號　《大般若波羅蜜多經》卷第五百五十三

斯 7151 號　《佛說阿彌陀經》

斯 7152 號　《大般若波羅蜜多經》卷第一百一十五

斯 7153 號　《瑜伽師地論》卷第三十

斯 7154 號　《大般若波羅蜜多經》卷第十二

斯 7155 號　《大般涅槃經》卷第三十四

斯 7156 號　《佛說無量大慈教經》

斯 7156 號　《大般若波羅蜜多經》卷第三百三十七

斯 7157 號　《達磨論》（參見斯 2054 號《楞伽師資記引》，斯 3375
號同）

斯 7158 號　《維摩詰所說經》卷下菩薩行品第十一

斯 7160 號　《妙法蓮華經》卷第七

斯 7161 號　《大般若波羅蜜多經》卷第八十六

斯 7162 號　《妙法蓮華經》卷第一

斯 7163 號　《大智度論》卷第三十七

斯 7164 號　《般若波羅蜜多心經》

斯 7165 號　《妙法蓮華經》卷第二

斯 7166 號　《大般若波羅蜜多經》卷第二百五十八

斯 7167 號　《佛頂尊勝陀羅尼經》

斯 7168 號　《大般若波羅蜜多經》卷第五百九十四

斯 7169 號　《大般涅槃經》卷第九

斯 7170 號　《大般若波羅蜜多經》卷第三百二十

斯 7171 號　《大寶積經》卷第七十九答難品第七、富樓那品第八

斯 7172 號　《佛頂尊勝陀羅尼經》序

斯 7173 號　《大般若波羅蜜多經》卷第三百一十六

斯 7174 號　《妙法蓮華經》卷第七

斯 7175 號　《妙法蓮華經》卷第二

斯 7176 號　《妙法蓮華經》卷第六

斯 7177 號　《大般若波羅蜜多經》卷第二百七十八

斯 7178 號　《妙法蓮華經》卷第六

斯 7179 號　《金剛般若波羅蜜經》

斯 7180 號　《妙法蓮華經》卷第七

斯 7181 號 　《妙法蓮華經》卷第一

斯 7182 號 　《妙法蓮華經》卷第七

斯 7183 號 　《大般若波羅蜜多經》卷第四百八十八

斯 7184 號 　《金剛般若波羅蜜經》

斯 7185 號 　《妙法蓮華經》卷第三

斯 7186 號 　《佛說佛名經》卷第十七

斯 7187 號 　《佛說藥師經》

斯 7188 號 　《妙法蓮華經》卷第三

斯 7189 號 　《金剛般若波羅蜜經》

斯 7190 號 　《四分比丘尼戒本》

斯 7191 號 　《佛說佛名經》卷第一

斯 7192 號 　《四分比丘尼戒本》

斯 7193 號 　《金光明最勝王經》卷第二

斯 7194 號 　《金剛般若波羅蜜經》

斯 7195 號 　《妙法蓮華經》卷第五

斯 7196 號 　《大般若波羅蜜多經》卷第七十九

斯 7197 號 　《大般若波羅蜜多經》卷第三百二十七

斯 7198 號 　《大般若波羅蜜多經》卷第八十

斯 7199 號 　《妙法蓮華經》卷第七

斯 7200 號 　《大般若波羅蜜多經》卷第四百九十八

斯 7201 號 　《妙法蓮華經》卷第一

斯 7202 號 　《佛說佛名經》卷第一

斯 7203 號 　《佛說父母恩重經》

斯 7204 號 　《妙法蓮華經》卷第二

斯 7204 號 　《大力金剛心真言》

斯 7205 號　《金光明最勝王經》卷第六

斯 7206 號　《維摩詰經》卷上

斯 7207 號　《金剛般若波羅蜜經》

斯 7208 號　《大般若波羅蜜多經》卷第四百六十

斯 7209 號　《大般若波羅蜜多經》卷第四百七十七

斯 7210 號　《大般若波羅蜜多經》卷第二百五十九

斯 7211 號　《大般若波羅蜜多經》卷第四百七十

斯 7212 號　《佛說佛名經》卷第八

斯 7213 號　《大般若波羅蜜多經》卷第二百二十五

斯 7214 號　《金光明最勝王經》卷第三滅業障品第五

斯 7215 號　《大般若波羅蜜多經》卷第二百六十七

斯 7216 號　《妙法蓮華經》卷第三

斯 7217 號　《大般若波羅蜜多經》卷第二百三十七

斯 7218 號　《佛說阿彌陀經》

斯 7219 號　《妙法蓮華經》卷第五

斯 7220 號　《大般若波羅蜜多經》卷第五百九十二

斯 7221 號　《妙法蓮華經》卷第三

斯 7222 號　《大般若波羅蜜多經》卷第四百三十七

斯 7223 號　《妙法蓮華經》卷第六隨喜功德品第十八

斯 7223 號　《大方廣佛華嚴經》卷第二十一（八十卷本）

斯 7225 號　《妙法蓮華經》卷第七

斯 7226 號　《金剛般若波羅蜜經》

斯 7227 號　《大般若波羅蜜多經》卷第一百五十六

斯 7228 號　《妙法蓮華經》卷第四

斯 7229 號　《大般若波羅蜜多經》卷第三百二十三

斯 7230 號　《大般若波羅蜜多經》卷第五百三十

斯 7231 號　《妙法蓮華經》卷第七

斯 7232 號　《金剛般若波羅蜜經》

斯 7233 號　《金光明最勝王經》卷第十

斯 7234 號　《佛說藥師經》

斯 7235 號　《維摩詰所說經》卷中不思議品第六

斯 7236 號　《敬造般若經三千部報德文》

斯 7237 號　《妙法蓮華經》卷第二

斯 7238 號　《大般若波羅蜜多經》卷第四百七十

斯 7239 號　《大般若波羅蜜多經》卷第五百二十二

斯 7240 號　《大方廣十輪經》卷第六

斯 7241 號　《妙法蓮華經》卷第四

斯 7242 號　《妙法蓮華經》卷第五

斯 7243 號　《金剛般若波羅蜜經》

斯 7244 號　《妙法蓮華經》卷第七

斯 7245 號　《維摩詰所說經》卷上方便品第二

斯 7246 號　《妙法蓮華經》卷第七

斯 7247 號　《仁王般若波羅蜜經》卷下

斯 7248 號　《金光明最勝王經》卷第一

斯 7249 號　《妙法蓮華經》卷第三

斯 7250 號　《妙法蓮華經》卷第七

斯 7251 號　《佛經疏釋》

斯 7252 號　《金剛般若波羅蜜經》

斯 7253 號　《妙法蓮華經》卷第四

斯 7254 號　《金剛般若波羅蜜經》

斯 7255 號 《佛說無量壽佛觀經》

斯 7256 號 《藥師琉璃光佛本願功德經》

斯 7257 號 《妙法蓮華經》卷第五

斯 7258 號 《大般若波羅蜜多經》卷第五百九十七

斯 7259 號 《大般若波羅蜜多經》卷第四百二十一

斯 7260 號 《妙法蓮華經》卷第一

斯 7261 號 《增一阿含經》卷第五十一

斯 7262 號 《妙法蓮華經》卷第一

斯 7263 號 《大般涅槃經》卷第二十

斯 7264 號 《維摩詰所說經》卷上佛國品第一

斯 7265 號 《維摩詰經》卷上

斯 7266 號 《摩訶般若波羅蜜經》卷第十七堅固品第五十六

斯 7267 號 《觀世音經》

斯 7268 號 《金剛般若波羅蜜經》

斯 7269 號 《佛說法王經》

斯 7270 號 《金剛般若波羅蜜經》

斯 7271 號 《維摩詰所說經》卷上佛國品第一

斯 7272 號 《妙法蓮華經》卷第七

斯 7273 號 《大般若波羅蜜多經》卷第四百八十四

斯 7274 號 《四分比丘戒本》

斯 7275 號 《梵網經》盧舍那佛說菩薩心地戒品第十卷下

斯 7276 號 《藥師琉璃光如來本願功德經》

斯 7277 號 《妙法蓮華經》卷第四

斯 7278 號 《佛頂尊勝陀羅尼經》序

斯 7279 號 《金光明最勝王經》卷第九善生王品第二十一

斯 7280 號　《維摩詰所說經》卷下香積佛品第十

斯 7281 號　《妙法蓮華經》卷第二

斯 7282 號　《妙法蓮華經》卷第七

斯 7283 號　《金光明最勝王經》卷第十捨身品第二十六

斯 7284 號　《妙法蓮華經》卷第四

斯 7285 號　《大般若波羅蜜多經》卷第三百八十八

斯 7286 號　《維摩詰所說經》卷中觀眾生品第七

斯 7287 號　《妙法蓮華經》卷第五

斯 7288 號　《大般若波羅蜜多經》卷第二百九十

斯 7289 號　《金剛般若波羅蜜經》

斯 7290 號　《妙法蓮華經》卷第七

斯 7291 號　《妙法蓮華經》卷第四

斯 7292 號　《太上一乘海空智藏經》會聖品第一

斯 7293 號　《大般若波羅蜜多經》卷第五百九十九

斯 7294 號　《大般若波羅蜜多經》卷第五百四十二

斯 7295 號　《妙法蓮華經》卷第一

斯 7296 號　《金光明經》卷第一懺悔品第三

斯 6297 號　《佛說佛名經》卷第六

斯 7298 號　《佛說天地八陽神咒經》

斯 7299 號　《妙法蓮華經》卷第三

斯 7300 號　《妙法蓮華經》卷第一

斯 7301 號　《金光明最勝王經》卷第五重顯空性品第九

斯 7302 號　《妙法蓮華經》卷第三

斯 7303 號　《金剛般若波羅蜜經》

斯 7304 號　《妙法蓮華經》卷第三

斯 7304 號　《妙法蓮華經》卷第三

斯 7305 號　《妙法蓮華經》卷第一

斯 7306 號　《金光明最勝王經》卷第一如來壽量品第二

斯 7307 號　《梵網經》盧舍那佛說菩薩心地戒品第十卷下

斯 7308 號　《大乘密嚴經》卷中阿賴耶建立品第六

斯 7309 號　《妙法蓮華經》卷第二譬喻品第三

斯 7310 號　《金光明最勝王經》卷第十菩提樹神贊品第二十九、大辯才天女讚歎品第三十

斯 7311 號　《大般若波羅蜜多經》卷第二百九十

斯 7312 號　《小品般若波羅蜜經》卷第十

斯 7313 號　《妙法蓮華經》卷第七

斯 7314 號　《妙法蓮華經》卷第四

斯 7315 號　《金剛般若波羅蜜經》

斯 7316 號　《金光明最勝王經》卷第六四天王護國品第十二

斯 7317 號　《大般若波羅蜜多經》卷第五百九十三

斯 7318 號　《妙法蓮華經》卷第七

斯 7319 號　《思益梵天所問經》卷第一分別品第三

斯 7320 號　《妙法蓮華經》卷第二

斯 7321 號　《大般涅槃經》卷第三十二師子吼菩薩品第十一之六

斯 7321 號　《妙法蓮華經》卷第二

斯 7322 號　《妙法蓮華經》卷第七

斯 7323 號　《藥師琉璃光如來本願功德經》

斯 7324 號　《金光明最勝王經》卷第三滅業障品第五

斯 7325 號　《妙法蓮華經》卷第四

斯 7327 號　《妙法蓮華經》卷第一

斯 7328 號 丈量及佛經殘字

斯 7329 號 《妙法蓮華經》卷第七

斯 7330 號 《佛說天地八陽神咒經》

斯 7331 號 《妙法蓮華經》卷第四

斯 7332 號 《大般若波羅蜜多經》卷第一百四十二

斯 7333 號 《大般若波羅蜜多經》卷第二十四

斯 7334 號 《金剛般若波羅蜜經》

斯 7335 號 《妙法蓮華經》卷第四

斯 7336 號 《金剛般若波羅蜜經》

斯 7337 號 《佛垂般涅槃略說教誡經》

斯 7338 號 《金光明最勝王經》卷第五蓮華喻贊品第七

斯 7339 號 《大般若波羅蜜多經》卷第九

斯 7340 號 《金剛般若波羅蜜經》

斯 7341 號 《妙法蓮華經》卷第二

斯 7342 號 《金剛般若波羅蜜經》

斯 7343 號 《妙法蓮華經》卷第七觀世音菩薩普門品第二十五

斯 7344 號 《藥師琉璃光如來本願功德經》

斯 7345 號 《妙法蓮華經》卷第三

斯 7346 號 《妙法蓮華經》卷第七觀世音菩薩普門品第二十五

斯 7347 號 《妙法蓮華經》卷第三

斯 7348 號 《妙法蓮華經》卷第三

斯 7349 號 《維摩詰所說經》卷中文殊師利問疾品第五

斯 7350 號 《金光明最勝王經》卷第九授記品第二十三

斯 7351 號 《金光明最勝王經》卷第八堅牢地神品第十八

斯 7352 號 《妙法蓮華經》卷第四

斯 7353 號 《大般若波羅蜜多經》卷第八十一

斯 7354 號 《妙法蓮華經》卷第三

斯 7355 號 《維摩詰所說經》卷中

斯 7356 號 《金光明經》卷第二

斯 7357 號 《金剛般若波羅蜜經》

斯 7358 號 《妙法蓮華經》卷第三

斯 7359 號 《妙法蓮華經》卷第三

斯 7360 號 《妙法蓮華經》卷第一

斯 7361 號 《思益梵天所問經》卷第二

斯 7362 號 《妙法蓮華經》卷第二譬喻品第三

斯 7363 號 《妙法蓮華經》卷第五

斯 7364 號 《大般若波羅蜜多經》卷第三百九十二

斯 7365 號 《大般若波羅蜜多經》卷第五百三十一

斯 7366 號 《金光明最勝王經》卷第九善生王品第二十一

斯 7367 號 《妙法蓮華經》卷第六

斯 7368 號 《佛說阿彌陀經》

斯 7369 號 《妙法蓮華經》卷第六

斯 7370 號 《摩訶般若波羅蜜經》卷第十一

斯 7371 號 《藥師琉璃光如來本願功德經》

斯 7372 號 《妙法蓮華經》卷第一

斯 7373 號 《大般涅槃經》卷第二十二光明遍照高貴德王菩薩品之
四

斯 7374 號 《妙法蓮華經》卷第七

斯 7375 號 《羯磨》(《治比丘尼僧羯磨文》、《與摩那羯磨文》、《乞
出罪羯磨文》、《與出罪羯磨文》)

斯 7376 號　《妙法蓮華經》卷第四

斯 7377 號　《大般涅槃經》卷第七如來性品第四之四

斯 7378 號　《大般若波羅蜜多經》卷第四百四

斯 7379 號　《妙法蓮華經》卷第二

斯 7380 號　《大乘無量壽經》

斯 7381 號　《大般若波羅蜜多經》卷第四百六十一

斯 7382 號　《金剛般若波羅蜜經》

斯 7383 號　《妙法蓮華經》卷第二

斯 7384 號　《金剛般若波羅蜜經》

斯 7385 號　《維摩詰所說經》卷中文殊師利問疾品第五

斯 7386 號　《大般若波羅蜜多經》卷第三百九

斯 7387 號　《金剛般若波羅蜜經》

斯 7388 號　《維摩詰所說經》卷上

斯 7389 號　《妙法蓮華經》卷第一

斯 7390 號　《妙法蓮華經》卷第六

斯 7391 號　《佛為首迦長者說業報差別經》

斯 7392 號　《大般涅槃經》卷第二十四光明遍照高貴德王菩薩品第十之四

斯 7393 號　《妙法蓮華經》卷第五安樂行品第十四

斯 7394 號　《妙法蓮華經》卷第三藥草喻品第五

斯 7395 號　《妙法蓮華經》卷第五

斯 7396 號　《妙法蓮華經》卷第六

斯 7397 號　《慧上菩薩問大善權經》卷上

斯 7398 號　《藥師琉璃光如來本願功德經》

斯 7399 號　《金剛般若波羅蜜經》

斯 7400 號 《金剛般若波羅蜜經》

斯 7401 號 《金剛般若波羅蜜經》

斯 7402 號 《妙法蓮華經》卷第七

斯 7403 號 《大般涅槃經》卷第七如來性品第四之四

斯 7404 號 《佛說阿彌陀經》

斯 7405 號 《大薩遮尼乾子所說經》卷第四王論品第五之二

斯 7406 號 《大般若波羅蜜多經》卷第三百七十六

斯 7407 號 《思益梵天所問經》卷第二

斯 7408 號 《大般若波羅蜜多經》卷第二百七十五

斯 7409 號 《摩訶般若波羅蜜經》卷第二十四四攝品第七十八

斯 7410 號 《維摩詰所說經》卷上

斯 7411 號 《大般涅槃經》卷第三十五迦葉菩薩品第十二之三

斯 7412 號 《中阿含經》卷第八未曾有法品第四

斯 7413 號 《金剛般若波羅蜜經》

斯 7414 號 《大般若波羅蜜多經》卷第三百十

斯 7415 號 《大般若波羅蜜多經》卷第五百九十二

斯 7416 號 《大般若波羅蜜多經》卷第二百五

斯 7417 號 《大般若波羅蜜多經》卷第一百二十九

斯 7418 號 《佛說寶雨經》卷第三

斯 7419 號 《妙法蓮華經》卷第一

斯 7420 號 《大般若波羅蜜多經》卷第四十九

斯 7421 號 《妙法蓮華經》卷第六隨喜功德品第十八

斯 7422 號 《金剛般若波羅蜜經》

斯 7423 號 《妙法蓮華經》卷第三授記品第六

斯 7424 號 《金剛般若波羅蜜經》

斯 7425 號　《大般若波羅蜜多經》卷第六百

斯 7426 號　《大般若波羅蜜多經》卷第五百三十一

斯 7427 號　《大般若波羅蜜多經》卷第七十二

斯 7428 號　《妙法蓮華經》卷第七觀世音菩薩普門品第二十五

斯 7429 號　《大般若波羅蜜多經》卷第四百四十八

斯 7430 號　《妙法蓮華經》卷第二信解品第四

斯 7431 號　《四分律刪繁補闕行事鈔》卷下之三頭陀行儀篇第二十一

斯 7432 號　《妙法蓮華經》卷第五安樂行品第十四

斯 7433 號　《大般若波羅蜜多經》卷第一百四十五

斯 7434 號　《金光明最勝王經》卷第一

斯 7435 號　《摩訶般若波羅蜜經》卷第二十四

斯 7436 號　《大般若波羅蜜多經》卷第四百二十二

斯 7437 號　《大般若波羅蜜多經》卷第一百五十五初分校量功德品第三十之五十三

斯 7438 號　《金剛般若波羅蜜經》

斯 7439 號　《佛說阿彌陀經》

斯 7440 號　《大般若波羅蜜多經》卷第十六

斯 7441 號　《金剛般若波羅蜜經》

斯 7442 號　《妙法蓮華經》卷第五安樂行品第十四

斯 7443 號　《金光明最勝王經》卷第二分別三身品第三

斯 7444 號　《淨度經》（擬，《法門名義集五戒條》曾引《淨度經》）

斯 7445 號　《摩訶般若波羅蜜經》卷第二往生品第四

斯 7446 號　《妙法蓮華經》卷第二譬喻品第三

斯 7447 號　《金剛般若波羅蜜經》

斯 7448 號　《妙法蓮華經》卷第三化城喻品第七

斯 7449 號　《大方廣佛華嚴經》卷第二十金剛幢菩薩十回向品第二十一之七

斯 7451 號　《大般涅槃經》卷第三十七迦葉菩薩品第十二之五

斯 7452 號　《淨度三昧經》（上接斯 4546 號，該號實為《淨度三昧經》，中五官者一曰仙官主禁殺等二行，見《經律異相》卷第四十九所引）

斯 7453 號　金光明《最勝王經》卷第十捨身品第二十六

斯 7454 號　《大智度論》卷第三十九釋往生品第四之中

斯 7455 號　《大般若波羅蜜多經》卷第六十五

斯 7456 號　《金剛般若波羅蜜經》

斯 7457 號　《大般若經》卷第二百六十七帙背雜寫

斯 7457 號　《妙法蓮華經》卷第七陀羅尼品第二十六

斯 7458 號　《妙法蓮華經》卷第二譬喻品第三

斯 7459 號　《大般若波羅蜜多經》卷第四十二初分譬喻品第十一之一

斯 7460 號　《金光明最勝王經》卷第一如來壽量品第二

斯 7461 號　《大般若波羅蜜多經》卷第五百九十七

斯 7462 號　《妙法蓮華經》卷第二信解品第四

斯 7463 號　《大般若波羅蜜多經》卷第二

斯 7464 號　《大般涅槃經》卷第三十一師子吼菩薩品第十一之五

斯 7465 號　《佛垂般涅槃略說教誡經》

斯 7466 號　《妙法蓮華經》卷第三藥草喻品第五

斯 7467 號　《金剛般若波羅蜜經》

斯 7468 號　《梵網經》盧舍那佛說菩薩心地戒品第十卷下

斯 7469 號　《維摩詰所說經》卷下香積佛品第十

斯 7470 號　《大般涅槃經》卷第二十一、二十二光明遍照高
貴德王菩薩品第十之一、二

斯 7471 號　《大般若波羅蜜多經》卷第三百九十六初分無性自性品
第七十四之二

斯 7472 號　《金剛般若波羅蜜經》

斯 7474 號　《十誦律》卷第十四

斯 7475 號　《妙法蓮華經》卷第二信解品第四

斯 7477 號　《妙法蓮華經》卷第六隨喜功德品第十八

斯 7478 號　《妙法蓮華經》卷第一序品第一

斯 7479 號　《大般涅槃經》卷第二壽命品第一之二

斯 7480 號　《金剛般若波羅蜜經》

斯 7481 號　《佛說觀普賢菩薩行法經》

斯 7482 號　《觀佛三昧海經》卷第四觀相品第三之四

斯 7483 號　《增一阿含經》卷第八

斯 7484 號　《大般若波羅蜜多經》卷第二百八初分難信解品第三十
四之二十七

斯 7485 號　《金剛般若波羅蜜經》

斯 7486 號　《大般若波羅蜜多經》卷第五百九十一

斯 7487 號　《妙法蓮華經》卷第七觀世音菩薩普門品第二十五

斯 7488 號　《大般若波羅蜜多經》卷第四百十

斯 7489 號　《佛說大乘稻芉經》

斯 7490 號　《金光明最勝王經》卷第二分別三身品第三

斯 7491 號　《金光明最勝王經》卷第六四天王護國品第十二

斯 7492 號　《金剛般若波羅蜜經》

斯 7493 號　《觀世音經》

斯 7494 號　《妙法蓮華經》卷第五安樂行品第十四

斯 7495 號　《金光明最勝王經》卷第九善生王品第二十一

斯 7496 號　《金光明最勝王經》卷第二四天王品第六

斯 7497 號　《妙法蓮華經》卷第二信解品第四

斯 7498 號　《金光明最勝王經》卷第三滅業障品第五

斯 7499 號　《大般若波羅蜜多經》卷第十七

斯 7500 號　《大般若波羅蜜多經》卷第一百三十

斯 7501 號　《梵網經》盧舍那佛說菩薩心地戒品第十卷下

斯 7502 號　《妙法蓮華經》卷第一序品第一

斯 7503 號　《金光明最勝王經》卷第九授記品第二十三

斯 7504 號　《佛名經》卷第十八

斯 7505 號　《金剛般若波羅蜜經》

斯 7506 號　《妙法蓮華經》卷第七妙音菩薩品第二十四

斯 7507 號　《妙法蓮華經》卷第一序品第一

斯 7508 號　《藥師琉璃光如來本願功德經》

斯 7509 號　《金剛般若波羅蜜經》

斯 7510 號　《妙法蓮華經》卷第一序品第一

斯 7511 號　《大般若波羅蜜多經》卷第二百八十四

斯 7512 號　《妙法蓮華經》卷第七觀世音菩薩普門品第二十五

斯 7513 號　《妙法蓮華經》卷第七陀羅尼品第二十六

斯 7514 號　《妙法蓮華經》卷第三藥草喻品第五

斯 7515 號　《大方等大集經》卷第八不眴菩薩品第四

斯 7516 號　《大方廣佛華嚴經》卷第四十離世間品第三十三之五

斯 7517 號　《大般涅槃經》卷第三十八迦葉菩薩品第十二之六

斯 7518 號　《金剛般若波羅蜜經》

斯 7519 號　《般若波羅蜜多心經還源述》（參見斯 3019 號）

斯 7520 號　《起信論疏》卷下

斯 7521 號　《入楞伽經》卷第七恆河沙品第十三

斯 7522 號　《大般若波羅蜜多經》卷第四百四十七

斯 7523 號　《大般若波羅蜜多經》卷第四百四十九第二分轉不轉品
第五十四

斯 7524 號　《鳩摩羅什法師誦法》

斯 7525 號　《梵網經》盧舍那佛說菩薩心地戒品第十卷下

斯 7526 號　《妙法蓮華經》卷第一序品第一

斯 7527 號　《妙法蓮華經》卷第三化城喻品第七

斯 7528 號　《羯磨》（《式叉摩那受大戒文》）

斯 7529 號　《佛名經》卷第一

斯 7530 號　《彌沙塞部和醯五分律》卷第一第一分《初波羅夷法》

斯 7532 號　《金剛般若波羅蜜經》

斯 7533 號　《金光明最勝王經》卷第五依空滿願品第十

斯 7534 號　《金剛般若波羅蜜經》

斯 7535 號　《千手千眼觀世音菩薩廣大圓滿無礙大悲心陀羅尼經》

斯 7536 號　《金光明最勝王經》卷第五蓮華喻贊品第七、《金勝陀
羅尼品》第八

斯 7537 號　《大般若波羅蜜多經》卷第二百五

斯 7538 號　《金剛般若波羅蜜經》

斯 7539 號　《大方廣佛華嚴經》卷第二世間淨眼品第一之二

斯 7540 號　《大般若波羅蜜多經》卷第二十一

斯 7541 號　《大般若波羅蜜多經》卷第二百五十七

斯 7542 號 《妙法蓮華經》卷第三藥草喻品第五

斯 7543 號 《妙法蓮華經》卷第七妙音菩薩品第二十四

斯 7544 號 《維摩詰所說經》卷中文殊師利問疾品第五（上接斯 7385 號）

斯 7545 號 《金剛般若波羅蜜經》

斯 7546 號 《妙法蓮華經》卷第三藥草喻品第五

斯 7547 號 《妙法蓮華經》卷第五安樂行品第十四

斯 7548 號 《佛頂尊勝陀羅尼經咒》

斯 7549 號 《妙法蓮華經》卷第三化城喻品第七

斯 7550 號 《大佛頂如來密因修證了義諸菩薩萬行首楞嚴經》卷第一

斯 7551 號 《妙法蓮華經》卷第二譬喻品第三

斯 7552 號 《妙法蓮華經》卷第一序品第一

斯 7553 號 《妙法蓮華經》卷第二譬喻品第三

斯 7554 號 《妙法蓮華經》卷第五安樂行品第十四

斯 7555 號 《大方廣十輪經》卷第六（上接斯 7240 號）

斯 7556 號 《大般涅槃經》卷第二純陀品第二

斯 7557 號 《金剛般若波羅蜜經》

斯 7558 號 《佛名經》

斯 7559 號 《佛名經》卷第六

斯 7560 號 《大般若波羅蜜多經》卷第四十八

斯 7561 號 《藥師琉璃光如來本願功德經》

斯 7562 號 《藥師琉璃光如來本願功德經》

斯 7563 號 《妙法蓮華經》卷第一方便品第二

斯 7564 號 《金剛般若波羅蜜經》

斯 7565 號　《金光明最勝王經》卷第九長者子流水品第二十五

斯 7566 號　《妙法蓮華經》卷第七觀世音菩薩普門品第二十五

斯 7568 號　《四分律卷》第五十三僧殘法之四

斯 7569 號　《勝天王般若波羅蜜多經》卷第一通達品第一

斯 7570 號　《大般涅槃經》卷第三十七迦葉菩薩品第十二之五

斯 7571 號　《金剛般若波羅蜜經》

斯 7571 號　《大般涅槃經》卷第二十五《光明遍照高貴德王菩薩》
第十之五

斯 7572 號　《大般涅槃經》卷第二十九師子吼菩薩品第十一之三

斯 7573 號　《摩訶般若波羅蜜經》卷第十憂波提舍中十方菩薩來品
第十四

斯 7574 號　《妙法蓮華經》卷第六如來神力品第二十一

斯 7575 號　《藥師琉璃光如來本願功德經》

斯 7576 號　《妙法蓮華經》卷第七觀世音菩薩普門品第二十五

斯 7578 號　《正法念處經》卷第六十六身念處品之三

斯 7579 號　《佛名經》卷第十一

斯 7580 號　《佛頂尊勝陀羅尼經》

斯 7581 號　《佛名經》

斯 7582 號　《妙法蓮華經》卷第三藥草喻品第五

斯 7583 號　《金光明經》卷第一序品第一

斯 7584 號　《妙法蓮華經》卷第六常不輕菩薩品第二十

斯 7585 號　《金剛般若波羅蜜經》

斯 7586 號　《大智度論》卷第三十六釋相應品第三

斯 7587 號　《大般涅槃經義記》卷第八

斯 7588 號　《大通方廣懺悔滅罪莊嚴成佛經》卷上

斯 7589 號　納麥賬

斯 7590 號　佛經疏釋

斯 7591 號　《金剛般若波羅蜜經》

斯 7592 號　《天地八陽神咒經》

斯 7593 號　《妙法蓮華經》卷第一序品第一

斯 7594 號　《金光明最勝王經》卷第十捨身品第二十六

斯 7595 號　祈願文

斯 7596 號　《佛名經》卷第一

斯 7597 號　《善惡因果經》

斯 7598 號　《佛說閻羅王受記勸修生七齋功德經》

斯 7599 號　《妙法蓮華經》卷第七觀世音菩薩普門品第二十五

劉銘恕《斯坦因劫經錄》之訂補

　　劉銘恕曾作《斯坦因劫經錄》，輯入敦煌遺書總目索引，出版於一九六二年，其中有關佛經、道經，除原卷存有標題者照錄外，其餘頭尾殘缺者極多，能考知名目的百不及一。大抵只標「佛經」、「道經」或「佛經疏釋」字樣，對於有志研究的人，很不方便。更何況道經、佛經亦偶有誤識的，如：

> 斯 107 號標為佛經，實為道經《太上洞玄靈寶升玄內教經》。
> 斯 4071 號標為佛經，實為失題經典類的道經。
> 斯 4077 號標為道經，實為佛經：《大佛頂首楞嚴經》卷第八。
> 斯 4856 號標為道經，實為佛經：《維摩詰所說經》卷上。

　　這種錯誤，在所難免，因為佛道經典，浩若煙海，一一辨識，並標出經名卷次，談何容易。筆者因編輯《敦煌寶藏》，對頭尾損缺的殘卷，以及許多疑經碎塊，耗費了極多的時間，取《大藏經》及《道藏》

經原文核對，比對起訖。其中有許多是古逸經典，《大藏經》及《道藏》中不及收錄，則核對時尤為細心，有些《大正藏》八十五冊已輯集，有些更在輯集之外，是新出現的佛藏、道藏資料。每條也盡其可能地標示出處，必須先將這些未知的殘卷，都查清楚，將來才能作為編纂詳細分類索引的基礎。

至於劉銘恕的編目，只到斯坦因編號六九四六號為止，下面還有五百多號斷片不曾標目，筆者亦不憚煩瑣，一一檢出予以標目，因為未來如想將殘卷綴合，斷片也是有用的。

下面所公布，都是劉銘恕《斯坦因劫經錄》中未曾查出經卷名稱的，而在核對原卷時確實有據的，至於擬測的部分不在其中，若是已有經名而僅補標卷次的，也不收在內，以節省篇幅。

斯 7 號　　《金剛般若波羅蜜經》

斯 11 號　　《大方廣佛華嚴經》卷第五十三、五十四

斯 14 號　　《大般若波羅蜜經》卷第二百七十六

斯 20 號　　《漢書》卷八十一《匡衡傳》

斯 21 號　　《維摩詰所說經》入不二法門品

斯 26 號　　《大般若波羅蜜多經》卷第四十二初分譬喻品第十一之一

斯 31 號　　《大般若波羅蜜多經》卷第三百八十九

斯 32 號　　《金光明最勝王經》卷第一、卷第二

斯 33 號　　《佛說法句經》

斯 35 號　　《妙法蓮華經》卷第二譬喻品第三

斯 37 號　　《妙法蓮華經》卷第二第三品、第四品

斯 38 號　　《大方廣佛華嚴經》卷第四十八

斯 40 號　　《妙法蓮華經》卷第七陀羅尼品二十六、妙莊嚴

主本事品二十七

斯 42 號　《佛說胞胎經》

斯 43 號　《金光明最勝王經》卷第四

斯 44 號　《大般若波羅蜜多經》卷第五百九十九

斯 48 號　《梵網經》盧舍那佛說菩薩心地戒品第十卷下

斯 53 號　《藥師琉璃光如來本願功德經》

斯 55 號　《摩訶般若波羅蜜經》

斯 64 號　《大般涅槃經》師子吼菩薩品之二

斯 66 號　《妙法蓮華經》卷第四五百弟子受記品第八

斯 66 號　《妙法蓮華經》卷第七

斯 69 號　《妙法蓮華經》卷第四五百弟子受記品第八

斯 82 號　《妙法蓮華經》卷第二

斯 89 號　《妙法蓮華經》卷第四五百弟子受記品第八

斯 94 號　《妙法蓮華經》卷第七觀世音菩薩普門品第二十五

斯 104 號　《妙法蓮華經》卷第四五百弟子受記品第八

斯 105 號　《佛說藥師琉璃光如來本願功德經》

斯 106 號　《妙法蓮華經》卷第二譬喻品第三

斯 107 號　《太上洞玄靈寶升玄內教經》

斯 108 號　《妙法蓮華經》卷第七陀羅尼品第二十六

斯 110 號　背面　《佛說無量大慈教經》一卷

斯 111 號　《神咒》

斯 112 號　《妙法蓮華經》卷第一

斯 113 號　背面　《妙法蓮華經》義記方便品第二

斯 118 號　《大般涅槃經》卷第二十三

斯 122 號　《大般若波羅蜜多經》卷第二百六十一

斯 123 號　《將釋僧戒初篇四波羅夷義決》

斯 124 號　《仁王般若波羅蜜經》卷上

斯 125 號　《大乘起信論略述》卷下

斯 126 號　《十無常》詩，《父母恩重》詩

斯 126 號　背面　《大集經》

斯 129 號　《佛經戒律》（參見毗尼心及彌沙塞羯磨本）

斯 131 號　《妙法蓮華經》卷第一

斯 132 號　《大方廣佛華嚴經》卷第九

斯 138 號　《妙法蓮華經》卷第一

斯 152 號　《妙法蓮華經》卷第四見寶塔品第十一

斯 154 號　《佛說大方廣十輪經》卷第八

斯 156 號　《大般若波羅蜜多經》卷第二百二十一初分難信解品第三十四之四十

斯 157 號　《大方廣佛華嚴經》卷第九第五十九入法界品第三十四之十六

斯 160 號　《妙法蓮華經》卷第七妙音菩薩品第二十四

斯 161 號　《佛說佛名經》卷第一

斯 167 號　《大般若波羅蜜多經》卷一〇六初分較量功德品第三十之四

斯 174 號　《大般涅槃經》卷第二十三

斯 184 號　《大般若波羅蜜多經》卷第五百十五第三分不退相品第二十之二

斯 185 號　《梵網經》盧舍那佛說菩薩心地戒品第十卷下

斯 186 號　《梵網經》菩薩戒序

斯 195 號　《大智度論》卷十八

斯 200 號　《大般涅槃經》卷第二十九、三十

斯 201 號　《大般若波羅蜜多經》卷第三百四十七

斯 203 號　《道經度仙靈錄儀》（失題科儀書類）

斯 204 號　《大般涅槃經》卷第二十六獅子吼菩薩品之二

斯 206 號　《金光明最勝王經》卷第十

斯 207 號　《妙法蓮華經》卷第七妙音菩薩品第廿四、觀世音菩薩普門品第二十五

斯 210 號　《金光明最勝王經》卷第五

斯 211 號　《瑜伽師地論》卷第九十四

斯 215 號　《大方便佛報恩經》卷第五

斯 218 號　《大般若波羅蜜多經》卷第四十八

斯 219 號　《大般涅槃經》卷第廿一

斯 221 號　《大般若波羅蜜多經》

斯 223 號　祈安文

斯 224 號　《大智度論》卷第四十

斯 228 號　《妙法蓮華經》卷二譬喻品第三

斯 233 號　《金光明最勝王經》卷八大吉祥天女品第十六、十七

斯 244 號　《妙法蓮華經》卷第七妙音菩薩品第廿四

斯 248 號　《妙法蓮華經》卷第六囑累品第二十二

斯 250 號　《因緣心論頌》

斯 250 號　背面　《四諦論提要》（擬）

斯 251 號　《大般若波羅蜜多經》卷第二百十五

斯 259 號　背面　喪祭超度上墳圖

斯 260 號　《大般若波羅蜜多經》卷第八十七

斯 261 號　《金光明最勝王經》卷第二分別三身品第三

斯 263 號　禮懺文

斯 265 號　《妙法蓮華經》卷四見寶塔品第十一

斯 268 號　《大乘百法明門開宗義記》

斯 271 號　《梵網經》盧舍那佛說菩薩心地戒品第十卷上

斯 272 號　《大乘起信論廣釋》卷第五

斯 285 號　《大般若波羅蜜多經》卷第十二

斯 288 號　《佛頂尊勝陀羅尼經》

斯 291 號　《妙法蓮華經》卷七妙莊嚴王本事品第二十七

斯 292 號　《摩訶般若波羅蜜經》卷十一

斯 295 號　《大集經》卷第六

斯 297 號　《佛說灌頂隨願往生十方淨土經》

斯 299 號　《四分比丘尼戒本》

斯 301 號　《妙法蓮華經》卷第二譬喻品第三

斯 302 號　《四分僧戒本》

斯 303 號　《梵網經》盧舍那佛說菩薩心地戒品第十卷上

斯 304 號　《大方等大集經》卷三十一

斯 306 號　《妙法蓮華經》卷第七

斯 308 號　《法集經》卷第五

斯 309 號　《妙法蓮華經》卷第五如來壽量品第十六

斯 310 號　《妙法蓮華經》卷第六囑累品第二十二

斯 313 號　《大智度論》卷第二十四

斯 316 號　背面　《大乘稻芉經隨聽疏》

斯 322 號　《妙法蓮華經》卷第四見寶塔品第十一

斯 325 號　《妙法蓮華經》卷一序品第一

斯 329 號　行人轉帖等

斯 331 號　《大般涅槃經》卷第三十九

斯 332 號　禮佛發願文（參見斯 1084 號）

斯 334 號　佛說孛經抄

斯 335 號　背面 依根本部差分房舍臥具人並安居法（參見《四分律刪補隨機羯磨》卷上）

斯 337 號　《佛為首迦長者說業報差別經》

斯 343 號　背面 《妙法蓮華經》卷第七普門品第廿五

斯 343 號　背面 某七追福嘉會悼亡文

斯 343 號　背面 分家文書範例

斯 350 號　《維摩詰所說經》卷下香積佛品第十

斯 353 號　《大佛頂萬行首楞嚴經》卷第四

斯 354 號　《佛名經》卷第四、第五、第六

斯 355 號　《大般若波羅蜜多經》卷第二百六十五

斯 357 號　《大般若波羅蜜多經》卷二百九十八初分難聞功德品第三十九之二

斯 358 號　《大般若波羅蜜多經》卷七十七初分天帝品第二十二之一

斯 384 號　《妙法蓮華經》卷第一方便品第二

斯 385 號　《大般若波羅蜜多經》卷第二百九十五

斯 391 號　《八十種相論》

斯 396 號　《大般若波羅蜜多經》

斯 398 號　《摩訶般若波羅蜜經》卷第二十五

斯 405 號　《四分戒本疏》卷第三（參見《大正大藏經》卷二七八七）

斯 415 號　《妙法蓮華經》卷第七妙音菩薩品第廿四

斯 416 號　《大般若波羅蜜多經》卷第二百七十八

斯 422 號　《妙法蓮華經》卷第五分別功德品第十七

斯 439 號　《金剛般若波羅蜜經》

斯 445 號　《金剛般若波羅蜜經》

斯 448 號　《隨求經》

斯 453 號　禮懺文

斯 460 號　《大般若波羅蜜多經》卷第二百七

斯 461 號　《大智度論》卷九十

斯 463 號　《大方廣佛華嚴經》卷九

斯 482 號　背面　《佛本行集經》卷第十一

斯 483 號　《大般若波羅蜜多經》卷第一百六十五

斯 484 號　《妙法蓮華經》卷第二信解品第四

斯 485 號　《金剛般若波羅蜜經》

斯 486 號　《大般涅槃經》卷第八如來性品第四之五

斯 487 號　《究竟大悲經》卷第一

斯 488 號　《摩訶般若波羅蜜經》卷第十一隨喜品第三十九

斯 489 號　《大般涅槃經》卷第二十

斯 497 號　《大般若波羅蜜多經》卷第三百三十

斯 499 號　《勝天王般若波羅蜜經》卷第一

斯 500 號　《佛說八陽神咒經》（與月氏三藏竺法護譯本不同）

斯 501 號　《佛說藥師經》

斯 504 號　《妙法蓮華經》卷第六、第七

斯 506 號　《梵網經》盧舍那佛說菩薩心地戒品第十卷下

斯 507 號　《大般若波羅蜜多經》卷第百八十

斯 510 號　《四分律藏》卷第三十四《受戒捷度》卷之五

斯 519 號　《般若波羅蜜多心經》

斯 535 號　《大般涅槃經》卷第十一

斯 536 號　《妙法蓮華經》卷第一

斯 537 號　《大般涅槃經》卷第十五

斯 538 號　《大通方廣懺悔滅罪莊嚴成佛經》卷中

斯 540 號　《大般涅槃經》卷第三十師子吼菩薩品第十一之四

斯 541 號　《因緣心釋論開決舥》（參見斯 269 號）

斯 542 號　《辯中邊論頌疏釋》（擬，參閱斯 107 號）

斯 543 號　背面　《大乘菩薩維舥文》

斯 543 號　背面　《聲聞菩薩維舥文》

斯 544 號　《大方廣佛華嚴經》卷第二十二

斯 546 號　《摩訶般若波羅蜜經》卷第七

斯 547 號　《大般涅槃經》卷第五

斯 550 號　《普賢菩薩行願經》三一卷

斯 551 號　《佛說無量壽宗要經》

斯 554 號　《故言般若波羅蜜多心經》一卷

斯 558 號　《妙法蓮華經》卷第五、第六

斯 562 號　《妙法蓮華經》卷第七妙莊嚴王本事品四二十七

斯 564 號　《入楞伽經》卷第二

斯 565 號　《金光明最勝王經》卷第八王法正論品第二十

斯 566 號　《梵網經》盧舍那佛說菩薩心地戒品第十卷下

斯 567 號　《成唯識論釋》（擬）

斯 568 號　《中阿含經》卷第三十七（《郁瘦歌邏經》、《阿攝恕經》）

斯 570 號　《大般涅槃經》卷第二十五

　　斯 572 號　《妙法蓮華經》卷第七妙莊嚴王本事品第二十七、普賢菩薩勸發品第二十八

　　斯 586 號　《金光明最勝王經》卷第九

　　斯 589 號　《大般若波羅蜜多經》卷第百九十九

　　斯 593 號　《大方廣佛華嚴經》卷第二十七

　　斯 600 號　《羯磨》（比丘尼衣羯磨文）

　　斯 609 號　《大乘四法經釋》一卷、《六門陀羅尼經》

　　斯 611 號　《金光明經》卷第三善集品第十三

　　斯 623 號　《大般涅槃經》卷第四

　　斯 625 號　《金光明經》卷四捨身品第十七

　　斯 626 號　《大般涅槃經》卷二十七師子吼菩薩品第十一之一

　　斯 627 號　《大方等大集經》卷第七不眴菩薩品第四

　　斯 629 號　《大智度論》卷二十二

　　斯 630 號　《大般涅槃經》卷第十一切大眾所問品第十七

　　斯 633 號　《大般涅槃經》第三十六迦葉菩薩品第十二之四

　　斯 634 號　《大方廣佛華嚴經》卷第二十二

　　斯 645 號　《大方廣佛華嚴經》卷第三十五

　　斯 647 號　《妙法蓮華經》卷第二

　　斯 651 號　《妙法蓮華經》卷第二

　　斯 655 號　《大方廣佛華嚴經》卷第四十七

　　斯 657 號　《妙法蓮華經》卷第六

　　斯 667 號　《大般若波羅蜜多經》卷一百七十八

　　斯 669 號　《維摩詰所說經》卷上弟子品第三、菩薩品第四

　　斯 670 號　《大般若波羅蜜多經》卷第百五

　　斯 704 號　《大般若波羅蜜多經》卷第一百五

斯 721 號　背面 《淨住子》卷第八

斯 730 號　《十誦比丘波羅提木叉戒本》

斯 731 號　《妙法蓮華經》卷第七普賢菩薩勸發品第二十八

斯 732 號　《大般涅槃經》卷第二

斯 733 號　《大般若波羅蜜多經》卷第七十三初分觀行品第十九之
四

斯 734 號　《大般若波羅蜜多經》卷第五百九十五

斯 735 號　背面《大乘無生方便門》（參見斯 2503 號）

斯 743 號　《大方等大集經》卷第四

斯 744 號　《妙法蓮華經》卷第四見寶塔品第十一

斯 745 號　《大方廣佛華嚴經》

斯 751 號　《十誦律》卷第七、第八

斯 751 號　背面 《薩婆多毗尼毗婆沙》卷第五

斯 752 號　《佛說佛名經》卷第一寶達問答報應沙門品第一

斯 754 號　《羯磨》（比丘尼羯磨文）

斯 757 號　《妙法蓮華經》卷第二

斯 758 號　《大般若波羅蜜多經》卷第十四

斯 759 號　《佛經疏釋》（釋六波羅蜜）

斯 762 號　《大般涅槃經》卷第十九

斯 763 號　《大乘無量壽經》

斯 781 號　《大般涅槃經》卷第三十

斯 786 號　《摩訶般若波羅蜜經》卷第十一問答（擬）

斯 788 號　高適詩（《古大梁行》、《燕歌行》）

斯 793 號　《天尊說濟苦經》一卷（《靈真戒拔除生死疾苦經》）

斯 808 號　《四分比丘尼戒本》

斯 809 號　《三洞奉道科誡儀範》

斯 810 號　《太平九極太上中皇真經》

斯 812 號　《大佛頂如來放光悉怛多大神力都攝一切咒王陀羅尼經》大威德最勝金輪三昧咒品卷上

斯 815 號　《妙法蓮華經》卷第二

斯 818 號　《式叉摩那受六法》一卷（前半參見斯 928 號《雜羯磨式叉摩那受六法文》，後半參見《摩訶僧祇律》卷第三十《比丘尼法》）

斯 822 號　《金光明最勝王經》卷第三滅業障品第五

斯 828 號　《維摩詰所說經》卷下菩薩行品第十一、見阿閦佛品第十二

斯 830 號　《妙法蓮華經》卷第一方便品第二

斯 831 號　《大般涅槃經》卷第二十四光明遍照菩薩品第十之四

斯 835 號　《摩訶般若波羅蜜經》卷第十三

斯 836 號　《大佛頂如來密因修證了義諸菩薩萬行首楞嚴經》卷第四

斯 837 號　《佛說法句經》求善知識不惜內外壽命嫌疑品第十、普光問如茲偈答品第十一

斯 838 號　《妙法蓮華經》卷第二譬喻品第三

斯 845 號　《維摩詰所說經》文殊師利問疾品第五

斯 848 號　背面　藻井圖

斯 849 號　《大般若波羅蜜多經》卷第五百七十六

斯 850 號　《妙法蓮華經》卷第五

斯 854 號　《大般若波羅蜜多經》卷第三百二十九

斯 855 號　《大般若波羅蜜多經》卷第二百三十九

斯 857 號　《式叉摩那尼十八行法》（擬）

斯 858 號　《金光明最勝王經》卷第二

斯 861 號　《太上業報因緣經》卷第九

斯 865 號　《般若波羅蜜多心經》

斯 865 號　背面　社司轉帖

斯 867 號　《金剛般若波羅蜜經》

斯 870 號　《藥師琉璃光如來本願功德經》

斯 873 號　《妙法蓮華經》卷第一方便品第二

斯 874 號　《妙法蓮華經》卷第四五百弟子受記品第八

斯 875 號　《妙法蓮華經》卷第一方便品第二

斯 876 號　《妙法蓮華經》卷第一方便品第二

斯 877 號　《大般若波羅蜜多經》卷第二十八

斯 879 號　《大般若波羅蜜多經》卷第五十九

斯 888 號　《大般若波羅蜜多經》卷第四百三十五

斯 893 號　《大般若波羅蜜多經》卷第五百二十一

斯 894 號　《大般若波羅蜜多經》卷第五百二十二

斯 895 號　《大般若波羅蜜多經》卷第五百二十三

斯 896 號　《大般若波羅蜜多經》卷第五百二十五

斯 897 號　《大般若波羅蜜多經》卷第五百二十六

斯 899 號　《大般若波羅蜜多經》卷第三百七十二

斯 902 號　《大般若波羅蜜多經》卷第二百五十四

斯 903 號　《大般若波羅蜜多經》卷第三百八十

斯 906 號　《大般若波羅蜜多經》卷第四百三十八

斯 917 號　《妙法蓮華經》卷第二譬喻品第三

斯 918 號　《大樓炭經》卷第五

斯 919 號　《大佛頂萬行首楞嚴經》卷第六

斯 920 號　《佛本行集經》卷第二十三

斯 921 號　《妙法蓮華經》卷第二譬喻品第三

斯 927 號　《佛說無量壽經》卷下

斯 930 號　《洞淵神咒經》卷第六誓樣品

斯 934 號　《增一阿含經》卷第十四

斯 935 號　《妙法蓮華經》卷第五安樂行品第十四

斯 946 號　《妙法蓮華經》卷第一方便品第二

斯 947 號　《妙法蓮華經》卷第六法師功德品第十九

斯 954 號　《藥師琉璃光如來本願功德經》

斯 955 號　《大般若波羅蜜多經》卷第三十七

斯 967 號　《大方廣佛華嚴經》卷第二十八

斯 968 號　《妙法蓮華經》卷第五分別功德品第十七

斯 969 號　《四分律》卷第五十二

斯 970 號　《妙法蓮華經》卷第一序品第一

斯 971 號　《佛說證香火本因經》

斯 972 號　禮懺文

斯 974 號　《大般若波羅蜜多經》卷第四百五十六

斯 977 號　《大般若波羅蜜多經》卷第五百三十三

斯 978 號　《維摩詰所說經》卷上

斯 979 號　《大般涅槃經》卷第十五

斯 982 號　《妙法蓮華經》卷第五安樂行品第十四

斯 984 號　《四分律》卷第十

斯 985 號　《佛說大乘稻芊經》

斯 985 號　背面　《大乘要語》一卷

斯 986 號　背面　《道要靈祇神鬼品經》

斯 1002 號　《大乘無生方便門》（參見斯 2503 號）

斯 1003 號　《大般涅槃經》卷第二

斯 1004 號　《經論要抄》

斯 1006 號　《金剛般若波羅蜜經》

斯 1007 號　《妙法蓮華經》卷第一序品第一

斯 1009 號　《妙法蓮華經》卷第二譬喻品第三

斯 1010 號　《妙法蓮華經》卷第六

斯 1012 號　《妙法蓮華經》卷第七觀世音菩薩普門品第二十五

斯 1013 號　《維摩詰經》卷下

斯 1014 號　《妙法蓮華經》卷第七妙音菩薩品第二十四

斯 1015 號　《大乘無量壽經》

斯 1017 號　《妙法蓮華經》卷第六、第七

斯 1018 號　《佛說無量大慈教經》

斯 1019 號　《妙法蓮華經》卷第三化城喻品第七

斯 1020 號　《閱錄儀》

斯 1039 號　《十誦律》及《羯磨》

斯 1042 號　《佛說藥師經》

斯 1043 號　《四分僧戒本》

斯 1044 號　《大般涅槃經》卷第二

斯 1055 號　《般若波羅蜜多心經》

斯 1057 號　《天地五行論》（擬）

斯 1060 號　《諸佛要行捨身功德經》

斯 1061 號　《洞淵神咒經》卷第四

斯 1061 號　背面　《唯識論抄要》（擬）

斯 106 號　《佛說八陽神咒經》

斯 1075 號　《四分比丘尼戒本》

斯 1083 號　《四分戒本說六法文》

斯 1087 號　《薩婆多毗尼婆沙》卷第四（十三事第十二末至三十事第二）

斯 1088 號　《大般涅槃經》卷第一

斯 1089 號　《妙法蓮華經》卷第二譬喻品第三

斯 1091 號　《佛說大乘稻芉經》

斯 1095 號　《佛頂尊勝陀羅尼經》

斯 1096 號　《妙法蓮華經》卷第二譬喻品第三

斯 1097 號　《金剛般若波羅蜜經》

斯 1098 號　《金光明最勝王經》卷第二

斯 1101 號　《妙法蓮華經》卷第六

斯 1102 號　《賢愚經》卷第一摩訶薩埵以身施虎品第二

斯 1105 號　《妙法蓮華經》卷第七觀世音菩薩普門品第二十五

斯 1111 號　《妙法蓮華經》卷第二譬喻品第三

斯 1113 號　道經類書（參見伯 2469 號）

斯 1114 號　《妙法蓮華經》卷第一序品第一

斯 1115 號　《大般若波羅蜜多經》卷第十三

斯 1120 號　《大般若波羅蜜多經》卷第二百七十五

斯 1121 號　《大般若波羅蜜多經》卷第二百七十五

斯 1123 號　《妙法蓮華經》卷第七陀羅尼品第二十六

斯 1129 號　《妙法蓮華經》卷第七觀世音菩薩普門品第二十五

斯 1130 號　《妙法蓮花經》卷第七信解品第四

斯 1133 號　《四分律比丘戒本》

斯 1135 號　《四分律比丘戒本》

斯 1136 號 《妙法蓮華經》卷第一序品第一

斯 1140 號 《四分律比丘戒本》

斯 1148 號 《妙法蓮華經》卷第一序品第一

斯 1157 號 《金光明經》卷第四流水長者子弟品第十六

斯 1158 號 《大般若波羅蜜多經》卷第三百七

斯 1161 號 《妙法蓮華經》卷第一方便品第二

斯 1162 號 《羯磨》

斯 1165 號 《摩訶般若波羅蜜經》建立眾生品第八十

斯 1168 號 《妙法蓮華經》卷第二信解品第四

斯 1169 號 《大乘百法明門論開宗義記》

斯 1172 號 背面 謝某法師招引提攜文

斯 1174 號 《妙法蓮華經》卷第六

斯 1190 號 《妙法蓮華經》卷第五安樂行品第十四

斯 1192 號 《妙法蓮華經》卷第六法師功德品第十九

斯 1193 號 《妙法蓮華經》卷第七觀世音菩薩普門品第二十五

斯 1196 號 《妙法蓮華經》卷第七觀世音菩薩普門品第二十五

斯 1199 號 《藥師琉璃光如來本願功德經》

斯 1202 號 《佛說佛名經》未完稿

斯 1203 號 《金光明經》卷第三

斯 1204 號 《佛頂尊勝陀羅尼經》

斯 1205 號 《四分比丘尼戒本》

斯 1206 號 《維摩詰所說經》卷中

斯 1207 號 《金剛般若波羅蜜經》

斯 1210 號 《千手千眼觀世音菩薩陀羅尼神咒經》卷上、卷下

斯 1224 號 《摩訶般若波羅蜜經》卷第七

斯 1225 號　《大般若波羅蜜多經》卷第二百五十一

斯 1226 號　《佛說佛名經》卷第一

斯 1228 號　《妙法蓮華經》卷第一

斯 1231 號　《四分僧戒本》

斯 1232 號　《大般若波羅蜜多經》卷第四百十

斯 1235 號　《妙法蓮華經》卷第七妙音菩薩品第二十四

斯 1236 號　《妙法蓮華經》卷第五安樂行品第十四

斯 1237 號　《妙法蓮華經》卷第二信解品第四

斯 1240 號　《大般涅槃經》卷第二十

斯 1246 號　《天師請問經》（參見伯 2725 號道家類書所引）

斯 1248 號　《維摩詰所說經》卷下菩薩行品第十一

斯 1256 號　《思益梵天所問經》卷第三

斯 1260 號　《妙法蓮華經》卷第三

斯 1262 號　《妙法蓮華經》卷第一

斯 1263 號　《究竟大悲經》卷第三即相無相萬物不遷事用究竟品第
十一

斯 1264 號　《勝天王般若波羅蜜經》卷第一

斯 1265 號　《妙法蓮華經》卷第三化城喻品第七

斯 1266 號　《維摩詰所說經》卷下

斯 1267 號　《神人所說三元威儀觀行經》卷第二

斯 1268 號　《維摩詰所說經》卷上佛國品第一

斯 1269 號　《大般涅槃經》卷第十六

斯 1270 號　《思益梵天所問經》卷第三

斯 1271 號　《妙法蓮華經》卷第二譬喻品第三

斯 1272 號　《大乘阿毗達磨雜集論》卷第十三

斯 1281 號 《妙法蓮華經》卷第五安樂行品第十四

斯 1288 號 《妙法蓮華經》卷第二譬喻品第三

斯 1293 號 《大般若波羅蜜多經》卷第三百三十三

斯 1300 號 《成實論》卷第十二

斯 1301 號 《大般若波羅蜜多經》卷第三百十三

斯 1307 號 《佛經治病神咒》

斯 1310 號 維摩經抄（參見伯 2275 號）

斯 1314 號 《成實論》卷第十一世諦品第一百五十二

斯 1321 號 《四分戒本疏》卷第二

斯 1325 號 《摩訶般若波羅蜜經》卷第十五

斯 1333 號 《大般若波羅蜜多經》卷第八十九

斯 1334 號 律部小抄（參閱斯 1822、斯 2321、斯 3902、斯 3934
號）

斯 1341 號 《金光明最勝王經》卷第四

斯 1353 號 《大般若波羅蜜多經》卷第四百九十一

斯 1354 號 《大般涅槃經》卷第十四

斯 1355 號 《大般若波羅蜜多經》卷第三十六

斯 1356 號 《大般若波羅蜜多經》卷第八十六

斯 1357 號 《淨名經關中釋抄》卷上

斯 1359 號 《大般若波羅蜜多經》卷第五百二十六

斯 1362 號 《大佛頂萬行首楞嚴經》卷第六、第七、第八、第九、
第十

斯 1365 號 《雜阿含經》卷第二十五

斯 1368 號 《大般涅槃經》卷第七如來性品第四之四

斯 1369 號 《大般若波羅蜜多經》卷第一〇一

斯 1376 號　《太上洞淵神咒經》卷第六

斯 1377 號　《大般若波羅蜜多經》卷第三百三十三

斯 1379 號　《摩訶般若波羅蜜經》卷第十八

斯 1390 號　《沙彌僧威儀》

斯 1391 號　《妙法蓮華經》卷第二信解品第四

斯 1394 號　《妙法蓮華經》卷第四勸持品第十三

斯 1395 號　《梵網經》盧舍那佛說菩薩心地戒品第十卷下

斯 1397 號　《佛說救拔焰口餓鬼陀羅尼經》

斯 1400 號　《四分比丘尼戒本》

斯 1402 號　《金光明經》卷第二四天王品第六

斯 1406 號　《大般若波羅蜜多經》卷第五百九十一

斯 1410 號　《妙法蓮華經》卷第四授學無學人記品第九

斯 1411 號　《最勝佛頂陀羅尼淨除業障咒經》

斯 1424 號　《大般若波羅蜜多經》卷第四百二十二

斯 1426 號　《妙法蓮華經》卷第二

斯 1427 號　《成實論》卷第十四

斯 1436 號　《大般若波羅蜜多經》卷第四百七十六

斯 1442 號 背面　《阿毗達磨論》辯相品第二（擬）

斯 1451 號　《佛說救疾經》

斯 1452 號　《大般若波羅蜜多經》卷第六十二

斯 1454 號　《大般若波羅蜜多經》卷十九

斯 1457 號　《金光明最勝王經》卷第六四天王護國品第十二

斯 1459 號　《妙法蓮華經》卷第七觀世音菩薩普門品第二十五

斯 1462 號　《金光明最勝王經》卷第三

斯 1474 號　《四分比丘尼戒本》

斯 1475 號 《大乘稻芉經隨聽疏》

斯 1475 號 背面 翟米老便參契

斯 1476 號 《妙法蓮華經》卷第四提婆達多品第十二

斯 1479 號 《佛說無常三啟經》

斯 1480 號 《妙法蓮華經》卷第七觀世音菩薩普門品第二十五

斯 1481 號 《四分戒本疏》卷第三

斯 1482 號 《淨名經集解關中疏》卷上

斯 1485 號 《不空羅索神變真言經》卷第二十四

斯 1486 號 《妙法蓮華經》卷第四五百弟子受記品第八

斯 1487 號 《普賢菩薩行願王經》

斯 1489 號 《摩訶般若鈔經》卷第五

斯 1499 號 《金剛般若波羅蜜經》

斯 1518 號 《四分律刪繁補闕行事鈔》卷中一

斯 1518 號 背面 《四分律刪繁補闕行事鈔》卷中一

斯 1534 號 《大智度論》卷第六十六

斯 1537 號 《大般若波羅蜜多經》卷五百十

斯 1538 號 《大智度論》卷第三十二

斯 1539 號 《諸佛要集經》卷上

斯 1545 號 《大乘無量壽經》

斯 1564 號 《大般若波羅蜜多經》卷第四百二十八

斯 1569 號 《大般涅槃經》卷第十二

斯 1570 號 《妙法蓮華經》卷第六隨喜功德品第十八

斯 1572 號 《妙法蓮華經》卷第三化城喻品第七

斯 1583 號 《大般若波羅蜜多經》卷第十六

斯 1584 號 《妙法蓮華經》卷第七觀世音菩薩普門品第二十五

斯 1585 號　《老子道德經序訣》

斯 1589 號　《妙法蓮華經玄贊》卷第七本

斯 1589 號 背面　《十六大阿羅漢頌》（參見《大阿羅漢難提蜜多羅所說法住記》）

斯 1597 號　《妙法蓮華經》卷第七妙音菩薩品第二十四

斯 1598 號　《妙法蓮華經》卷第七觀世音菩薩普門品第二十五

斯 1616 號　《維摩詰經》卷中

斯 1617 號　《大乘大集經》賢護分現前三昧中十法品第三

斯 1618 號　《妙法蓮華經》卷第二（倒行）

斯 1618 號　《大般涅槃經》卷第五（正行）

斯 1644 號　《大寶積經》卷第四十九

斯 1645 號　《太上業報因緣經》

斯 1645 號 背面　《四分律要抄》（擬，參閱《四分律刪繁補闕行事鈔》卷下二，《四藥受淨篇》第十八，及《四部律並論要用抄》卷上《沙門護淨法》）

斯 1646 號　《梵網經》盧舍那佛說菩薩心地戒品第十卷下

斯 1647 號　《妙法蓮華經》卷第三化城喻品第七

斯 1650 號　《妙法蓮華經》卷第七陀羅尼品第二十六

斯 1651 號　《大方廣佛華嚴經》卷第五

斯 1652 號　《大般若波羅蜜多經》卷第二百四十三

斯 1655 號　《妙法蓮華經》卷第七妙音菩薩品

斯 1669 號　《妙法蓮華經》卷第五安樂行品第十四

斯 1670 號　《妙法蓮華經》卷第四

斯 1671 號　《大般若波羅蜜多經》卷第一百九十六

斯 1674 號 禮懺文

斯 1675 號 《妙法蓮華經》卷第七妙音菩薩品第廿四

斯 1676 號 《大乘無量壽經》

斯 1677 號 《妙法蓮華經》卷第三藥草喻品第五

斯 1618 號 《四分比丘尼戒本》

斯 1685 號 《大般涅槃經》卷第三十二

斯 1703 號 《無量壽觀經》

斯 1707 號 《大佛頂萬行楞嚴經》卷第十

斯 1709 號 《維摩詰所說經》卷下香積佛品第十

斯 1723 號 《大般若波羅蜜多經》卷第二百五十七

斯 1726 號 《佛說無量大慈教經》

斯 1729 號 《妙法蓮華經》卷第四

斯 1730 號 《付法藏因緣傳》卷第六

斯 1739 號 《維摩詰所說經》卷上

斯 1744 號 《妙法蓮華經》卷第四

斯 1748 號 《妙法蓮華經》卷第一序品第一

斯 1749 號 《妙法蓮華經》卷第二譬喻品第三

斯 1754 號 《佛說藥師經》

斯 1762 號 《大般若波羅蜜多經》卷第三

斯 1768 號 《大般若波羅蜜多經》卷第二百八十四

斯 1771 號 《大乘無量壽經》

斯 1783 號 《無量壽觀經》

斯 1792 號 《大般若波羅蜜多經》卷第二十

斯 1793 號 《大般若波羅蜜多經》卷第四百六

斯 1794 號 《大般若波羅蜜多經》卷第五百十五

斯 1795 號 《大般若波羅蜜多經》卷第三十

斯 1806 號 《大般涅槃經》卷第二十六

斯 1808 號 《妙法蓮華經》卷第二信解品第四

斯 1809 號 《妙法蓮華經》卷第七妙音菩薩品第廿四

斯 1811 號 《首羅比丘經》

斯 1814 號 《大般涅槃經》卷第二十三

斯 1817 號 《妙法蓮華經》卷第三

斯 1821 號 《妙法蓮華經》卷第二

斯 1822 號 律部小抄（參閱斯 1334、斯 3902、斯 3934 號）

斯 1825 號 《四分律刪繁補闕行事鈔》卷中之三

斯 1826 號 《佛本行集經》卷十一

斯 1852 號 《妙法蓮華經》卷第四提婆達多品第十二

斯 1876 號 《妙法蓮華經》卷第七

斯 1877 號 《佛說觀佛三昧海經》卷第五

斯 1878 號 《大方廣佛華嚴經》卷第三十一

斯 1879 號 《妙法蓮華經》卷第六隨喜功德品第十八

斯 1881 號 《妙法蓮華經》卷第六

斯 1885 號 《大般涅槃經》卷第十五

斯 1886 號 《摩訶般若波羅蜜經》卷第六發趣品第二十

斯 1893 號 《大般涅槃經》卷第三十七

斯 1895 號 《四分律》卷第十一

斯 1896 號 《佛說救拔焰口餓鬼陀羅尼經》

斯 1898 號 兵役名目

斯 1903 號 《金光明最勝王經》卷第六四天王護國品第十二

斯 1904 號 禮懺文（參見《罪業報應教化地獄經》第二十條）

斯 1907 號 《大般若波羅蜜多經》卷第三十（倒行）

斯 1911 號 《藥師琉璃光如來本願功德經》

斯 1917 號 《妙法蓮華經》卷第五安樂行品第十四

斯 1919 號 《大佛頂如來密因修證了義諸菩薩萬行首楞嚴經》卷第
一

斯 1921 號 《四分比丘尼戒本》

斯 1925 號 《佛頂尊勝陀羅尼經》

斯 1926 號 《金光明最勝王經》卷第二

斯 1928 號 《大般若波羅蜜多經》卷第二百二十四

斯 1929 號 《妙法蓮華經》卷第七普賢菩薩勸發品第二十八

斯 1931 號 禮懺文（同《大正大藏》卷二八五四）

斯 1932 號 《太玄真一本際經》卷第十顯明功德品第二

斯 1934 號 《大智度論》卷第三十八釋往生品第四之上

斯 1935 號 《妙法蓮華經》卷第二譬喻品第三

斯 1937 號 《四分律》卷第十一

斯 1938 號 《大般若波羅蜜多經》卷第二百七

斯 1939 號 《大般若波羅蜜多經》卷第三百三十二

斯 1941 號 《大般若波羅蜜多經》卷第五百一十六

斯 1949 號 《大般涅槃經》卷第十三

斯 1950 號 《觀無量壽佛經》

斯 1951 號 《維摩詰所說經》卷上

斯 1953 號 《妙法蓮華經》卷第七普賢菩薩勸發品第二十八

斯 1956 號 《觀無量壽佛經》

斯 1975 號 《大方便佛報恩經》卷第六

斯 1979 號 《佛說天地八陽神咒經》

斯 2005 號 《妙法蓮華經》卷第三化城喻品第七

斯 2007 號　《佛說七俱胝佛母心大准提陀羅尼經》

斯 201 號　　《大般涅槃經》卷第二十六師子吼菩薩品之二

斯 2033 號　《大般涅槃經》卷第三十三

斯 2045 號　《長阿含經》卷十八（世紀經閻浮提州品）

斯 2056 號　佛經律部雜小抄

斯 2058 號　《大般若波羅蜜多經》卷第二百三十六

斯 2061 號　《妙法蓮華經》卷第七妙音菩薩品第二十四

斯 2062 號　《大方廣佛華嚴經》卷第二十一

斯 2063 號　《妙法蓮華經》卷第四

斯 2099 號　《妙法蓮華經》卷第四授學無學人記品第九

斯 2109 號　《佛說新歲經》

斯 2113 號　《淨名經集解關中疏》卷上

斯 2123 號　《大般涅槃經》卷第二十三光明遍照高貴德王菩薩品之
五

斯 2145 號　《大般涅槃經》卷第二十

斯 2158 號　《無量壽經義記》卷上（參閱斯 2422，斯 2693 號等為
卷下）

斯 2164 號　《佛說佛名經》卷第十一

斯 2171 號　《佛說阿彌陀經》

斯 2176 號　《瑜伽師地論》卷第三十六

斯 2184 號　《佛說佛名經》卷第六

斯 2187 號　《摩訶般若波羅蜜經》卷第卅四《放光經》卷第六

斯 2188 號　《摩訶般若波羅蜜經》卷第卅四

斯 2189 號　《大般若波羅蜜多經》卷第四百十五

斯 2194 號　《摩訶般若波羅蜜經》卷第二十

斯 2209 號　《摩訶般若波羅蜜經》卷第十一

斯 2210 號　《瑜伽師地論》卷第三十二

斯 2218 號　《妙法蓮華經》卷第五安樂行品第十四

斯 2219 號　《妙法蓮華經》卷第一序品第一

斯 2220 號　《妙法蓮華經》卷第一序品第一

斯 2232 號　《瑜伽師地論》卷第二十二

斯 2234 號　《大般若波羅蜜多經》卷第七十八

斯 2237 號　《四分比丘尼羯磨法》

斯 2243 號　《思益梵天所問經》卷第一

斯 2246 號　《佛說佛名經》卷第四

斯 2255 號　《大般若波羅蜜多經》卷第二百九十九

斯 2260 號　《大智度論》卷第十

斯 2276 號　《妙法蓮華經》卷第二譬喻品第三

斯 2283 號　《大般若波羅蜜多經》卷第四百八

斯 2284 號　《大般若波羅蜜多經》卷第五百九十五

斯 2285 號　《大般若波羅蜜多經》卷第三百二

斯 2287 號　《大般若波羅蜜多經》卷第二百六

斯 2288 號　《大般若波羅蜜多經》卷第二百十八

斯 2300 號　《維摩詰所說經》卷上

斯 2302 號　《大般若波羅蜜多經》卷第三百十

斯 2309 號　《大般若波羅蜜多經》卷第百四十六

斯 2315 號　《大般涅槃經》卷第三十一

斯 2332 號　《大般若波羅蜜多經》卷第四百六十二

斯 2334 號　《大方等大集經》卷第二

斯 2342 號　《淨名經集解關中疏》卷上（自方便品第二「此二苦

觀」至菩薩品第四「今汝皆當發」止）

斯 2346 號 《金光明最勝王經》卷第十

斯 2356 號 《金光明最勝王經》卷第二

斯 2362 號 《大乘入楞伽經》卷第七

斯 2373 號 《四分律刪補隨機羯磨》

斯 2374 號 《妙法蓮華經》卷第二方便品第二

斯 2375 號 《大般涅槃經》卷第八、第二十一、第二十二

斯 2378 號 《妙法蓮華經》卷第二譬喻品第三

斯 2383 號 背面 《大般若波羅蜜多經》

斯 2392 號 《佛說陀羅尼經》卷第九

斯 2395 號 《大般若波羅蜜多經》卷第四百八

斯 2396 號 《大般若波經》卷第二十三

斯 2397 號 《大般若波羅蜜多經》卷第二百十八

斯 2401 號 《大般若波羅蜜多經》卷第三百六十二

斯 2402 號 《大般若波羅蜜多經》卷第三百六十二

斯 2404 號 日曆隨軍參謀翟奉達撰（推七曜直用日吉凶法）

斯 2406 號 《大般若波羅蜜多經》卷五百六十八

斯 2410 號 《摩訶衍經》卷第四十五品第十三、第十四（《大智度論》卷第四十五）

斯 2412 號 《大般若波羅蜜多經》卷第十七

斯 2413 號 《大般若波羅蜜多經》卷第二十

斯 2447 號 僧伯明限期抄經數目憑記

斯 2457 號 《妙法蓮華經》卷第五

斯 2472 號 《大佛略懺》一卷（參見斯 345）

斯 2472 號 背面 開城隍關係文

斯 2475 號 《大般涅槃經》卷第三十二、第三十三

斯 2480 號 《藥師琉璃光如來本願功德經》

斯 2486 號 《大佛頂如來密因修證了義諸菩薩萬行首楞嚴經》卷第
十

斯 2488 號 《四分律比丘尼戒本》

斯 2489 號 《閻羅王經》一卷

斯 2491 號 《毗尼心》

斯 2493 號 《金光明最勝王經》卷第四

斯 2495 號 《大般若波羅蜜多經》卷第百三十

斯 2512 號 背面 《大乘起信論廣釋》卷第五

斯 2519 號 《解深密經》卷第二

斯 2530 號 《成唯識論》卷第三

斯 2531 號 《大般若波羅蜜多經》卷第二百八十四

斯 2533 號 《妙法蓮華經》卷第七

斯 2534 號 《遺教經》（參見斯 4656、斯 1187）

斯 2536 號 《佛為首迦長者說業報差別經》

斯 3544 號 《妙法蓮華經》卷第三

斯 2550 號 《大般若波羅蜜多經》卷第百十七

劉銘恕《斯坦因劫經錄》之訂補（續）

　　前期所刊劉目之訂補，限於篇幅，僅至《敦煌寶藏》第二十冊，斯坦因編號 2552 號，而自斯 2553 號至斯 6980 號，有待訂補者尚多，本篇續錄至《敦煌寶藏》第五十四冊，斯坦因編號 6980 號。至於自斯 6981 號至斯 7599 號，共有六百餘號斷片，則筆者另有專文《六百號敦煌無名斷片的新目標》發表於《漢學研究》一卷一期，而自斯 7599 號之外，尚有碎塊約二百塊，則在《敦煌寶藏》第五十五冊內另隨圖片標目，凡此，均足以訂補《斯坦因劫經錄》一書之不足，合併參閱上述數文，則劉目始較為完整，而大英博物館所藏敦煌漢文卷子，方有更為詳明之目錄。

　　斯 2558 號　《金光明最勝王經》卷第四

　　斯 2565 號　《受十善戒經》

　　斯 2567 號　《佛頂尊勝加句靈驗陀羅尼啟請》（附《佛頂尊勝加句陀羅尼》）

斯 2594 號 《大乘起信論疏釋》

斯 2602 號 《妙法蓮華經》卷第一

斯 2604 號 《佛頂尊勝陀羅尼經》

斯 2606 號 《勝天王般若波羅蜜經》卷第二

斯 2617 號 《四分律比丘戒本》

斯 2618 號 《太玄真一本際經》付囑品卷第二

斯 2626 號 《妙法蓮華經》卷第一

斯 2628 號 《大般若波羅蜜多經》卷第五百八十二

斯 2629 號 《大般若波羅蜜多經》卷第三百五十七

斯 2641 號 《摩訶般若波羅蜜經》卷第二十四

斯 2645 號 《妙法蓮華經》卷第一

斯 2647 號 《妙法蓮華經》卷第三

斯 2659 號 《僧羯磨》卷上

斯 2663 號 《釋淨土群疑論》卷第三

斯 2663 號 背面 《四分戒本疏》卷第二《奪比丘衣戒》第二十五至十八、《回僧物入己戒》第三十

斯 2664 號 《玄覺抄律戒本疏》

斯 2676 號 《妙法蓮華經》卷第三

斯 2682 號 《大佛略懺》二卷（參見斯 345 號、斯 2313 號）

斯 2695 號 背面 《因緣心釋論開決記》

斯 2718 號 《唯識三十論要疏》

斯 2720 號 背面 《大乘百法明門論開宗義決》

斯 2721 號 背面 《大乘起信論廣釋》卷第四

斯 2725 號 《毗尼心》一卷

斯 2726 號 《摩訶般若波羅蜜經》卷第十三

斯 2727 號　《佛說佛名經》卷第四

斯 2730 號　《摩訶般若波羅蜜經》卷第二十四

斯 2734 號　《妙法蓮華經》度量天地品第二十九

斯 2736 號　《妙法蓮華經》卷第六

斯 2738 號　《御注金剛般若波羅蜜經宣演》卷上

斯 2742 號　《涅槃經注疏》

斯 2750 號　《妙法蓮華經》卷第三

斯 2753 號　《妙法蓮華經》卷第四

斯 2758 號　《金光明最勝王經》卷第三

斯 2768 號　《妙法蓮華經》卷第七

斯 2769 號　《出曜經》卷第二十九

斯 2772 號　《大般若波羅蜜多經》卷第三百三

斯 2773 號　《大般若波羅蜜多經》卷第三百八

斯 2777 號　《妙法蓮華經》卷第一

斯 2780 號　《大般涅槃經》卷第三十六

斯 2785 號　《妙法蓮華經》卷第一

斯 2786 號　《陀鄰尼經卷》

斯 2787 號　《藥師瑠璃光本願功德經》

斯 2789 號　《大乘入楞伽經》卷第二

斯 2795 號　《四分律》卷第十七

斯 2796 號　《大般若波羅蜜多經》卷第三百四十二

斯 2805 號　《正法念處經》卷次

斯 2808 號　《妙法蓮華經》卷第三

斯 2809 號　《妙法蓮華經》卷第五

斯 2813 號　《金光明最勝王經》卷第三

斯 2820 號　《勝天王般若波羅蜜經》卷第四

斯 2822 號　《將釋僧戒初篇四波羅夷義決》

斯 2829 號　《妙法蓮華經》卷第二

斯 2831 號　《羯磨》（尼往比丘僧中受大戒法）

斯 2844 號　《大般若波羅蜜多經》卷第二十一

斯 2846 號　《大般若波羅蜜多經》卷第一百二十四

斯 2849 號　《大般涅槃經》卷第三十

斯 2861 號　《大般涅槃經》卷第三十一

斯 2868 號　《四分律刪補隨機羯磨》卷上

斯 2869 號　《大般涅槃經》卷第三十一

斯 2870 號　《大般若波羅蜜多經》卷第一百八十八

斯 2878 號　《維摩詰所說經》卷中

斯 2879 號　《賢愚經》卷第一

斯 2880 號　《妙法蓮華經》卷第七

斯 2881 號　《金光明最勝王經》卷第三

斯 2882 號　《勸善經》一卷

斯 2883 號　《妙法蓮華經》卷第七

斯 2884 號　《維摩詰所說經》卷中

斯 2892 號　《稱揚諸佛功德經》卷上

斯 2897 號　《大般若波羅蜜多經》卷第三百六

斯 2904 號　《大般若波羅蜜多經》卷第二百二十四

斯 2917 號　《大般涅槃經》卷第十五

斯 2918 號　《大方廣佛華嚴經》卷第十五

斯 2925 號 背面　《佛說辯意經》（諸法要義經）

斯 2928 號　《大乘十信己文》、《十地菩薩咒》

斯 2931 號　《妙法蓮華經》卷第一

斯 2942 號　《大智度論》卷第五十九

斯 2943 號　《弘道廣顯三昧經》卷第四

斯 2944 號　《大寶積經》卷第百一善德天子會第三十五

斯 2944 號　《放光般若經》卷第十六

斯 2944 號　《大寶積經》卷第三十四（偈頌）

斯 2944 號　《大寶積經》卷第一百四善住意天子會第三十六之三

斯 2946 號　《維摩詰所說經》卷中觀眾生品第七

斯 2948 號　《大般若波羅蜜多經》卷第三百七十四

斯 2960 號　《金光明最勝王經》卷第九

斯 2962 號　《大般若波羅蜜多經》卷第四百五十

斯 2968 號　《大智慧經》無極放光明品第一

斯 2971 號　《無量壽觀經》

斯 2972 號　《長阿含經》卷第十九第四分世記經地獄品第四

斯 2987 號　《大般若波羅蜜多經》卷第十一

斯 2996 號　《大般若波羅蜜多經》卷第五百五十

斯 3000 號　《妙法蓮華經》卷第二

斯 3008 號　《太上業報因緣經》卷第一

斯 3018 號　《金剛頂瑜伽理趣般若經》

斯 3024 號　《佛說觀彌勒菩薩上生兜率天經》

斯 3025 號　《大般若波羅蜜多經》卷第一百九十四

斯 3026 號　《大方廣佛華嚴經》卷第九

斯 3027 號　《佛說阿彌陀經》

斯 3041 號　《四分比丘尼戒本》

斯 3047 號　《溫室經疏》（參見斯 2497 號）

斯 3051 號　《異本妙法蓮華經》馬明菩薩品第三十（參見斯 2734 號）

斯 3055 號　《妙法蓮華經》卷第一

斯 3056 號　《妙法蓮華經》卷第六

斯 3060 號　《大般涅槃經》卷第十八

斯 3066 號　《佛說往生經》

斯 3069 號　《維摩詰所說經》卷下

斯 3072 號　《大方廣佛華嚴經》卷第四十八、第四十九

斯 3073 號　《佛說阿彌陀經》

斯 3081 號　《妙法蓮華經》卷第一

斯 3093 號　《大般若波羅蜜多經》卷第六十四

斯 3094 號　《妙法蓮華經》卷第二

斯 3095 號　《大般若波羅蜜多經》卷第二百五十九

斯 3104 號　《大般涅槃經》卷第三十四

斯 3105 號　《大般若波羅蜜多經》卷第四百十七

斯 3108 號　《成實論》卷第十、第十一

斯 3111 號　《金剛般若波羅蜜經》

斯 3119 號　《大般涅槃經》卷第十二

斯 3123 號　《梵網經》盧舍那佛說菩薩心地戒品第十卷下

斯 3124 號　《大般若波羅蜜多經》卷第四百六十五

斯 3130 號　《大般若波羅蜜多經》卷第二百五十五

斯 3140 號　《神人所說三千威儀觀行經》

斯 3141 號　《妙法蓮華經》卷第二

斯 3150 號　《式叉摩那尼六法文》（參見斯 2603 號）《受衣文》、《安居文》

斯 3155 號　《文殊師利所說般若波羅蜜經》

斯 3157 號　《大般若波羅蜜多經》卷第二百二

斯 3158 號　《大般若波羅蜜多經》卷第三百二十一

斯 3163 號　《妙法蓮華經》卷第四

斯 3173 號　《太上妙法本相經》

斯 3175 號　《大般若波羅蜜多經》卷第五百九十九

斯 3176 號　《四分律比丘戒本》

斯 3184 號　《大般若波羅蜜多經》卷第一百十四

斯 3185 號　《大智度論》卷第六十五

斯 3191 號　《金光明最勝王經》卷第二

斯 3192 號　《瑜伽師地論》卷第四

斯 3193 號　《金光明經》卷第二

斯 3194 號　《大乘四法經》一卷

斯 3202 號　《大般若波羅蜜多經》卷第二百七十三

斯 3203 號　《諸佛要行捨身功德經》

斯 3206 號　《梵網經》菩薩戒序

斯 3207 號　《大般若波羅蜜多經》卷第五百九十八

斯 3208 號　《大般若波羅蜜多經》卷第十四

斯 3215 號　《大般若波羅蜜多經》卷第二百四十二

斯 3222 號　《摩訶般若波羅蜜多經》卷第五

斯 3224 號　《佛說佛名經》卷第六

斯 3224 號　《佛說罪業報應教化地獄經》

斯 3225 號　《大般若波羅蜜多經》卷第四百五十八

斯 3231 號　《大般若波羅蜜多經》卷第九十二

斯 3233 號　《比丘尼六法文》（擬，參見斯 2603 號、斯 3150 號《式

叉摩那尼六法文》）

斯 3237 號　《金剛般若波羅蜜多經》

斯 3245 號　《摩訶般若波羅蜜經》卷第十一

斯 3265 號　《藥師經》

斯 3269 號　《大般若波羅蜜多經》卷第二百三十四

斯 3273 號　《大智度論》卷第一

斯 3278 號　《妙法蓮華經》卷第二

斯 3286 號　背面　《提婆菩薩傳》

斯 3292 號　《大般涅槃經》卷第十七

斯 3296 號　《妙法蓮華經》卷第二

斯 3298 號　《梵網經》盧舍那佛說菩薩心地戒品第十卷下

斯 3299 號　《大般若波羅蜜多經》卷第二百十三

斯 3302 號　《妙法蓮華經》卷第二

斯 3312 號　《大般若波羅蜜多經》卷第五百二十六

斯 3315 號　《大佛名懺悔略文》卷下（見斯 2792 號）

斯 3318 號　《金光明最勝王經》卷第三

斯 3321 號　《大般若波羅蜜多經》卷第一百八十二

斯 3322 號　《首羅比丘經》

斯 3325 號　《妙法蓮華經》卷第四

斯 3334 號　《四分律比丘含注戒本》卷上、卷中

斯 3338 號　《大般若波羅蜜多經》卷第五百九十四

斯 3342 號　《大般若波羅蜜多經》卷第五百二十六

斯 3344 號　《妙法蓮華經》卷第七

斯 3358 號　《維摩詰所說經》卷上

斯 3365 號　《梵網經》盧舍那佛說菩薩心地戒品第十卷下

斯 3370 號　《道要靈祇神鬼品經》

斯 3379 號　《妙法蓮華經》卷第七

斯 3401 號　《妙法蓮華經》卷第四

斯 3402 號　《妙法蓮華經》卷第一

斯 3404 號　《妙法蓮華經》卷第一

斯 3406 號　《妙法蓮華經》卷第六

斯 3424 號　《維摩詰經》卷上

斯 3425 號　《大般若波羅蜜多經》卷第四百九十七

斯 3429 號　《大般涅槃經》卷第三十一

斯 3430 號　《過去現在因果經》卷第二

斯 3432 號　《十一面神咒心經》

斯 3435 號　《大般若波羅蜜多經》卷第五百四十二

斯 3438 號　《大般若波羅蜜多經》卷第三百四十八

斯 3443 號　《大般若波羅蜜多經》卷第十九

斯 3447 號　《大般若波羅蜜多經》卷第五百二十九

斯 3448 號　《摩訶僧祇律》卷第二

斯 3459 號　《梵網經》盧舍那佛說菩薩心地戒品第十卷下

斯 3478 號　《大寶積經》卷第十七

斯 3479 號　《大般若波羅蜜多經》卷第二百六十三

斯 3494 號　《妙法蓮華經》卷第二

斯 3497 號　《大乘密嚴經》卷中

斯 3502 號　《妙法蓮華經》卷第六

斯 3505 號　《妙法蓮華經》卷第二

斯 3507 號　《四分比丘尼戒本》

斯 3508 號　《妙法蓮華經》卷第三

斯 3513 號　《妙法蓮華經》卷第三

斯 3514 號　《佛說瞿曇彌記果經》

斯 3525 號　《大般若波羅蜜多經》卷第四百九十六

斯 3529 號　《妙法蓮華經》卷第一

斯 3530 號　《大般若波羅蜜多經》卷第二百七十三

斯 3546 號　《六波羅蜜法》（擬）

斯 3547 號　《道典論》卷一

斯 3549 號　《大般若波羅蜜多經》卷第一百八十八

斯 3559 號　《瑜伽師地論》卷第二十六（擬）

斯 3560 號　《大般若波羅蜜多經》卷第二百二十五

斯 3561 號　《維摩詰所說經》卷上

斯 3562 號　《大方廣佛華嚴經》卷第十五、第十六

斯 3564 號　《大般若波羅蜜多經》卷第五百二十五

斯 3567 號　《大般若波羅蜜多經》卷第一百九十二

斯 3568 號　《金光明最勝王經》卷第三

斯 3584 號　《大般若波羅蜜多經》卷第一百十七

斯 3591 號　《大般若波羅蜜多經》卷第四百九

斯 3595 號　《大方廣佛華嚴經》卷第七十（本號中系諸經斷裂拼接者）

斯 3595 號　《菩薩瓔珞經》卷第一（第八行起）

斯 3595 號　《大方廣佛華嚴經》卷第六十（倒數第五行起至下頁第十一行止）

斯 3595 號　《大方廣佛華嚴經》卷第六十（第四行起至第十六行止，以上行數均據《敦煌寶藏》）

斯 3598 號　《妙法蓮華經》卷第五

斯 3608 號　《大般若波羅蜜多經》卷第五百九十二

斯 3609 號　《大般若波羅蜜多經》卷第四百六十七

斯 3611 號　《大般若波羅蜜多經》卷第一百二十四

斯 3612 號　《妙法蓮華經》卷第一

斯 3614 號　《妙法蓮華經》卷第四

斯 3623 號　《大方廣佛華嚴經》卷第六十

斯 3625 號　《藥師如來本願功德經》

斯 3627 號　《妙法蓮華經》卷第六

斯 3634 號　《大般若波羅蜜多經》卷第五百九十九

斯 3643 號　《大般若波羅蜜多經》卷第九十

斯 3644 號　《妙法蓮華經》卷第五

斯 3646 號　《妙法蓮華經》卷第四

斯 3652 號　《妙法蓮華經》卷第七

斯 3656 號　《大般涅槃經》卷第二十五

斯 3660 號　《大般若波羅蜜多經》卷第三百六十三

斯 3672 號　《彌勒下生成佛經》

斯 3682 號　《金剛般若波羅蜜經》

斯 3691 號　《佛說佛名經》卷第十五

斯 3695 號　《佛說無量壽觀經》

斯 3700 號　《四分比丘戒本》

斯 3701 號　《大般若波羅蜜多經》卷第五百六十三（後末三行起為《正法念處經》卷第六十九）

斯 3705 號　《洞淵神咒經》卷第九（逐鬼品）

斯 3705 號 背面　《太上一乘海空智藏經》

斯 3710 號　《妙法蓮華經》卷第一

斯 3715 號　《妙法蓮華經》卷第七

斯 3717 號　《妙法蓮華經》卷第四

斯 3719 號　《大乘密嚴經》卷上（唐天竺三藏地婆訶羅奉制譯）

斯 3720 號　《大佛頂如來放光悉怛多般怛羅大神力都攝一切咒王陀羅尼經》大威德最勝金輪三昧咒品第一

斯 3736 號　《四分比丘尼戒本》

斯 3737 號　《大般若波羅蜜多經》卷第三十八

斯 3746 號　《妙法蓮華經》卷第二

斯 3750 號　《陶公傳授儀》（擬，參見伯 2559 號）

斯 3758 號　《佛說犯戒罪報經》

斯 3767 號　《大般若波羅蜜多經》卷第二十四

斯 3771 號　《大般涅槃經》卷第十三、第十四

斯 3773 號　《淨名經集解關中疏》卷上

斯 3776 號　《佛本行集經》卷第五十七

斯 3777 號　《妙法蓮華經》卷第七

斯 3785 號　《大佛頂如來密因修證了義諸菩薩萬行首楞嚴經》卷第八

斯 3791 號　《妙法蓮華經》卷第七

斯 3802 號　《妙法蓮華經》卷第二

斯 3804 號　《妙法蓮華經》卷第二

斯 3809 號　《妙法蓮華經》卷第三

斯 3810 號　《佛說大乘稻芉經》

斯 3817 號　《佛臨般涅槃略說教戒經》

斯 3823 號　《大般涅槃經》卷第二十八

斯 3825 號　《大般若波羅蜜多經》卷第五百四

斯 3830 號　《大般若波羅蜜多經》卷第一百四十八

斯 3833 號　《金光明最勝王經》卷第五

斯 3840 號　《妙法蓮華經》卷第一

斯 3853 號　《金光明最勝王經》卷第六

斯 3854 號　《大般若波羅蜜多經》卷第三百八十一

斯 3858 號　《金光明最勝王經》卷第一

斯 3862 號　《金光明最勝王經》卷第三

斯 3863 號　《三洞奉道科誡儀範》（參見斯 809、伯 2337、伯 3682 號）

斯 3867 號　《梵網經》盧舍那佛說菩薩心地戒品第十卷下

斯 3879 號　背面　《大乘百法明門論疏釋》（擬）

斯 3883 號　《佛說海龍王經》

斯 3886 號　《千眼千臂觀世音菩薩陀羅尼神咒經》卷上

斯 3893 號　《大寶積經》卷第七十四

斯 3894 號　《大般若波羅蜜多經》卷第八十三

斯 3897 號　《金光明最勝王經》卷第三

斯 3898 號　《四分律》卷第三十一

斯 3902 號　律部小鈔（參見斯 1334、斯 1822、斯 2321、斯 3934 號）

斯 3906 號　《梁朝傅大士頌金剛經》

斯 3907 號　背面　《小品般若波羅蜜經》卷第十

斯 3919 號　《菩薩戒序梵網經》盧舍那佛說菩薩心地戒品

斯 3920 號　《維摩詰經》略注（擬）

斯 3921 號　《中阿含經》卷第三十七（《爵瘦歌邏經》）

斯 3929 號　《妙法蓮華經》卷第一

斯 3934 號 律部小鈔一卷（參見斯 1334 號、斯 1822 號、斯 232 號、斯 3902 號）

斯 3936 號 《摩訶般若波羅蜜經》卷第二十二

斯 3953 號 《大寶積經》卷第十

斯 3953 號 《大方等大云經》請雨品卷第六十四（第六行至二十行）

斯 3953 號 《大寶積經》卷第十一（第六行起）

斯 3953 號 《大薩遮尼乾子所說經》卷第九詣如來品第九（第九行起）

斯 3953 號 《大寶積經》卷第二十二（第八行起）

斯 3953 號 《大方等大云經》請雨品第六十四（末四行及下頁八行）

斯 3953 號 《大方等大云經》請雨品第六十四（末第五行至下頁一切諸佛菩薩眾海）

斯 3953 號 《大寶積經》卷第九十

斯 3953 號 《大寶積經》菩薩會第十二之十五卷第九（《大寶積經》卷第四十九）

斯 3955 號 《四分律比丘戒本》

斯 3959 號 《放光般若經》卷第十六摩訶般若波羅蜜漚和品第七十

斯 3959 號 《大寶積經》卷第七十一（第十三行起）

斯 3962 號 《華嚴經》十地品十不善業道疏（擬）

斯 3962 號 背面 《四分僧戒本》

斯 3970 號 《金光明最勝王經》卷第四

斯 3973 號 《正法念處經》卷第六十

斯 3974 號 《佛說藥師經》

斯 3977 號　《妙法蓮華經》卷第四

斯 3981 號　《毗尼心》（參見斯 490 及伯 2148 號）

斯 3986 號　《華嚴經論》（擬）

斯 3990 號　《大寶積經》卷第一百十九

斯 3990 號　《大云輪請雨經》卷上（龍王六行）、《大寶積經》卷第四十七（末第六行起至下頁以是因故）

斯 3990 號　《大寶積經》卷第十（第七行起）

斯 3997 號　《法苑珠林》卷第三十七（又《智度論》云等見卷四十一、《優婆塞戒經》云等見卷四十二）

斯 3999 號　《大般若波羅蜜多經》卷第一百七十三

斯 4006 號　《大智度論》卷第八十八

斯 4006 號　《摩訶般若波羅蜜經》卷第二十四

斯 4011 號 背面　《大乘百法明門論疏釋》（擬，論十一善、六煩惱、四不定，均參見《大乘百法明門論疏》卷上）

斯 4016 號　《四分僧戒本》

斯 4019 號　《文殊師利所說摩訶般若波羅蜜經》卷上

斯 4030 號　《妙法蓮華經》卷第三

斯 4037 號 背面　《持誦金剛經靈驗功德記》

斯 4038 號　《大般若波羅蜜多經》卷第二百八

斯 4053 號　《妙法蓮華經》卷第三

斯 4057 號　《大般若波羅蜜多經》卷第五百二十四

斯 4065 號　《四分比丘尼戒本》

斯 4072 號　《辯中邊論頌》辯得果品第六至辯無上乘品第七

斯 4076 號　《妙法蓮華經》卷第六

斯 4077 號　《大佛頂首楞嚴經》卷第八

斯 4094 號 律部小抄（《八波羅夷法》，參見斯 3902 號）

斯 4096 號 《大般若波羅蜜多經》卷第一百八十一

斯 4100 號 《妙法蓮華經》卷第七

斯 4101 號 《維摩義記》卷第三本

斯 4104 號 《四分律》卷第五十九、六十

斯 4105 號 《梁朝傅大士頌金剛經》節錄

斯 4107 號 《法華經疏》

斯 4108 號 《摩訶般若波羅蜜經》卷第七

斯 4110 號 《妙法蓮華經》卷第五

斯 4216 號 《大般若波羅蜜多經》卷第一百二十五

斯 4131 號 《四分比丘尼戒本》

斯 4137 號 《大乘起信論疏釋》（擬，參見《大乘起信論義記》卷
下本）

斯 4146 號 《藥師琉璃光如來本願功德經》

斯 4156 號 《無垢淨光大陀羅尼經》

斯 4157 號 《妙法蓮華經》卷第一

斯 4163 號 《梵網經》盧舍那佛說菩薩心地戒品第十卷下

斯 4164 號 《佛說無常三啟經》

斯 4165 號 《瑜伽師地論》卷第十二

斯 4166 號 《大寶積經》卷第七十一

斯 4167 號 律部小鈔（擬）

斯 4190 號 《放光般若經》卷第八

斯 4193 號 《觀無量壽佛經》

斯 4194 號 《佛本行集經》卷第二十八、第二十九節錄

斯 4195 號 《大智度論》卷第九十

斯 4204 號　《大般若波羅蜜多經》卷第二百三十七

斯 4227 號　《大乘百法明門論開宗義記》

斯 4234 號　《根本薩婆多部律攝》卷第四

斯 4236 號　《四分戒本釋賢稱注》（參見斯 2636 號）

斯 4241 號　《大智度論》卷第七十七

斯 4247 號　《大般若波羅蜜多經》卷第二百三十一

斯 4254 號　《大般涅槃經》卷第三十二

斯 4270 號　《金光明最勝王經》卷第八

斯 4273 號　《妙法蓮華經》卷第七

斯 4278 號　《觀無量壽佛經》

斯 4280 號　《佛藏經》卷中

斯 4285 號　《妙法蓮華經》卷第六

斯 4286 號　《大乘開心顯性頓悟真宗論》

斯 4290 號　《金光明最勝王經》卷第十

斯 4296 號　《大般若波羅蜜多經》卷第二百六（摘要）

斯 4297 號　《大乘二十二問本》

斯 4298 號　《妙法蓮華經論釋》（擬）

斯 4299 號　《大乘百法明門論疏釋》（擬）

斯 4303 號　《華嚴經疏釋》（擬）

斯 4304 號　《成實論》卷第十、第十一

斯 4309 號　《大乘百法明門論疏》卷上

斯 4310 號　《維摩詰所說經》卷下

斯 4312 號　《摩訶般若波羅蜜經》卷第七問答（擬）

斯 4314 號　《道經紫文行事決》（下接斯 6193、伯 2751 號）

斯 4314 號 背面　《唯識論疏》（擬，參見伯 2751 號背面）

斯 4315 號　失題道經科儀書類

斯 4326 號　《大般若波羅蜜多經》卷第三百九十六

斯 4328 號　《因明入正理論疏釋》（擬，參見《因明入正理論義纂要及疏》）

斯 4330 號　《太玄真一本際經》卷第四（道性品）

斯 4331 號　《大般若波羅蜜多經》卷第一百八十二

斯 4333 號　《大般若波羅蜜多經》卷第四百十五

斯 4335 號　《妙法蓮華經》卷第六

斯 4336 號　《燈指因緣經》

斯 4339 號　《勝天王般若波羅蜜經》卷第一

斯 4348 號　《金光明經》卷第二

斯 4359 號　《大佛頂如來密因修證了義諸菩薩萬行首楞嚴經》卷第一

斯 4360 號　《佛說天地八陽神咒經》

斯 4365 號　《老子道德經玄宗疏》

斯 4367 號　《道行般若經》卷第九

斯 4370 號　《瑜伽師地論》卷第三

斯 4371 號　《梵網經》盧舍那佛說菩薩心地戒品第十卷下

斯 4377 號　《摩訶般若波羅蜜經》卷第二十一

斯 4379 號　《小乘佛說偈大意略敘》（擬）

斯 4383 號　《妙法蓮華經》卷第一

斯 4384 號　《妙法蓮華經》卷第一

斯 4388 號　《大般若波羅蜜多經》卷第一百四十二

斯 4393 號　《四分律比丘戒本疏釋》（擬，引文與《四分律比丘戒本》全同）

斯 4394 號 《四分律比丘含注戒本》卷中、卷下

斯 4399 號 《僧伽吒經》卷第一

斯 4401 號 《雜阿毗曇心論》卷第五

斯 4402 號 《光贊經》卷第八

斯 4403 號 《大般若波羅蜜多經》卷第一百十七

斯 4404 號 《觀無量壽佛經》

斯 4405 號 《妙法蓮華經》卷第三

斯 4408 號 背面 《瑜伽論疏釋》（擬，參見《瑜伽論記》卷一下及卷二上）

斯 4414 號 《大乘百法明門論疏釋》（擬）

斯 4418 號 《大乘稻芊經隨聽疏》（較《大正藏》八十五冊所錄者省略三段）

斯 4419 號 《大寶積經》卷第三十

斯 4429 號 背面 《光贊經》卷第四

斯 4432 號 《大智度論》卷第七十九

斯 4432 號 《太玄真一本際經》卷第四（道性品）

斯 4434 號 《大方等大集經》卷第五

斯 4437 號 《曇無德律部雜羯磨》

斯 4439 號 《戒注合注戒》一卷（出曇無德律部）

斯 4442 號 《四分律比丘含注戒本》卷下

斯 4446 號 《大般若波羅蜜多經》卷第四百二十三

斯 4455 號 《維摩詰不思議經釋僧肇序》（參見斯 2469 號及《淨名經集解關中疏》）

斯 4464 號 《賢愚經》卷第一梵天請法六事品第一

斯 4464 號 《賢愚經》卷第六月光王頭施品第三十

斯 4466 號　《妙法蓮華經》卷第一

斯 4467 號　《大般若波羅蜜多經》卷第三百七

斯 4468 號　《賢愚經》卷第六月光王頭施品第三十

斯 4469 號　《金光明最勝王經》卷第八僧慎爾耶藥叉大將品第十九

斯 4470 號　《羯磨》

斯 4471 號　《大般若波羅蜜多經》卷第二十二

斯 4475 號　《大乘稻芉經》

斯 4483 號　《大般涅槃經》卷第十九

斯 4484 號　《妙法蓮華經》卷第五

斯 4488 號　《大乘百法明門論疏釋》（擬）

斯 4490 號　《妙法蓮華經》度量天地品第二十九

斯 4497 號　《大般若波羅蜜多經》卷第二百五十八

斯 4503 號　《妙法蓮華經》卷第三

斯 4504 號　《四分律比丘含注戒本》卷上、卷中

斯 4512 號　《千手千眼觀世音菩薩廣大圓滿無礙大悲心陀羅尼經》

斯 4513 號　《大乘起信論廣釋》卷第五（見《大正藏》八十五冊頁
一一七二至一一七四）

斯 4516 號　《佛說觀普賢菩薩行法經》

斯 4518 號　《無量壽經》卷上

斯 4519 號　《維摩詰所說經》卷中

斯 4522 號　《金光明最勝王經》卷第二

斯 4523 號　《金光明最勝王經》卷第一

斯 4526 號　《決罪福經》

斯 4527 號　《大般涅槃經》卷第十六

斯 4535 號　《大般涅槃經》卷第二十七

斯 4538 號　《摩訶般若波羅蜜經》卷第二十一

斯 4539 號　《金光明最勝王經》卷第三

斯 4541 號　《正法華經》卷第五授五百弟子決品第八

斯 4542 號　《佛藏經》卷中

斯 4545 號　《大方廣佛華嚴經》卷第二十五

斯 4546 號　《淨度三昧經》

斯 4547 號　《大般涅槃經》卷第十九梵行品第八之五

斯 4549 號　《無量義教菩薩法經》

斯 4550 號　《維摩詰所說經》卷下

斯 4554 號　《佛說藥師經》

斯 4557 號　《雜寶藏經》卷第三、第五（《八天次第問法緣》、《天女以華髮供養伽葉佛塔緣》）

斯 4558 號　《摩訶般若波羅蜜經》卷第七

斯 4559 號　《佛說無量大慈教經》

斯 4560 號　《大般涅槃經》卷第三十四

斯 4562 號　《大般涅槃經》卷第十六

斯 4563 號　《諸星母陀羅尼經》

斯 4565 號　《金光明最勝王經》卷第七

斯 4568 號　《摩訶般若波羅蜜經》卷第二十四

斯 4572 號　《妙法蓮華經》馬明菩薩品第三十

斯 4573 號　《大樓炭經》卷第三龍鳥品第六

斯 4575 號　《大般若波羅蜜多經》卷第一百四十三

斯 4576 號　《成唯識論解難》（擬）

斯 4579 號　《優婆塞戒經》卷第六經業品第二十四之一

斯 4580 號　《大般若波羅蜜多經》卷第二百十八

斯 4585 號　《大般若波羅蜜多經》卷第六十八

斯 4595 號　《大般若波羅蜜多經》卷第三百九十

斯 4596 號　《妙法蓮華經》卷第六

斯 4605 號　《大般若波羅蜜多經》卷第三百一

斯 4608 號　《妙法蓮華經》卷第二

斯 4611 號　《將釋僧戒初篇四波羅夷義決》（與斯 123、斯 2822、斯 4062、斯 5403、斯 5407、斯 6444、斯 6504 號同）

斯 4617 號　《大般若波羅蜜多經》卷第一百三十四

斯 4618 號　《四分律比丘戒本》

斯 4628 號　《十一面神咒心經》

斯 4635 號　《四分律刪繁補闕行事鈔》卷上之三、之四

斯 4641 號　《佛經戒律疏》（參見斯 4477 號）

斯 4644 號　《未來星宿劫千佛名經》卷下、《菩薩十住行道品經》、《菩薩瓔珞經》卷第一

斯 4644 號　《大方廣圓覺修多羅了義經》（自第十二行起）

斯 4644 號　《文殊悔過經》（自末三行起）

斯 4644 號　《菩薩瓔珞經》卷第六（自第九行起）

斯 4644 號　《大方廣佛華嚴經》卷第六十五（自第一行起）

斯 4644 號　《大方廣佛華嚴經》卷第六十四（自第七行起）

斯 4644 號　《大方廣佛華嚴經》卷第四十六（自第八行起）、卷第六十六（自末第五行起）

斯 4644 號　《大方廣佛華嚴經》卷第四十六（自第三行起）、《大乘莊嚴經論》卷第十（自第八行起）

斯 4644 號　《大乘莊嚴經論》卷第十（自第七行起）

斯 4644 號　《大方廣佛華嚴經》卷第五十（自第一行起）、《大乘

莊嚴經論》卷第七（自第十五行起）

　　斯 4644 號　《大方廣佛華嚴經》卷第五十（自末第四行起）

　　斯 4644 號　《御製蓮華心輪迴文偈頌》卷第十八（自第十二行起）

　　斯 4644 號　《大方廣佛華嚴經》卷第五十五離世間品第三十八之三、《大方廣佛華嚴經》卷第四（自第八行起）

　　斯 4644 號　《莊嚴菩薩心經》（自第四行起）

　　斯 4644 號　《大方廣佛華嚴經》卷第四（自第十一行起，下接角碼十四）

　　斯 4644 號　《大方廣圓覺修多羅了義經》（自第二行起）

　　斯 4644 號　《大方廣佛華嚴經》卷第七（自第九行起）

　　斯 4644 號　《大乘莊嚴經論》卷第八（自第十六行起）

　　斯 4644 號　《大方廣佛華嚴經》卷第七十四（自第十一行起）

　　斯 4644 號　《大乘莊嚴經論》卷第九供養品第十八（自第十三行起）

　　斯 4644 號　《菩薩瓔珞經》卷第一（自第六行起）

　　斯 4646 號　《太玄真一本際經》卷第六

　　斯 4647 號　《法苑珠林》卷第三十三

　　斯 4650 號　《僧差自恣人羯磨文》

　　斯 4652 號　背面　《大乘稻芉經隨聽疏》

　　斯 4653 號　《金光明最勝王經》卷第三

　　斯 4654 號　《百緣經略要》

　　斯 4666 號　《佛說法句經》

　　斯 4670 號　《妙法蓮華經》卷第二

　　斯 4671 號　《金光明最勝王經》卷第一

　　斯 4672 號　《別本僧羯磨尼羯磨》（擬）

斯 4674 號　《大般涅槃經》卷第三十六迦葉菩薩品第十二之四

斯 4676 號　《法門名義集》（《賢聖品法門名義》第五）

斯 4678 號　背面　《大般涅槃經》卷第八

斯 4680 號　禮懺文

斯 4681 號　《大乘稻芊經隨聽疏》（見《大正藏》八十五冊頁五五
○）

斯 4683 號　《大方等大集經》卷第四十五

斯 4684 號　《妙法蓮華經》卷第二

斯 4694 號　《大般若波羅蜜多經》卷第四百八十六

斯 4695 號　《梵網經》盧舍那佛說菩薩心地戒品第十卷下

斯 4697 號　《大般若波羅蜜多經》卷第三百五

斯 4699 號　《妙法蓮華經》卷第一

斯 4714 號　《妙法蓮華經》卷第二

斯 4716 號　《大般若波羅蜜多經》卷第五百九十四

斯 4717 號　《妙法蓮華經》卷第一

斯 4719 號　《維摩詰所說經》卷下

斯 4728 號　《大般若波羅蜜多經》卷第二百二十

斯 4732 號　《梁朝傅大士頌金剛經》

斯 4734 號　《多心經》一卷

斯 4737 號　《月燈三昧經》卷第十

斯 4749 號　《金光明最勝王經》卷第十

斯 4755 號　《大般若波羅蜜多經》卷第二百四十三

斯 4759 號　《佛頂尊勝陀羅尼經序》

斯 4766 號　《大般若波羅蜜多經》卷第三百五十三

斯 4768 號　《大般若波羅蜜多經》卷第五百二十七

斯 4769 號　《妙法蓮華經》卷第七

斯 4773 號　《大般若波羅蜜多經》卷第五百六十八

斯 4775 號　《大般若波羅蜜多經》卷第二百六十五

斯 4776 號　《大般若波羅蜜多經》卷第一百四十六

斯 4778 號　《佛本行集經》卷第二十七

斯 4779 號　《大般若波羅蜜多經》卷第三百六十六

斯 4781 號　禮懺文

斯 4784 號　《四分比丘尼戒本》

斯 4789 號　《維摩詰所說經》卷上

斯 4800 號　《大般若波羅蜜多經》卷第一百十七

斯 4807 號　《妙法蓮華經》卷第七

斯 4808 號　《梵網經》盧舍那佛說菩薩心地戒品第十卷下

斯 4810 號　《大般若波羅蜜多經》卷第四百九十

斯 4816 號　《大般若波羅蜜多經》卷第五百四十五

斯 4824 號　《大般若波羅蜜多經》卷第四百一十二

斯 4829 號　《大般若波羅蜜多經》卷第一百四十一

斯 4846 號　《大般涅槃經》卷第七、第八

斯 4856 號　《維摩詰所說經》卷上（方便品第二）

斯 4857 號　《羯磨》（《自恣法》第六）

斯 4858 號　《大般若波羅蜜多經》卷第三百十五

斯 4860 號　《金光明最勝王經》卷第五

斯 4863 號　《易經八宮卦圖及世卦起月例》

斯 4866 號　背面　《佛說善惡因果經》

斯 4872 號　《四分律比丘戒本》

斯 4874 號　《大般若波羅蜜多經》卷第二百九十七

斯 4879 號　《維摩詰所說經》卷下香積佛品第十

斯 4880 號　《大般若波羅蜜多經》卷一百十四

斯 4881 號　《藥師琉璃光如來本願功德經》

斯 4882 號　《金剛般若波羅蜜經》

斯 4885 號　《妙法蓮華經》度量天地品第二十九

斯 4887 號　《大般若波羅蜜多經》卷第五百八十一

斯 4894 號　《妙法蓮華經》卷第一

斯 4895 號　《大般若波羅蜜多經》卷第一百八十九

斯 4902 號　《妙法蓮華經》卷第一

斯 4904 號　《大般若波羅蜜多經》卷第一百五十三

斯 4913 號　《別本法門名義集》（《世界品法門名義》第七及其佚
文）

斯 4934 號　《大般若波羅蜜多經》卷第五百三十一

斯 4935 號　《金光明最勝王經》卷第四

斯 4945 號　《大智度論》卷第三十六

斯 4947 號　《大般若波羅蜜多經》卷第四十四

斯 4958 號　《大般若波羅蜜多經》卷第三百五

斯 4961 號　《妙法蓮華經》卷第二

斯 4963 號　《太上業報因緣經》卷第一

斯 4974 號　《妙法蓮華經》卷第三

斯 4997 號　《妙法蓮華經》卷第三

斯 5004 號　《維摩詰所說經》卷下香積佛品第十

斯 5006 號　《妙法蓮華經》卷第六

斯 5009 號　《大般若波羅蜜多經》卷第一百三十四

斯 5012 號　《金光明最勝王經》卷第四

斯 5016 號　《四分律比丘含注戒本》卷上

斯 5032 號　《大般若波羅蜜多經》卷第九十一

斯 5033 號　《妙法蓮華經》卷第三

斯 5059 號　《梵網經》盧舍那佛說菩薩心地戒品第十卷下

斯 5088 號　《沙彌十戒》、《式叉尼法六法文》（含注）

斯 5154 號　《妙法蓮華經》卷第六

斯 5156 號　《摩訶般若波羅蜜經》卷第二十一

斯 5162 號　《大般涅槃經》卷第二十四

斯 5167 號　《摩訶般若波羅蜜經》卷第二十二

斯 5168 號　《妙法蓮華經》卷第六

斯 5182 號　《大般涅槃經》卷第十五

斯 5184 號　《維摩詰所說經》卷下

斯 5187 號　《大般若波羅蜜多經》卷第三百八

斯 5198 號　《大寶積經》菩薩藏會第十二之七四無量品第五

斯 5199 號　《大般若波羅蜜多經》卷第四十二

斯 5209 號　《妙法蓮華經》卷第七

斯 5213 號　《大般若波羅蜜多經》卷第四百二

斯 5238 號　《金光明最勝王經》卷第七（《安寧經》）

斯 5242 號　《金光明最勝王經》卷第七

斯 5264 號　《大般若波羅蜜多經》卷第四百四十八

斯 5268 號　《妙法蓮華經》卷第四勸持品第十三

斯 5278 號　《大般若波羅蜜多經》卷第五百八十二

斯 5286 號　《大般若波羅蜜多經》卷第四百四十六

斯 5287 號　《大般若波羅蜜多經》卷第二百四十六

斯 5290 號　《大般若波羅蜜多經》卷第五十五

斯 5306 號　《維摩詰所說經》卷上

斯 5315 號　《太上洞玄靈寶天量度人上品妙經》

斯 5323 號　《妙法蓮華經》卷第二

斯 5324 號　《四分比丘尼戒本》

斯 5330 號　《大般若波羅蜜多經》卷第五百五十二

斯 5337 號　《佛說阿彌陀經》

斯 5344 號　《佛頂尊勝陀羅尼經》

斯 5346 號　《大般若波羅蜜多經》卷第一百八十八

斯 5347 號　《妙法蓮華經》卷第五

斯 5349 號　《大般若波羅蜜多經》卷第八十三

斯 5350 號　《大般若波羅蜜多經》卷第五百九

斯 5351 號　《大般若波羅蜜多經》卷第二百六十七

斯 5360 號　《四分律比丘戒本》

斯 5366 號　《妙法蓮華經》卷第三

斯 5368 號　《維摩詰所說經》卷上

斯 5369 號　《妙法蓮華經》卷第二

斯 5370 號　《大般若波羅蜜多經》卷第二百六十六

斯 5374 號　《瑜伽師地論》卷第二十五

斯 5378 號　《大佛頂如來密因修證了義諸菩薩萬行首楞嚴經》卷第八

斯 5380 號　《梵網經》盧舍那佛說菩薩心地法門品第十

斯 5381 號　《金光明最勝王經》卷第二

斯 5389 號　《妙法蓮華經》卷第八度量天地品第二十九（參見斯 6588 號）

斯 5397 號　《四分比丘尼戒本》

斯 5399 號　《妙法蓮華經》卷第四

斯 5400 號　《梵網經》盧舍那佛說菩薩心地戒品第十卷下

斯 5401 號　《大佛略懺》（參見斯 345、斯 2682、斯 6640 號）

斯 5403 號　《將釋僧戒初篇四波羅夷義決》（參見斯 123、斯 2822、斯 4062、斯 4611、斯 5407、斯 6444、斯 6504 號）

斯 5407 號　《將釋僧戒初篇四波羅夷義決》（參見斯 6504 號）

斯 5419 號　《大般若波羅蜜多經》卷第二百十四

斯 5421 號　《妙法蓮華經》卷第二

斯 5422 號　《大般若波羅蜜多經》卷第二百二十九

斯 5423 號　《妙法蓮華經》卷第三

斯 5425 號　《梵網經》盧舍那佛說菩薩心地戒品第十卷下

斯 5426 號　《四分比丘尼戒本》

斯 5427 號　《妙法蓮華經》卷第六

斯 5429 號　《梵網經》盧舍那佛說菩薩心地戒品第十卷下

斯 5458 號　《佛說地藏菩薩經》

斯 5485 號　《梵網經》盧舍那佛說菩薩心地戒品第十卷下

斯 5532 號　《觀心論》（參見斯 2595 號，中缺頁十頁十四，較斯 2595 號卷首多三行，卷末多偈語一首）

斯 5550 號　《陀羅尼雜集經》卷五至卷八（擬，天王咒，咒水咒湯咒，護身咒，天女咒）

斯 5589 號　《蘇白蓋陀羅尼神咒經》

斯 5595 號　《觀世音經》

斯 5611 號　《妙法蓮華經》卷第五安樂行品第十四

斯 5617 號　《瑜伽師地論》卷第二十三

斯 5618 號　背面　《佛說無量大慈教經》

斯 5626 號　《書經‧呂刑》

斯 5645 號　禮懺文（參見中村不折藏敦煌本，《大正藏》八十五冊卷二八五四）

斯 5645 號　《自恣文》、《受藥文》、《分衣法》（參見律部羯磨）

斯 5645 號　《劉晏三教不齊論》

斯 5646 號　《佛說摩利支天菩薩陀羅尼經》

斯 5646 號　《佛說齊法清淨經》

斯 5647 號　父母遺書一道

斯 5647 號　分家契

斯 5648 號　《如意園詩》、「出門逢白霜，路結邊為霜，水照先人霜，玉女景來霜」方形圓形詩各一首

斯 5655 號　背面　《妙法蓮華經》卷六如來神力品第二十一（倒行）

斯 5665 號　《菩薩受齋經》（前半段）、《摩訶僧祇律》卷第三（後半段，至角碼三）

斯 5665 號　《優婆塞五戒威儀經》一卷

斯 5665 號　《大寶積經》卷第百十二（前半段，下接角碼四十）、《雜阿含經》卷第三十六（後半段，下接角碼二十七）

斯 5665 號　《雜阿含經》卷第三十五（前半段）、《摩訶僧祇律》卷第二（中段，下接角碼三十）、《摩訶僧祇律》卷第三（後半段，下接角碼三十三）

斯 5665 號　《摩訶僧祇律》卷第二（下接角碼六）

斯 5665 號　《大寶積經》卷第十（下接角碼十）

斯 5665 號　《大寶積經》卷第一（前半段，接在後半段之末）

斯 5665 號　《大寶積經》卷第十（前半段，上接角碼八）、《大寶積經》卷第一（後半段，上接角碼二十一）

斯 5665 號 《大寶積經》卷第十（前半段）、《大寶積經》卷第一百十九（後半段）

斯 5665 號 《大寶積經》卷第十二（前半段）、《大寶積經》卷第七十一（後半段）

斯 5665 號 《大寶積經》卷第八十（前半段）、《大寶積經》卷第一（後半段）

斯 5665 號 《大寶積經》卷第十（前半段）、《大寶積經》卷第三十（後半段）

斯 5665 號 《大寶積經》卷第二十一（前半段）、《大寶積經》卷第二十二（後半段）

斯 5665 號 《大寶積經》卷第一百（後半段）

斯 5665 號 《大寶積經》卷第二十二（後半段，下接角碼十五）

斯 5665 號 《大寶積經》卷第十（後半段，下接角碼二十）

斯 5665 號 《大寶積經》卷第一（前半段，同角碼十）、《大寶積經》卷第十七（後半段）

斯 5665 號 《大寶積經》卷第十四（前半段）、《大寶積經》卷第十（後半段，上接角碼十八）

斯 5665 號 《大寶積經》卷第一（前半段，下接角碼十）、《大寶積經》卷第三十（後半段）

斯 5665 號 《大寶積經》卷第二十一（前半段）、《大寶積經》卷第十（後半段，下接角碼十一）

斯 5665 號 《大寶積經》卷第一（前半段，下接角碼九）、《法集經》卷第四（後半段）

斯 5665 號 《觀察諸法行經》卷第二（前半段）

斯 5665 號 《中阿含經》卷第二十二《穢品經》第一

斯 5665 號　《雜阿含經》卷第三十五（後半段，下接角碼六）

斯 5665 號　《雜阿含經》卷第三十六（前半段）、《雜阿含經》卷第二十八（後半段）

斯 5665 號　《雜阿含經》卷第二十二卷第二十三（前半段）、《優婆塞五戒威儀經》（後半段，上接角碼五）

斯 5665 號　《大寶積經》卷第一百十二（前半段，下接角碼五）、《鼻奈耶》卷第三（後半段）

斯 5665 號　《摩訶僧祇律》卷第三（前半段）、《摩訶僧祇律》卷第二（後半段，上接角碼六）

斯 5665 號　《摩訶僧祇律》卷第三（上接角碼三十二）

斯 5665 號　《摩訶僧祇律》卷第三（下接角碼三十一）

斯 5665 號　《摩訶僧祇律》卷第三（至角碼三十四）

斯 5665 號　《法集經》卷第五（前半段）、《鼻奈耶》卷第三（後半段，下接角碼二十九）

斯 5665 號　《摩訶僧祇律》卷第三（至角碼三十七）

斯 5665 號　《摩訶僧祇律》卷第二（前半段，上接角碼三）、《法集經》卷第三（後半段，下接角碼四十）

斯 5665 號　《摩訶僧祇律》卷第三（前半段，上接於後半段）

斯 5665 號　《法集經》卷第三（前半段，上接角碼三十八）、《大寶積經》卷第一百十二（後半段）

斯 5665 號　《摩訶僧祇律》卷第二（至角碼四十二）

斯 5665 號　《大寶積經》卷第二十二（前半段）、《大寶積經》卷第七十（後半段）

斯 5665 號　《維摩詰所說經》卷上方便品第二（前半段，接於後半段之末）

斯5665號　《鼻奈耶》卷第三（後半段，上接角碼二十九）

斯5665號　《摩訶僧祇律》卷第三（上接角碼三十）

斯5719號　《摩訶般若波羅蜜經》卷第十二無作品第四十三

斯5720號　《大般涅槃經》卷第六如來性品第四之三

斯5721號　《數量功德經說》

斯5732號　《太上業報因緣經》卷第四

斯5733號　《太上洞玄靈寶五篇真文赤書》

斯5735號　《經典釋文》（《周易》否卦同人卦音義）

斯5740號　《太玄真一本際經》卷第七（譬喻品）

斯5751號　《元上秘要》（擬）

斯5761號　《妙法蓮華經》卷第五如來壽量品第十六

斯5766號　《摩訶僧祇律》卷第二（下半頁之前半段接於後半段之末）

斯5766號　《鼻奈耶》卷第三（前半段，上接於後半段）

斯5766號　《摩訶僧祇律》卷第三（前半段）

斯5766號　《摩訶僧祇律》卷第三（前半段，下接角碼五前半段）、《摩訶僧祇律》卷第三（後半段，下接前半段）

斯5766號　《鼻奈耶》卷第三（上接角碼四前半段）

斯5766號　《摩訶僧祇律》卷第二（前半段，下接角碼九前半段）

斯5766號　《摩訶僧祇律》卷第二（前半段，上接角碼八前半段）、《摩訶僧祇律》卷第三（後半段）

斯5766號　《鼻奈耶》卷第三（前半段）、《摩訶僧祇律》卷第三（後半段，上接角碼五前半段，下接角碼十一）

斯5766號　《摩訶僧祇律》卷第三（下接角碼九後半段）

斯5677號　《摩訶僧祇律》卷第一、第二（至角碼十四，下接角碼

三後半段）

斯 5783 號　《妙法蓮華經》卷第三化城喻品第七

斯 5808 號　《禮佛歸依贊》

斯 5817 號　《放光般若經》卷第一假號品第三

斯 5840 號　《洞真太上說智慧消魔真經》

斯 5842 號　《妙法蓮華經》卷第四見寶塔品第十一

斯 5847 號　《妙法蓮華經》卷第二譬喻品第三

斯 5848 號　《佛頂尊勝陀羅尼經》

斯 5851 號　《妙法蓮華經》卷第七觀世音菩薩普門品第二十五

斯 5858 號　《勝發夫人經》卷上（即斯 1649 號之首端）

斯 5884 號　《洞淵神咒經》卷第十（煞鬼放人品）

斯 5887 號　《老子道德經開題序訣義疏》（擬）

斯 5893 號　《比丘受大乘戒本》

斯 5903 號　《御注金剛般若波羅蜜經宣演》卷上（參見伯 2173 號）

斯 5908 號　《妙法蓮華經》卷第二譬喻品第三

斯 5915 號　《法苑珠林》卷七十四

斯 5915 號　《法苑珠林》卷七十五（下半頁起）

斯 5915 號　《法苑珠林》卷六十八

斯 5919 號　《占卜氣運書》

斯 5920 號　《老子道德經下》（斷片）

斯 5921 號　《靈真戒拔除生死濟苦經》（斷片）

斯 5922 號　《藥師琉璃光如來本願功德經》

斯 5930 號　《太玄真一本際經》卷第七譬喻品

斯 5931 號　《妙法蓮華經》馬明菩薩品第三十（參見斯 22734 號）

斯 5984 號　《太玄真一本際經》卷第十顯明功德品第二（《太上道本通微妙經》）

斯 5990 號　《妙法蓮華經》卷六隨喜功德品第十八

斯 5997 號　《毗尼心學戒法》第一（參見斯 490 號伯 2148 號）

斯 6009 號　背面　《老子十方像名經》

斯 6016 號　《法門名義集》（身心品第一至理教品第四）

斯 6024 號　《舍頭諫太子二十八宿經》

斯 6027 號　《太玄真一本際經》卷第一（護國品）

斯 6040 號　失題道經科儀書類

斯 6043 號　《大般涅槃經》卷第二十三光明遍照高貴德王菩薩品第十之三

斯 6044 號　《道德經解題書》

斯 6065 號　《太上業報因緣經》卷第八

斯 6076 號　《太上洞玄靈寶金錄簡文三元威儀自然真經》（擬）

斯 6091 號　《佛頂尊勝陀羅尼經》

斯 6092 號　《道行般若經》卷第二摩訶般若波羅蜜功德品第三

斯 6093 號　《大智度論》卷第十六

斯 6095 號　《佛說救疾經》

斯 6097 號　《道家十戒經》（參見斯 6454 號）

斯 6107 號　《金光明最勝王經》卷第七

斯 6180 號　《念觀世音菩薩功德回施文》

斯 6118 號　《大般涅槃經》卷第二

斯 6127 號　《太玄真一本際經》付囑品卷第二

斯 6133 號　《妙法蓮華經》卷第二譬喻品第三

斯 6134 號　《列子黃帝篇注》（與今本不同）

斯 6137 號 《太玄真一本際經》付囑品卷第二

斯 6140 號 失題道經

斯 6142 號 《大般涅槃經》卷第十八

斯 6145 號 《太玄真一本際經》卷第七（譬喻品）

斯 6151 號 《千手千眼觀世音菩薩治病合藥經》

斯 6153 號 《大般涅槃經疏釋長壽品》第四金剛身品第五（擬）

斯 6159 號 《梵網經注疏》

斯 6166 號 《般若波羅蜜多心經釋義》（擬）

斯 6170 號 《唯識三十論頌》

斯 6190 號 《成唯識論疏記》（擬）

斯 6193 號 《紫文行事決》（與斯 4314 號、伯 2751 號接合）

斯 6206 號 禮懺文（參見《大正藏》八十五冊卷二八五四中村不折
藏本）

斯 6209 號 背面 《大般涅槃經》卷第一壽命品第一

斯 6210 號 背面 《沙彌尼十戒》

斯 6218 號 背面 《淨名經集解關中疏》卷下

斯 6219 號 《上清三真旨要玉訣》

斯 6231 號 《維摩詰所說經》卷下品第十二、第十三

斯 6238 號 《四分律疏釋》（擬，第四明發戒多少及引明了論一大
段，並見《四分律刪繁補闕行事鈔》卷中一）

斯 6238 號 背面 《羯磨疏釋》（擬）

斯 6240 號 《四分戒本新疏》（擬，《畜長衣過限戒》第一，《離衣
宿戒》第二）

斯 6241 號 《太上洞玄靈寶升玄內教經》卷第十（擬）

斯 6248 號 布薩文（參見斯 2146 號）

斯 6288 號　《妙法蓮華經》卷第三授記品第六

斯 6289 號　《大般若波羅蜜多經》卷第三十九

斯 6292 號　《大般若波羅蜜多經》卷第五百九十八

斯 6312 號　《洞玄靈寶長夜之府九幽玉匱明真科》第二十五

斯 6319 號　《大般若波羅蜜多經》卷第三百八十一

斯 6325 號　《唯識論疏釋》（擬）

斯 6326 號　《大上業報因緣經》卷第七

斯 6337 號　《金剛般若經挾注》

斯 6338 號　《瑜伽論釋》（擬）

斯 6348 號　《大佛頂如來頂髻白蓋陀羅尼神咒經》（參見斯 4637 號）

斯 6363 號　《妙法蓮華經》卷第五

斯 6367 號　《佛說阿彌陀經》

斯 6369 號　《大般若波羅蜜多經》卷第二百八十四

斯 6379 號　《大般若波羅蜜多經》卷第四百九

斯 6381 號　《維摩經》疏弟子品第三、菩薩品第四

斯 6388 號　《勝鬘經疏釋》（與斯 524 號不同）

斯 6394 號　《大道通玄要》（擬，參見斯 3839 號）

斯 6406 號　《大般若波羅蜜多經》卷第五十九

斯 6420 號　《維摩詰經》卷下

斯 6427 號　《大般若波羅蜜多經》卷第三十六

斯 6444 號　《將釋僧戒初篇四波羅夷義決》（參見斯 123、斯 2822、斯 4062、斯 4611、斯 6504 號）

斯 6467 號　《大般若波羅蜜多經》卷第二百七十五

斯 6474 號　《妙法蓮華經玄贊》卷第一本、卷第一末

斯 6504 號　《將釋僧戒初篇四波羅夷義決》

斯 6507 號　《維摩詰經》卷下

斯 6537 號　《金剛經》（擬）

斯 6555 號　《妙法蓮華經》卷第三

斯 6564 號　《大般若波羅蜜多經》卷第二百二十九

斯 6578 號　《妙法蓮華經》卷第二

斯 6603 號　《維摩詰所說經》卷中

斯 6608 號　《大般若波羅蜜多經》卷第三百三十二

斯 6614 號　《大般涅槃經》卷第十九、第二十

斯 6616 號　《大般涅槃經義記》卷第二

斯 6616 號　背面　《大乘稻芊經隨聽疏》

斯 6638 號　《大佛略懺》一卷

斯 6640 號　《大般若波羅蜜多經》卷第三百二十一

斯 6659 號　《太上洞玄靈寶妙經》眾篇序章

斯 6661 號　《十誦律衣法》第七

斯 6678 號　背面　《瑜伽師地論》卷第四十四本地分中菩薩地第十
五初持瑜伽處菩提分品第十七之一

斯 6680 號　《大佛頂首楞嚴經》卷第七

斯 6683 號　《瑜伽師地論》卷第七十七、第七十八、第七十九、第
八十

斯 6683 號　背面　《瑜伽師地論》卷第七十四、第七十六

斯 6683 號　背面　《瑜伽師地論》卷第七十五

斯 6683 號　背面　《瑜伽師地論》卷第七十四

斯 6683 號　背面　《瑜伽師地論》卷第七十二

斯 6686 號　《大般若波羅蜜多經》卷第四十九

斯 6691 號　背面　《大佛頂如來密因修證了義諸菩薩萬行首楞嚴經音》

斯 6701 號　《勝天王般若波羅蜜經》卷第三

斯 6706 號　《佛說無言童子經》卷上

斯 6715 號　《大乘義章》（擬）

斯 6728 號　《正法華方等經》卷第九、第十

斯 6752 號　《大般若波羅蜜多經》卷第五百五十四

斯 6754 號　《大般若波羅蜜多經》卷第一百二

斯 6755 號　《大般若波羅蜜多經》卷第一百五

斯 6756 號　《大般若波羅蜜多經》卷第一百一

斯 6756 號　《大般若波羅蜜多經》卷第一百三

斯 6778 號　《妙法蓮華經》卷第二

斯 6783 號　《思益梵天所問經》卷第二

斯 6784 號　《大方廣佛華嚴經》卷第四、第五，四諦品

斯 6789 號　《法華經義疏》卷第五第四品至第十品（參見斯 4136 號）

斯 6789 號　背面　《四分比丘尼戒本疏》卷第四

斯 6800 號　《藥師琉璃光如來本願功德經》

斯 6805 號　《妙法蓮華經》卷第四

斯 6806 號　《四分比丘戒本》

斯 6812 號　《瑜伽師地論》卷第五十四

斯 6821 號　《觀佛三昧海經》卷第十

斯 6827 號　《大般涅槃經》卷第十四

斯 6829 號　《大乘稻芉經隨聽手鏡記》

斯 6830 號　《妙法蓮華經》卷第一

斯 6831 號　《佛頂尊勝陀羅尼經》

斯 6841 號　《靈寶自然齋儀》（擬）

斯 6855 號　《大般若波羅蜜多經》卷第一百五十二

斯 6857 號　《大般若波羅蜜多經》卷第一百七十二

斯 6859 號　《大般若波羅蜜多經》卷第五百三十七

斯 6862 號　《四分律》卷第二十三、第二十四

斯 6866 號　《毗尼心》

斯 6886 號　《大乘起信論廣釋》卷第四

斯 6888 號　《法苑珠林節抄要覽》（擬）

斯 6891 號　背面　《定林義志》

斯 6893 號　《大般若波羅蜜多經》卷第一百三十九（下接頁二一五上端）

斯 6912 號　《大方廣佛華嚴經》卷第三十四、第三十五

斯 6915 號　《大乘入道次第開決》

斯 6925 號　背面　《大乘百法明門論開宗義決序釋》（釋起首二句）

斯 6927 號　《大佛頂首楞嚴經》卷第一

斯 6940 號　《大乘百法明門論疏釋》（擬，參見斯 4011 號）

斯 6946 號　《菩薩瓔珞經》卷第六（本卷均由斷片湊合，不相連接）

斯 6951 號　《大般若波羅蜜多經》卷第五百五十六

斯 6974 號　《四分律》小鈔一本（依五部律中鈔出，參見斯 2911 號）

斯 6976 號　《善見律毗婆沙》卷第四（第六行第二句起）

斯 6980 號　《摩訶般若波羅蜜經》卷第二十一

《敦煌遺書總目索引》之補正

　　敦煌遺書發現後，散置於各國，各地學者雖有目錄發表，然均苦於偏在一隅，難睹全豹，而眾多首尾殘斷之卷子，列為佚名者，比比皆是。自一九六二年王重民氏編纂《敦煌遺書總目索引》，薈萃數家，以成一書，今之學人欲問津敦煌學者，無不依循斯書為梯航。所惜王書包涵既廣，精審不足，草創匪易，闕漏猶多，其中列為「俟考諸經」、「殘佛經」、「殘道經」者均一仍舊目，對無名之斷片考出者鮮，故雖有「索引」之歸類，此無名之斷片為數極夥，「索引」之功能大受折損。

　　王書所收總目部分，計為四項，一為陳垣《敦煌劫餘錄》，二為劉銘恕《斯坦因劫經錄》，三為王重民《伯希和劫經錄》，四為《敦煌遺書散錄》，散錄中、日各地之藏卷。

　　此四項目錄之編制，其共同之侷限，在於空間之隔閡，無法將英、法、中、日各處卷子對照參勘，以尋出無名殘片之答案，今得微卷攝製之便，可以參互比對，故王書中之闕漏，往往可以查出：

　　如鳥84號（《劫》第543頁）僅標「道經」，今對照斯2999號，

內容相同，該號有標題為「太上道本通微妙經卷第十稱揚持戒品第三讚歎天尊品第四」，則知鳥 84 號（今編北 8462 號）亦即此經。

又如斯 2752 號，劉銘恕僅標「佛經」，小翟爾斯列人「未經安置、未經證實」類，現比對北 8654 號，知斯 2752 號與之相同，應為《淨度三昧經》。

又如咸 46 號，陳垣標為「起信論義述」，新編為北 7248 號，標題仍依陳垣，今對照伯 2051 號，與之相同，伯 2051 有標題為「大乘起信論略述卷上」，則正確之經名可對照尋出。

又如斯 332 號、斯 1084 號、斯 1931 號，劉銘恕、小翟爾斯等均無法考出為何經，今詳對北 8311 號（調 44 號），文字相同，後者有標題為「佛說七階禮佛名經」，故上述英倫三號，疑豁然而解。

參對互證之益，毋庸詳述，學者雖知其利，然限於日力，猶未及一一比對，然筆者六載以還，所考出無名殘卷之名目，得以補苴王書者，計有下列諸項：

補小翟爾斯《英倫博物館漢文敦煌卷子目錄》部分

王書收小翟爾斯（Lionel Giles）博物館藏卷分類總目、筆畫檢查目錄及斯坦因編號與新編對照表等。小翟爾斯之書，耗其畢生之精力，貢獻至巨，然其中尚有待補正者約有三類：

一、已查出經名卷次，而未必正確者。

二、推想歸入某類經典，而未必正確者。

三、可疑及未明經名者。

關於第三類，小翟爾斯言明「無法辨認」部分，筆者業已考明而足以補苴其目錄者，已寫成《英倫所藏敦煌未知名殘卷目錄的新探索》一文，分上、中、下三篇，發表於《漢學研究通訊》一卷二期、一卷四期、二卷一期。共補苴數百條，在此不復贅述。

至於第一類、第二類部分，不另指陳，除於《敦煌寶藏》各冊中修正外，另歸併在補正劉銘恕目錄一文中。

補劉銘恕《斯坦因劫經錄》部分及續有發現部分

劉銘恕之《斯坦因劫經錄》，所作雖在小翟爾斯之後，但並未參考翟書，劉、翟二書皆初啟筆路於山林，艱苦締造，有功於學術。然劉書大抵據微卷直錄，考證之功較少，對頭尾殘缺之無名殘卷，只標「佛經」、「道經」或「佛經疏釋」，尚嫌疏略。

筆者補苴劉書目錄，曾作《劉銘恕〈斯坦因劫經錄〉之訂補》一文，發表於《中興大學文史學報》第十二期、第十三期，共補苴千餘條。另增補卷次，改正名目，補訂漏闕者尚有二千餘處，則不在該文中。

唯前述補正小翟爾斯、劉銘恕二文發表後，筆者續有發現，而所編《敦煌寶藏》未及更改目錄，而其中有部分足以再補前述二文者，計有：

斯14號　《大般若波羅蜜多經》卷第二百七十六。

斯20號　《漢書》卷八十一《匡衡傳》。

斯103號　原標「大般涅槃經無所得品第十八」，今考為「大般若波羅蜜多經卷第六十一」。

斯129號　原標「佛經戒律」，今參考伯2137、伯2145號知為「律略抄本一卷」。

斯172號　原標「大般涅槃經卷第三」，今考為「大般泥洹經卷第三」。

斯332號　原標「禮佛發願文」，今考為「佛說七階禮佛名經」。

斯344號　原標「佛經」，今考為「正法念處經卷第二十一」。

斯387號　原標「佛經」，今考為「正法念處經卷第七十」。

斯495號　背面　原標「佛經疏釋」，今考為「因緣心釋論開決記」。

斯786號　原標擬為「摩訶般若波羅蜜經第十一問答」，今考為「大智度論卷第六十三信謗品第六，四十一之餘」。

斯1056號　原標擬為「瑜伽廣部百法小論」，今考為「大乘百法明門疏釋」。

斯1084號　原標「禮佛發願文」，今考為「佛說七階禮佛名經」。

斯1171號　原標「佛經」，今考為「大般涅槃經卷第十四」。

斯1334號　原標「律部小抄」，今參考斯129、伯2137、伯2145號，知此為「律略抄本一卷」。

斯1407號　原標「大智度論卷三十六」，今考為「大智度論卷第四十六」。

斯1411號　原標「最勝佛頂陀羅尼淨除業障咒經」，今考為「佛頂尊勝陀羅尼經」。

斯1442號　原標擬為「阿毗達磨論辯相品第二」，今考為「辯中邊論卷第一辯相品第二」。

斯1495號　原標「釋門雜文」，今考為「妙法蓮華經卷第三化城喻品第七」。

斯1498號　原標「四分戒本說六法文」，今考為「式叉摩那尼六法文」。

斯1822號　原標「佛經戒律」，又擬為「律部小抄」，今參考斯129號、伯2137號、伯2145號，知為「律略抄本一卷」。

斯1880號　原標「佛經疏釋」，今參斯2715號原卷有「論一卷」之標題，再考斯3375號及北8374號，知此實為「達摩論」。

斯1931號　原標「禮懺文」，今考為「佛說七階禮佛名經」。

斯 2026 號　原標「佛經」，今考為「大寶積經卷第一百十三」。

斯 2064 號　原標「佛經戒律疏」，今考為「八波羅夷經」。

斯 2072 號　原標「佚類書」，今考為「琱玉集」。

斯 2316 號　原標題漏卻，今考為「金光明經卷第二、四天王品第六」。背面為「金剛心地法門心法戒壇法儀則卷第一、第二」。

斯 2432 號　原標「維摩詰經疏釋」，今考為「淨名經集解關中疏卷上」。

斯 2496 號　原標「釋肇斷序鈔義」，今考為「釋肇序」。

斯 2539 號　原標「佛經戒律」，今參考斯 2707 號背面相同，知此為「律戒本疏」。

斯 2539 號　原標「金剛般若經疏」，今考為「金剛般若經旨贊卷上」。

斯 2552 號　原標「維摩經疏」，今考為「淨名經集解關中疏卷上」。

斯 2552 號　背面　原標「淨名經集解關中疏卷上」，今考為「維摩經疏」。

斯 2586 號　原標「佛經疏釋」，今考為「大乘百法明門論抄」，與斯 2612 號同。

斯 2587 號　原標「大乘起信論略述補注」，今考為「大乘起信論略述卷上」。

斯 2672 號　背面　原標「佛經戒律」，今考斯 2911 號，知此為「四分律小抄」。

斯 2715 號　原依卷末錄「論一卷」，今考斯 1880 號、斯 3375 號、斯 8374 號，知此為「達磨論一卷」。

斯 2731 號　背面　原標為「大乘百法明門論疏釋」，今考為「大乘百法明門論開宗義記」。

斯 2734 號　原標為「妙法蓮華經度量天地品第廿九」，今參考斯 3441 號，知此為「三界圖一卷」。

斯 2746 號　背面　原標漏列，今考為「妙法蓮華經卷第一序品第一」。

斯 2752 號　原標「佛經」，今參考北 8654 號，知此為「淨度三昧經卷上」。

斯 2822 號　原標「佛經戒律疏」，今參照斯 6504 號，知此為「將釋僧戒初篇四波羅夷義決」。

斯 2894 號　原標「佛經戒律」，今參考斯 4238 號，知此為「四分戒本含注一卷」。

斯 2945 號　原標「勸唸佛文」，今考為「般舟贊」。

斯 2974 號　背面　原標「受戒文范」，今考為「四分比丘尼羯磨法」。

斯 3375 號　背面　原標「佛經疏釋」，今考為「達磨論」。

斯 3552 號　原標為「大般若波羅蜜經卷第二百二十二」，今考為「摩訶般若波羅蜜放光經卷第十七」。

斯 3577 號　原標為「佛經」，今考為「大般涅槃經卷第十三」。

斯 3610 號　原誤印為「金剛般若波羅蜜多經卷第一二四」，今考為「金剛般若波羅蜜經」。

斯 3731 號　原標「佛經論疏」，今考為「大乘百法明門論開宗義決」。

斯 3758 號　原標「佛經戒律」，今比對北 7164 號，知此為「別本比丘尼羯磨」。

斯 3836 號　原標「佛經戒律問答」，今比對伯 2145 號，知此為「律略抄本」。

斯 3922 號　原標「金剛經疏釋」，今比對斯 2788 號，知此為「金剛

般若波羅蜜經論」。

斯 3930 號　原標「色界天身量」，今比對斯 3441 號，知此為「三界圖」。

斯 4094 號　原標「律部小抄」，今考為「八波羅夷經」。

斯 4167 號　原標「律部小抄擬」，今比對伯 2145 號，知此為名稱可確定，「擬」字可刪卻。

斯 4175 號　原依劉目擬為「每月逐日唸佛名」，今比對斯 4218 號、斯 5918 號，知此實為「地藏菩薩十齋日」。

斯 4302 號　原標「佛經疏釋」，今比對北 7119 號，知此為「八波羅夷經」。

斯 4312 號　原標「摩訶般若波羅蜜經卷第七問答」，今考為「大智度論卷第五十二」。

斯 4340 號　原標「佛經諸宗部疏釋」，今比對北 7125 號，知此為「八波羅夷經」。

斯 4439 號　原標「戒注含注戒一卷」，今考為「四分律比丘含注戒本」。

斯 4440 號　原卷上有「金剛般若經卷上」，標題依之，今考實為「金剛般若波羅蜜經論」。

斯 4464 號　背面　原標「禮懺文」，今比對斯 2560 號，知此為「大悲啟請」。

斯 4477 號　原標「佛經戒律疏」，今比對斯 2636 號，知此為「四分戒本釋稱注。」

斯 4549 號　原標「無量義教菩薩法經」，今考為「妙法蓮華經卷第一序品第一」。

斯 4641 號　原標「佛經戒律疏」，今比對斯 2636 號，知此為「四分

戒本釋賢稱注」。

斯 4676 號　原標「法門名義集」，今比對斯 3441 號，知此為「三界圖」。

斯 4834 號　原標「維摩詰所說經卷上」，今考為「淨名經集解關中疏卷下佛道品第八」。

斯 4913 號　原標「法門名義集」，今比對斯 3441 號，知此為「三界圖」。

斯 5041 號　原標「佛經戒律疏」，今比對斯 4062 號，知此為「將釋僧戒初篇四波羅夷義決」。

斯 5232 號　原標「釋門雜文」，今比對北 7677 號，知此為「結壇散食回向發願文」。

斯 5650 號　原標「觀音經」，今考為「觀音禮」。

斯 5742 號　原標「佛經戒律」，今比對斯 4062 號，知此為「將釋僧戒初篇四波羅夷義決」。

斯 5746 號　原標「智慧上品大戒」，今比對伯 2461 號，知此全名為「太上洞玄靈寶智慧閉塞六情上品大戒」。

斯 5768 號　原標「大悲神咒」，今考為「千手千眼觀世音菩薩大悲心陀羅尼」。

斯 5771 號　原標「佛經」，今考為「大乘無量壽經」。

斯 5784 號　原標「佛經」，今考為「大般涅槃經卷第四十」。

斯 6025 號　原標「佛經戒律」，今比對伯 2145 號，知此為「律略抄本一卷」。

斯 6085 號　原標「佛經」，今考為「大般涅槃經卷第三十一」。

斯 6192 號　原標「維摩詰經」，今考為「維摩詰經疏弟子品第三」，疏與經不同。

斯 6238 號 原標「四分律疏釋，擬」，今比對斯 6405 號，知此為「四分戒本疏卷第一」。

斯 6290 號 原標「智慧上品大戒」，今比對伯 2461 號，知此全名為「太上洞玄靈寶智慧上品大戒」。

斯 6316 號 原標「佛經」，今考知其下接斯 2734 號，為「三界圖一卷」。

斯 6391 號 原標「維摩詰經疏」，今考為「淨名經集解關中疏卷上」。

斯 6462 號 原標「維摩詰經」，今考為「維摩詰經疏」。

斯 6712 號 原標「淨名關中疏卷上」，今考為「淨名關中釋批卷上佛國品」。

斯 6897 號 背面 今考出其與斯 1977 號、斯 3546 號、斯 3979 號均同。

補英倫漢文藏卷斯 6980 號以後六百號斷片部分

小翟爾斯所編英倫漢文藏卷目錄，及劉銘恕之《斯坦因劫經錄》，所錄均只編至斯 6980 號結束，王書依之，亦無其後六百號。

筆者已將斯 6980 號以後，尚有 680 號斷片，及 197 號碎片，分別標目，並已發表《六百號敦煌無名斷片的新標目》一文，於《漢學研究》第一卷第一期。碎片部分參閱《敦煌寶藏》，於此皆不復重舉。

補陳垣《敦煌劫餘錄》及北京新編敦煌遺書新目部分

王書所收為陳垣《敦煌劫餘錄》，陳書依千字文次第編號，每字又分百號，查閱不甚便利。近年北京新編微卷目錄，附在四千七百餘米縮微膠卷之前，這個新目錄共計八千七百三十八卷，將同類經典歸

併，共計列四百六十一部經，對無名經典重加查對，有名經卷查出卷次，費力不少，遠較陳垣原書詳備。

北京新編《敦煌遺書目錄》，僅限北京藏卷部分，考查結果，尚有北8673號至北8738號，列為「俟考諸經」，無法考出經名。

筆者參對互證，此六十餘條俟考之無名經卷中，已考出五十餘條，撰成《北京所藏敦煌〈俟考諸經〉的新標目》一文，發表於《漢學研究通訊》第四卷第三期。不須再述。

筆者前文發表後，又檢出北8683號，與北7314號相同，原標目為「佛經論釋」，今知為「大乘四法經論及廣釋開決記」。至此，北京部分尚餘十一條「俟考」之經卷。

除此「俟考諸經」外，北京新編《敦煌遺書目錄》中，對卷背部分考查甚略，目錄中亦有稍宜補苴者，今均在《北京所藏敦煌〈俟考諸經〉的新標目》一文之後，附載補正百餘條，皆足以補正王書。

補法國《法藏敦煌目錄》第一、三冊部分

有關法國巴黎藏敦煌卷子之目錄，王重民氏先有《巴黎敦煌殘卷敘錄》，後復有《伯希和劫經錄》，後者收列為《敦煌遺書總目索引》卷第三。而法國敦煌研究小組亦已出版《法藏敦煌目錄》第一冊、第三冊（*Cataloguedes Manuscrits chinois de Touen-Houang Volume I*、*Volume III*）第一冊由伯2001至2500號，計五百號，第三冊由伯3001至3500號，亦為五百號。

《法藏敦煌目錄》考證詳盡，如伯2013號，王重民僅標「殘佛經」，而此書已查出為「佛說灌頂拔除過罪生死得度經」，然此第一冊、第三冊中仍偶有尚待查明者，今補充如下：

　　伯 2024 號 《法藏敦煌目錄》標為「大般若波羅蜜多經卷五六九」，今考定為「勝天王般若波羅蜜經卷第三」。

　　伯 2045 號 在緣起心論下一節，即第七節，《法藏敦煌目錄》未考明，今考定為「大乘稻芊經隨聽疏」。

　　伯 2074 號 背面 今考出與伯 2434 號相同，該號有標題為「三寶四諦問答」。

　　伯 2213 號 《法藏敦煌目錄》未標目，今疑為武后時所寫「洞解三教幽旨經」。（道經部分多參考大淵忍爾《敦煌道經》）

　　伯 2325 號 背面 《法藏敦煌目錄》未標目，今據北 7238 號，疑為「百法述」。

　　伯 2354 號 《法藏敦煌目錄》未標目，今考為「投金龍玉璧儀」。

　　伯 2355 號 背面 《法藏敦煌目錄》未標目，今參照北 7143 號及北7144、7145 號，考定為「受八關戒文」。

　　伯 2403 號 《法藏敦煌目錄》未標目，今考疑為「太上太極太虛上真人演太上靈寶威儀洞玄真一自然經訣上」。

　　伯 2403 號 背面 《法藏敦煌目錄》未標目，今亦參照北 7143、7144、7145 號，考定為「受八關戒文」。

　　伯 3064 號 今考為式占之天盤。

　　伯 3064 號 背面 有天門、地戶、人門、鬼門等字樣，當為式占之地盤。

　　伯 3066 號 今考其與伯 2830 號相似，應為「推人遊年八卦圖」。

　　伯 3223 號 背面 《法藏敦煌目錄》未標目，今考北 7233 號，知此即為「大乘百法明門論開宗義記疏」。

　　伯 3314 號 《法藏敦煌目錄》未標目，今考斯 490 號，知此即「毗尼心眾僧法第三」。

伯 3342 號　《法藏敦煌目錄》未標目，今考北 8404 號，知此即為「大乘入道次第章」。

補王重民《伯希和劫經錄》部分

《伯希和劫經錄》中待考的目錄，如業經《法藏敦煌目錄》考明者，本文不贅述，本文所考為其餘部分：

伯 2508 號　背面　王目謂「背錄佛經，不知名」，今考為「大乘稻芊經隨聽疏」。

伯 2524 號　王目謂「古類書」，今據王三慶考定為「語對」。

伯 2551 號　王目為「殘道經」，今考為「太上業報因緣經卷第三」。

伯 2561 號　王目為「殘道經」，今考為「太玄真一本際經卷第四」。

伯 2566 號　王目為「殘佛經」，今考為「妙法蓮華經卷第七妙音菩薩品第二十四」。

伯 2575 號　王目為「折葉裝書」，今考除「禮佛懺寂滅記」之外，尚有「大悲經下卷咒」、「涅槃經卷第四十」，背面除「禮佛懺寂滅記」之外，尚有「辭道場贊文」。

伯 2576 號　背面王目謂「一為洞淵神咒經卷一，一不詳其名」，今考為「上清三真旨要玉訣」。

伯 2583 號　王目為「殘佛經注解」，今考為「大乘稻芊經隨聽疏」。

伯 2593 號　王目為「佛經，不知名」，今考疑為「諸經要抄」，背面王目為「釋子文」，今考為「羯磨」。

伯 2595 號　背面　王目謂「背為佛經批注，不知名」，今考為「維摩詰所說經疏釋」，末又附平原君及毛遂事一段。

伯 2629 號　背面　王目謂「佛經殘節，有注」，今考為「金剛經贊

疏」。

　　伯 2639 號　背面　王目謂「佛經注解」，今考為「大乘稻芉經隨聽疏」。

　　伯 2649 號　背面　王目謂「背為佛書」，今考疑為「毗盧遮那成道經」。

　　伯 2657 號　背面　王目謂「背為佛經，不知名」，今考為「小室六門破相論第二門」。

　　伯 2665 號　王目為「殘道經」，今據斯 2999 號考為「太上道本通微妙經卷第十」。

　　伯 2666 號　王目為「殘道經」，今據大淵《敦煌道經》，知為「太上道本通微妙經卷第七」。

　　伯 2688 號　背面　王目謂「背為佛經，不知名」，今考為「維摩詰經疏釋」。

　　伯 2691 號　王目為「殘佛經注解，不知名」，今考為「大乘四法經論廣釋開決記」。

　　伯 2698 號　王目為「殘佛經一段」，今考為「觀想文殊菩薩修行唸誦儀軌」。

　　伯 2700 號　背面　王目謂「背為佛經注解，一段為殘佛經」，今考為「四分律比丘舍衣文」及「大般若波羅蜜多經卷第三百八十八、第三百九十二、第三百九十四、第三百九十九」。

　　伯 2704 號　背面　王目謂「不知名唱文用三七句」，今考為「沙門賑濟寒衣唱文」。

　　伯 2717 號　背面　王目謂「背有開蒙要訓，不全」，今考《開蒙要訓》之外，尚有「大方等大集經菩薩唸佛三昧分卷第六」。

　　伯 2720 號　王目為「佛經殘卷」，今考疑為「觀無量壽經疏釋」，

　其背面王目標「雜抄一卷」，考即「兔園策府」。

　　伯 2723 號　王目為「殘佛經」，今考為「佛說七千佛神符

　　伯 2728 號　王目為「殘道經」，今考為「金真玉光八景飛經」。

　　伯 2730 號　王目為「殘道經」，今考為「太上靈寶長夜九幽府玉匱明真科」。

　　伯 2735 號　背面　王目謂「背為佛經注解」，今考為「辯中邊論卷上」。

　　伯 2736 號　王目為「殘佛經」，今考為「金光明最勝王經卷第四」。

　　伯 2741 號　王目為「殘佛經」，今考為「大般涅槃經卷第三十」。

　　伯 2741 號　王目為「殘佛經」，今考為「金剛般若波羅蜜多經」。

　　伯 2742 號　王目為「殘佛經」，今考為「大方等大集經賢護分卷第三」。

　　伯 2749 號　王目為「殘道經」，今考為「洞淵神咒經卷第九」。

　　伯 2750 號　背面　王目不具，今考為「大乘百法明門論開宗義決」，文字與北 8715 號相接。

　　伯 2751 號　背面　王目不具，今考疑為「大乘百法明門廣論」。

　　伯 2752 號　王目為「殘道經」，今考為「洞淵神咒經卷第五」。

　　伯 2753 號　王目為「殘道經」，今考為「道要靈祇神鬼品經」。

　　伯 2755 號　王目為「道家著作殘簡」，今考其與伯 2213 號相似，疑為「洞解三教幽旨經」。

　　伯 2757 號　王目為「殘道經」，今考為「太上業報因緣經卷第七」。

　　伯 717 號　背面　王目為「孝經疏數行」，今考為「齋文」。

　　伯 2759 號　王目為「殘道經一段」，今考為「太上一乘海空智藏經」。

　　伯 2760 號　王目為「殘佛經一段」，今考為「大般若波羅蜜多經卷

第五十三」。

伯 2770 號 王目為「殘佛經」，今考為「金七十論卷上，陳真諦譯」。

伯 2771 號 王目為「殘道經一段」，今考已併入伯 2759 號為「太上一乘海空智藏經」。

伯 2773 號 王目為「殘道經一段」，今考為「太上一乘海空智藏經」。

伯 2779 號 王目為「殘佛經」，今考為「思益梵天所問經卷第三」。

伯 2781 號 王目為「殘佛經」，今考為「妙法蓮華經卷第一」。

伯 2785 號 王目為「妙法蓮華經殘卷」，今考實為「金剛般若波羅蜜經」。

伯 2787 號 王目為「殘佛經」，今考為「阿毗達磨順正理論卷第五」。

伯 2788 號 王目為「殘佛經」，今考為「大般若波羅蜜多經卷第二百二十七」。

伯 2789 號 王目為「殘佛經」，今考為「金剛般若波羅蜜經」。

伯 2800 號 王目為「殘佛經一段」，今考為「大般若波羅蜜多經卷第四百九十四」。

伯 2801 號 背面 王目為「殘佛經一段」，今考為「妙法蓮華經卷第一」，此卷上接斯 7478 號，下接伯 2781 號。

伯 2802 號 王目為「略抄本殘卷」，今考其全名當為「律部略小抄」。

伯 2803 號 背面 王目謂「背為佛經」，今考為「深密解脫要略」。

伯 2809 號 王目為「雜曲子七首」，今考為「孟姜女變文及雜曲子」。

伯 2828 號　王目為「殘道經」，今考為「神人所說三元威儀觀行經卷第二」。

伯 2844 號　王目為「殘佛經」，今考疑為「觀彌勒菩薩上兜率天經疏」。

伯 2845 號　王目為「殘道經」，今考為「太玄真一本際經卷第七譬喻品」。

伯 2848 號　王目為「殘道經」，今考為「金真玉光八景飛經」，與伯 2728 號相接。

伯 2850 號　王目為「殘佛經」，今考為「印沙佛文、除患禮懺文、回向文」。

伯 2852 號　王目為「殘佛經一段」，今考為「佛說大乘稻芉經」。

伯 2858 號　王目為「殘佛經一段」，今考北 7119 號與此同，實為「八波羅夷經」。

伯 2859 號　王目為「筮書一冊」，今考其前尚有「四分戒本疏十三僧殘法」。

伯 2860 號　王目為「殘道經」，今考為「太玄真一本際經卷第六」。

伯 2865 號　王目為「殘道經」，今考為「太上靈寶洞玄滅度五練生屍妙經」。

伯 2869 號　王目為「殘佛經」，今考《大正藏》85 冊伯 2854 號，結尾相同，為「禮懺文」。

伯 2871 號　王目為「殘佛經，無書名」，今考為「六波羅蜜義、三身義、八識義、四智義開決」。

伯 2878 號　王目為「道經殘文」，今考為「太玄真一本際經卷第六」。

伯 2882 號　王目為「殘道經」，今考為「太玄真一本際經卷第九」。

　　伯 2891 號 王目為「殘佛經」，今考為「大般若波羅蜜多經卷第五百七十七」。

　　伯 2896 號 王目為「妙法蓮華經殘卷」，今考為「大乘密嚴經卷中妙身生品第二之餘」。

　　伯 2901 號 背面 王目為「殘佛書」，今考與斯 646 號相同，為「揚州覿禪師與女子問答詩、無生法門、覿禪師入切齒銀門」。

　　伯 2910 號 王目為「殘佛經」，今考為「大方廣佛華嚴經卷第十」。

　　伯 2912 號 王目為「殘佛經」，今考為「大乘稻芉經隨聽疏」。

　　伯 2920 號 王目為「殘道經」，今考為「道典論卷」。

　　伯 2923 號 王目為「殘佛經」，今考與伯 3018 號同，為《禪師語錄》。

　　伯 2933 號 王目為「殘佛經十一行」，今考為「金光明最勝王經卷第八，大吉祥天女增長財物品第十七」。

　　伯 2938 號 王目為「辯中邊論殘卷」，今考為「大乘百法明門論開宗義記」。

　　伯 2944 號 王目為「佛經一節」，今考為「大般若波羅蜜多經卷第八十四」。

　　伯 2949 號 王目為「殘佛經」，今考為「妙法蓮華經卷第二譬喻品第三」。

　　伯 2951 號 王目為「殘佛經」，今考為「妙法蓮華經卷第六常不輕菩薩品第二十」。

　　伯 2956 號 王目為「殘佛經」，今考為「大般若波羅蜜多經卷第二百六十」。

　　伯 2962 號 背面王目為「星占書」，今考伯 2632 號背面與此同，實為「宅經」。

伯 2969 號　王目為「殘佛經」，今考為「金剛般若波羅蜜經」。

伯 2988 號　王目為「殘佛經」，今考為「大乘百法明門論開宗義記」。

伯 2989 號　王目為「殘道書」，今考疑為「靈寶金籙齋儀」。

伯 3538 號　王目為「殘佛書，題已佚，記載某佛殿內四面壁畫及誦經等事」，今考疑為「千手千眼觀世音菩薩姥陀羅尼身經、千手千眼觀世音菩薩畫壇法」。

伯 3541 號　背面　王目為「諸雜齋文」，今考為「悲悼釋僧政祭文」。

伯 3543 號　王目為「殘佛經二十五行」，今考為「大般若波羅蜜多經卷第五十二」。

伯 3554 號　王目為「殘佛經」，今考為「特心梵天所問經卷第三論寂品第八」。

伯 3570 號　王目為「殘佛經」，今考為「大般若波羅蜜多經第四百七十」。

伯 3603 號　王目為「殘佛經」，今考為「瑜伽師地論卷第十二」。

伯 3644 號　王目為「習書殘卷」，今考為「俗名要務林」。

伯 3653 號　王目為「佛書」，今考為「諸經要集卷第九債負緣第四、懲過緣第五」。

伯 3663 號　王目為「殘道經」，今考疑為「太上洞玄靈寶金籙簡文三元威儀自然真經」。

伯 3673 號　王目為「殘佛經」，今考為「妙法蓮華經卷第二譬喻品第三」。

伯 3674 號　王目為「道經，無書名」，今考為「太玄真一本際經卷第八最勝品」。

伯 3678 號　王目為「殘道經卅五行」，今考疑為「太上洞玄靈寶升

玄內教善勝還國經第五」。

伯 3689 號 王目為「殘佛經」，今考為「佛說咒魅經」。

伯 3708 號 王目為「佛經解釋殘卷」，今考疑為疏釋《金剛般若波羅蜜經》者。

伯 3710 號 王目為「殘佛經」，今考為「佛說雜藏經」。

伯 3713 號 王目為「殘佛經十三行」，今考為「正法念處經卷第六十三觀天品之四十一」。

伯 3725 號 背面 王目不具，今考為「玄奘譯大乘百法明門論疏」。

伯 3732 號 王目為「佛書」，今考斯 2051 號知此為「佛說提謂經」。

伯 3755 號 王目為「道經」，今考為「太上洞玄靈寶天尊名」。

伯 3773 號 王目為「道經殘存二十八行」，今考疑為「無上秘要」。

伯 3775 號 王目為「殘道經廿二行」，今考為「太上業報因緣經卷第五」。

伯 3784 號 王目為「殘佛經」，今考《賢愚經》卷十《須達起精舍品》第四十一，知為勞度差鬥聖故事。

伯 3785 號 王目為「殘佛經」，今考為道經「太玄真一本際經卷第二」。

伯 3785 號 王目為「佛經注解」，今考為「大乘稻芉經隨聽疏」。

伯 3791 號 王目為「殘佛經，無題，僅存四十八行」，今考為「根本說一切有部毗奈耶雜事卷第二十七、第六門第四子攝頌之餘明大藥事」。

伯 3802 號 王目為「殘文廿五行」，今考為「正法念處經卷第六十六身念處品之三」。

伯 3835 號 背面 王目謂「背余符咒真言」，今考真言之外，尚有「佛說大輪金剛總持陀羅尼法」。

伯 3872 號　王目為「殘佛經」，今考為「金光明經卷第二、四天王品第六」。

伯 3897 號　王目為「佛經」，今考為「佛說八陽神咒經」。

伯 3925 號　王目為「殘佛經」，今考為「妙法蓮華經卷第五從地踊出品第十五」。

伯 3927 號　王目為「三葉子兩面書佛書」，今考為《啟請白衣觀自在文》。

伯 3933 號　王目為「殘佛經廿八行」，今考為「妙法蓮華經卷第一序品第一」。

伯 4007 號　王目為「殘佛經」，今考為「十方千五百佛名經」。

伯 4012 號　王目為「齋文殘篇」，今參考班斯 663 號，知此為「印沙佛文」。

伯 4018 號　王目為「殘佛經」，今考為「觀世音不空羂索告像成驗」。

伯 4023 號　王目為「殘佛經」，今考為「羯磨自恣法第六」。

伯 4025 號　王目為「殘佛書」，今考為「金剛經靈驗記」。

伯 4027 號　王目為「殘佛經」，今考為「達摩多羅禪經卷下」。

伯 2027 號　背面　王目謂「背為願文」，今考為「藥師琉璃光如來本願功德經」。

伯 4041 號　王目為「殘佛經」，今考為「大般若波羅蜜多經卷第一百九十四」。

伯 4066 號　王目為「殘道經」，今考為「太上一乘海空智藏經」。

伯 4068 號　王目為「殘佛經」，今考為「妙法蓮華經卷第三化城喻品第七」。

伯 4075 號　王目為「殘佛書」，今考為「法華經卷七觀世音經」。

伯 4504 號 王目為「大般若波羅蜜多經」，今考為「摩訶般若波羅蜜經卷第十二、十三」。

伯 4505 號 王目為「佛律」，今考為「四分律比丘戒本」。

伯 4506 號王目為「黃絹寫經」，今考為「金光明經卷第三第四」、「佛說無量壽經卷第一」。

伯 4507 號 王目為「絹寫本佛經」，今考為「道行般若經卷第二」。

伯 4525 號 王目為「用八個卷子接裱成一大方紙，內有 1.《增一阿含經》卷第卅六、四十五。2.《中阿含經》卷第六、七。3.《襍阿含經》卷第十五、四十四。背有契約轉帖及緇門百歲篇等」，今考其內容甚龐雜：計為：「《中阿含經》卷第三、第七、第二十二、第二十七、第二十八、第三十三、第四十四、第四十七、第四十九、第五十、第六十。《雜阿含經》卷第二、第四、第六、第十五、第十六、第十八、第二十四、第三十七、第四十四、第四十五、第四十九、第五十。七言詩一首。《增一阿含經》卷第十二、第三十六、第三十一、第三十三、第三十八、第四十三、第五十。《長阿含經》卷第一、第十九、第二十一。《大方等大集經》卷第十六。背面依次為『緇門百歲篇』、放妻書一道、賬簿、經抄、曹節度使函件、酒賬、燃燈齋文、養女養子契約、瓜州義郎牒狀、《大方廣佛華嚴經》卷第二十六、《金剛般若波羅蜜經》、《大方等大集經》卷第二十」。

伯 4535 號 王目為「殘佛經」，今考為「佛說觀彌勒菩薩上生兜率天經」。

伯 4536 號 王目謂「背為釋子文」，今考為「七月十五日盂蘭盆會文、合邑文、造佛堂文、亡文」。

伯 4537 號 王目為「陀羅尼經殘卷」，今考為「佛頂尊勝陀羅尼經」。

伯 4538 號 王目為「法華經殘卷」，今考為「妙法蓮華經卷第五安樂行品第十四」。

伯 4540 號 王目為「殘佛經一節」，今考為「妙法蓮華經卷第一方便品第二」。

伯 4544 號 王目為「殘佛經」，今考為「妙法蓮華經卷第一方便品第二」。

伯 4545 號 王目為「殘佛經」，今考為「梵網經盧舍那佛說菩薩心地戒品第十卷上」。

伯 4553 號 王目為「殘佛經」，今考為「梵網經盧舍那佛說菩薩心地戒品第十卷下」。

伯 4562 號 王目為「殘道經」，今考為「老君一百八十戒敘」，上接伯 4731 號。

伯 4565 號 王目為「佛家戒律」，今考為「四分律比丘含注戒本卷下」。

伯 4566 號 王目為「殘佛經一節」，今考為「大方廣佛華嚴經卷第五十」。

伯 4569 號 王目為「佛書雜抄」，今考為「大寶積經雜抄」。

伯 4570 號 王目為「殘佛經」，今考為「賢愚經卷第二降六師品第十四」。

伯 4571 號 王目為「佛經殘卷」，今考為「佛說天地八陽神咒經」。

伯 4573 號 王目為「殘佛經」，今考為「維摩詰所說經卷上佛國品第一」。

伯 4576 號 王目為「殘佛經」，今考為「妙法蓮華經卷第四授學無學人記品第九」。

伯 4577 號 除王目所標佛經外，今考尚有「妙法蓮華經卷第七妙音

菩薩品第二十四」。

　　伯 4579 號　王目為「佛經」，今考為「妙法蓮華經卷第四提婆達多品第十二」。

　　伯 4580 號　王目為「殘佛經一節」，今考為「光贊經卷第七摩訶般若波羅蜜觀品第十七」。

　　伯 4582 號　王目為「金剛般若波羅蜜多經」，今考為「摩訶般若波羅蜜經卷第十一隨喜品第三十九」。

　　伯 4584 號　王目為「殘佛經一節」，今考為「大智度論卷第十九釋初品中三十七品義第二十一」。

　　伯 4586 號　王目為「殘佛經」，今考為「瑜伽師地論卷第二十六」。

　　伯 4589 號　王目為「金剛般若波羅蜜多經」，今考為「大般若波羅蜜多經卷第二百九十九」。

　　伯 4590 號　王目為「殘佛經一節」，今考為「大寶積經第一百零三善住意天子會第三十六之二開實義品」。

　　伯 4604 號　王目為「佛經殘卷」，今考為「妙法蓮華經卷第五如來壽量品第十六」。

　　伯 4605 號　王目為「殘佛經一節」，今考為「大般若波羅蜜多經卷第三百六十七」。

　　伯 4613 號　王目為「殘佛經」，今考為「妙法蓮華經卷第三化城喻品第七」。

　　伯 4614 號　王目為「殘佛經」，今考為「妙法蓮華經卷第六藥王菩薩本事品第二十三」。

　　伯 4616 號　王目為「殘佛律」，今考為「四分律比丘戒本」。

　　伯 4619 號　王目為「殘道經」，今考斯 1605 號，知此為「太上洞玄靈寶真一勸戒法輪妙經」。

伯4627號　王目為「殘卷兩節」，今考為「三寶四諦文」。背面王目謂「佛文數行」，今考為「五台山贊」及殘牒。

伯4635號　王目為「殘佛書」，今考為「梵網經盧舍那佛說菩薩心地戒品第十卷下」。

伯4636號　王目為「失名類書」，今據伯2524及伯2588號及王三慶考證，疑為「語對」。

伯4652號　王目為「法華經殘卷」，今考為「妙法蓮華經卷第三化城喻品第七」。

伯4654號　王目為「不知名佛經，背為佛母經」，今考「佛母經」外，尚有「妙法蓮華經卷第四法師品第十」。

伯4655號　王目為「殘佛經」，今考為「金剛般若波羅蜜經」。

伯4657號　王目為「殘佛經一節」，今考為「大般若波羅蜜多經卷第三百八十」。

伯4658號　王目為「殘道經」，今考伯2730號，知此為「太上靈寶長夜九幽府玉匱明真科」。

伯4663號　王目為「殘佛經』，今考為「正法華經卷第三藥草品第五」。

伯4665號　王目為「佛經殘片兩面書」，今考為「將釋僧戒四波羅夷義決」。背面為「小乘三科」、「藥師經」。

伯4669號　王目為「殘佛經」，今考為「佛說阿彌陀經」。

伯4672號　王目為「殘佛經一節」，今考為「妙法蓮華經卷第五分別功德品第十七」。

伯4673號　王目為「歷代三寶記」，今考「歷代三寶記」外尚有「金光明最勝王經卷第十捨身品第二十六」。

伯4676號　王目為「殘道經」，今考為「洞淵神咒經卷第三」。

伯 4681 號王目為「佛說馬有三相經」，今考為「金剛般若波羅蜜多經」。

伯 4683 號 王目為「兩種殘佛經」，今考為「大般涅槃經卷第三十二師子吼菩薩品第十一之六」。

伯 4695 號 王目為「殘佛經注解」，今考斯 2661 號末尾相同，當為「維摩詰經提文書」。

伯 4708 號 王目為「殘佛文」，今考為「四分律刪補隨機羯磨卷上」。

伯 4731 號 王目為「殘道經」，今考為「老君一百八十戒敘」，下接伯 4562 號。

伯 4733 號 王目為「殘戒律」，今考為「梵網經盧舍那佛說菩薩心地戒品第十卷下」。

伯 4739 號 王目為「殘戒律」，今考為「四分律比丘含注戒本卷下」，上接伯 4565 號。

伯 4743 號 王目為「殘佛經」，今考為「妙法蓮華經卷第七妙音菩薩品第二十四」。

伯 4751 號 王目為「妙法蓮華經殘卷」，今考為「觀佛三昧海經卷第四觀相品第三」。

伯 4756 號 王目為「殘戒七行」，今考為「四分比丘尼戒本」。

伯 4760 號 王目為「殘佛經六行」，今考為「金剛般若波羅蜜經」。

伯 4768 號 王目為「殘佛經」，今考為「大般若波羅蜜多經卷第四百九十一」。

伯 4769 號 王目為「殘佛經」，今考為「妙法蓮華經卷第五安樂行品第十四」。

伯 4771 號 王目為「殘佛經」，今考為「金光明最勝王經卷第一如

來壽量品第二」。

　　伯4772號　王目為「殘佛經」，今考為「大般涅槃經卷第八如來性品第十二」。

　　伯4773號　王目為「殘佛經」，今考為「大般涅槃經卷第二十二光明遍照高貴德王菩薩品第十之二」。

　　伯4776號　王目為「金剛般若波羅蜜多經」，今考為「摩訶般若波羅蜜經卷第四幻學品第十一」。

　　伯4780號　王目為「殘佛經」，今考為「金光明最勝王經卷第八大辯才天女品第十五之二」。

　　伯4781號　王目為「殘佛經」，今考為「老子注」。

　　伯4785號　王目為「五言詩」，今參考斯1497號，知為「小小黃宮養贊」。

　　伯4791號　王目為「殘佛經一條」，今考為「大寶積經卷第三十九」。

　　伯4798號　王目為「殘佛經」，今考為「大般涅槃經卷第十六」。

　　伯4799號　王目為「殘佛經」，今考為「佛母經」。

　　伯4800號　王目為「殘佛經」，今考為「大般若波羅蜜多經」。

　　伯4815號　王目為「殘佛經」，今考為「小乘三科」。

　　伯4815號　王目為「殘佛經」，今考為「大般涅槃經卷第十三聖行品第七之三」。

　　伯4823號　王目為「佛經五言頌殘節」，今考為「梁朝傅大士頌金剛經」。

　　伯4834號　王目為「殘佛經」，今考為「大般涅槃經卷第三壽命品第一之三」。

　　伯4835號　王目為「殘佛經」，今考為「妙法蓮華經卷第五如來壽

量品第十六」。

伯 4839 號 王目為「殘佛經」，今考為「妙法蓮華經卷第一序品第一」。

伯 4841 號 王目為「殘佛經」，今考為「佛說阿彌陀經」。

伯 4842 號 王目為「殘佛經」，今考為「佛說灌頂拔除過罪生死得度經」。

伯 4843 號 王目為「殘佛經」，今考為「華嚴經卷第四十八」。

伯 4844 號 王目為「殘佛經」，今考為「大般若波羅蜜多經卷第一百十七」。

伯 4845 號 王目為「殘佛經」，今考為「妙法蓮華經第二譬喻品第三」。

伯 4846 號 王目為「殘佛經」，今考為「大般涅槃經卷第十四聖行品第七之四」。

伯 4847 號 王目為「殘佛經」，今考為「大般若波羅蜜多經卷第四百九十四」。

伯 4849 號 王目為「殘佛經」，今考為「維摩詰所說經卷上佛國品第一」。

伯 4850 號 王目為「殘佛經」，今考為「妙法蓮華經卷第一方便品第二」。

伯 4851 號 王目為「殘佛經」，今考為「妙法蓮華經卷第四、五百弟子受記品第八」。

伯 4853 號 王目為「殘佛經」，今考為「金剛般若波羅蜜經」。

伯 4854 號 王目為「殘佛經」，今考為「妙法蓮華經卷第六法師功德品第十九」。

伯 4856 號 王目為「殘佛經」，今考為「妙法蓮華經卷第一序品第

一」。

　　伯4857號　王目為「殘佛經」，今考為「大般若波羅蜜經卷第六十」。

　　伯4858號　王目為「殘佛經」，今考為「妙法蓮華經卷第六法師功德品第十九」。

　　伯4859號　王目為「殘佛經」，今考為「維摩詰所說經卷中文殊師利問疾品第五」。

　　伯4861號　王目為「殘佛經」，今考為「妙法蓮華經卷第三藥草喻品第五」。

　　伯4862號　王目為「殘佛經」，今考為「金光明經卷第三善集品第十二」。

　　伯4863號　王目為「殘佛經」，今考為「大方便佛報恩經卷第一序品第一」。

　　伯4864號　王目為「殘佛經」，今考為「妙法蓮華經卷第二譬喻品第三」。

　　伯4866號　王目為「殘佛經」，今考為「維摩詰所說經卷下香積佛品第十」。

　　伯4868號　王目為「殘佛經」，今考為「勝天王般若波羅蜜經卷第二法界品第三」。

　　伯4869號　王目為「殘佛經」，今考為「大方廣佛華嚴經卷第六十七入法界品第三十九之八」。

　　伯4883號　王目為「殘佛經」，今考為「大般若波羅蜜多經」。

　　伯4892號　王目為「殘佛經」，今考為「佛說灌頂拔除過罪生死得度經」。

　　伯4901號　王目為「殘佛經」，今考為「大方廣佛華嚴經卷第七十

六入法界品第三十九之十七」。

伯 4902 號 王目為「殘佛經」，今考為「妙法蓮華經卷第二譬喻品第三」。

伯 4925 號 王目為「殘佛經」，今考為「藥師琉璃光如來本願功德經」。

伯 4926 號 王目為「殘佛經」，今考為「妙法蓮華經卷第三藥草喻品第五」，此卷上接伯 2957 號。

伯 4928 號 王目為「殘佛經」，今考為「妙法蓮華經卷第六藥王菩薩本事品第二十三」。

伯 4929 號 王目為「殘佛經」，今考為「金光明最勝王經卷第一如來壽量品第二」。

伯 4931 號 王目為「殘佛經」，今考為「大寶積經卷第一百一十三」。

伯 4932 號 王目為「殘佛經」，今考為「維摩詰所說經卷中觀眾生品第七」。

伯 4933 號 王目為「殘佛經」，今考為「大智度論卷第七初品中放光釋論第十四。」

伯 4938 號 王目為「殘佛經」，今考為「佛名經」。

伯 4939 號 王目為「殘佛經」，今考為「大智度論卷第八初品中放光第十四之餘」。

伯 4941 號 王目為「殘佛經」，今考為「金光明經卷第二空品第五」。

伯 4942 號 王目為「殘佛經」，今考為「阿彌陀經」。

伯 4943 號 王目為「殘佛經」，今考為「摩訶般若波羅蜜經卷第六勝出品第二十二」。

伯4944號　王目為「殘佛經」，今考為《觀世音像來入道場文》。

伯4947號　王目為「殘佛經」，今考為「金光明最勝王經卷第四最淨地陀羅尼品第六」。

伯4951號　王目為「殘佛經」，今考疑為《太玄真一本際經》。

伯4955號　王目為「殘佛經」，今考為「大般涅槃經卷第五如來性品第四之二」。

伯4965號　王目為「道家齋文」，今據太淵忍爾《敦煌道經》，疑為《靈寶金籙齋儀》。其背面王目謂「背殘佛文三行」，今考為「大乘稻芉經隨聽疏」。

伯4966號　背面　王目謂「殘佛經十三行」，今考疑為別譯本《佛說彌勒下生經》。

伯4977號　王目為「殘佛經」，今考為「大般涅槃經卷第二十八師子吼菩薩品之四」。

伯4982號　王目為「殘佛經兩節」，今考為「大般若波羅蜜多經卷第一百八十八」。

伯4998號　王目為「佛經殘」，今考為「普賢菩薩行願王經」。

伯5025號　王目為「佛經碎片七」，今考中有「金光明最勝王經卷五」、「大般若經」、「藥師經」。

伯5028號　王目為「殘佛經十九片」，今考為「妙法蓮華經卷第五、第二、第七」及《金剛經》殘片。

伯5536號　王目為「□□」，今考為「大般若波羅蜜多經卷第四百八十七」。

伯5551號　王目為「殘佛經十行」，今考為「妙法蓮華經卷第四授學無學人記品第九」。

伯5553號　王目為「殘佛經十二行」，今考為「大般若波羅蜜多經

卷第一百三十六」。

伯5554號 王目為「殘佛經五行」，今考為「增一阿含經卷第二十四」。

伯5555號 王目為「殘佛經十五行」，今考為「金光明最勝王經卷第一如來壽量品第二」。

伯5557號 王目為「背為殘佛經三小片」，今考為「金光明最勝王經卷第六、四天王護國品第十二」及戒律。

伯5559號 王目為「殘佛經十五行」，今考為「摩訶般若波羅蜜經卷第二往生品第四」。

伯5560號 王目為「殘佛經兩節，一為大般若波羅蜜多經，二為不知名佛經十三行」，今考《大般若經》為卷第一百七十八，二為「大佛頂如來密因修證了義諸菩薩萬行首楞嚴經卷第八」。

伯5561號 王目為「殘佛經廿六行」，今考為「大智度論卷第九十七薩陀波崙品第八十八之餘」。

伯5562號 王目為「殘佛經卅三行太破碎」，今考為「大般涅槃經卷第二十四光明遍照高貴德王菩薩品第十之四」。

伯5563號 王目為「殘道經，廿八行，武后時寫本」，今考為「太上洞玄靈寶智慧定志通微經」。

伯5564號 王目為「殘佛律之十六行」，今考為「四分比丘尼戒本」，可併入伯3012號。

伯5565號 王目為「殘佛經廿六行」，今考為「摩訶般若波羅蜜經卷第二十五實際品第八十」。

伯5566號 王目為「殘佛經十五行」，今考為「大般涅槃經卷第五如來性品第四之二」。

伯5570號 王目為「殘佛經廿六行」，今考為「大般若波羅蜜多經

卷第二百二」。

補巴黎漢文藏卷伯 5579 號以後部分

王重民《伯希和劫經錄》，編號至伯 5579 為止，今將伯 5580 以下漢文卷子補編目錄如下：

伯 5580 號　《佛說閻羅王受記令四眾逆修生七齋功德往生淨土經》

伯 5581 號　《大乘起信論序》

伯 5581 號　《優婆塞戒經》卷第五雜品之餘卷第五

伯 5582 號　佛經殘塊

伯 5583 號　《金剛般若波羅蜜經》

伯 5584 號　《金剛般若波羅蜜經》

伯 5585 號　《佛說無常三啟經》

伯 5586 號　《大般涅槃經》卷第二十八師子吼菩薩品第十一之二

伯 5586 號　《大般涅槃經》卷第五如來性品第四之二

伯 5586 號　《妙法蓮華經》卷第五如來壽量品第十六（下接伯 5590 號）

伯 5587 號　《金剛般若波羅蜜經》

伯 5587 號　《妙法蓮華經》卷第七妙音菩薩品第廿四

伯 5587 號　禮懺文

伯 5587 號　《天地八陽神咒經》

伯 5588 號　禮懺文

伯 5588 號　施衣帛賬

伯 5588 號　《金剛般若波羅蜜經》

伯 5588 號　《妙法蓮華經》卷第一方便品第二

伯 5588 號 《妙法蓮華經》卷第一方便品第二

伯 5588 號 《妙法蓮華經》卷第三藥草喻品第五

伯 5588 號 《維摩詰所說經》卷上佛國品第一

伯 5588 號 禮懺文（參見斯 236 號）

伯 5588 號 《金剛般若波羅蜜經》

伯 5588 號 《妙法蓮華經》卷第一方便品第二

伯 5588 號 《金剛般若波羅蜜經》

伯 5588 號 《妙法蓮華經》卷第一方便品第二

伯 5589 號 《大乘無量壽經》

伯 5589 號 《入楞伽經》卷第五佛心品第四

伯 5589 號 《妙法蓮華經》卷第七妙音菩薩品第二十四

伯 5589 號 《太上靈寶長夜九幽府玉匱明真科》（擬）

伯 5589 號 《大般涅槃經》卷第五如來性品第四之二

伯 5589 號 《妙法蓮華經》卷第二譬喻品第三

伯 5589 號 《佛名經》卷第九

伯 5589 號 《大乘無量壽經》

伯 5589 號 《金剛般若波羅蜜經》

伯 5590 號 《妙法蓮華經》卷第三化城喻品第七

伯 5590 號 《羯磨》（自恣及受功德依法僧差自恣人羯磨文）

伯 5590 號 殘轉帖

伯 5590 號 《妙法蓮華經》卷第七觀世音菩薩普門品第二十五

伯 5590 號 《四分律戒本》

伯 5590 號 《大乘無量壽經》

伯 5590 號 《妙法蓮華經》卷第五如來壽量品第十六

伯 5591 號 （闕號）

伯 5592 號　殘佛經斷片

伯 5593 號　社司轉帖

伯 5594 號　《妙法蓮華經》卷第七觀世音菩薩普門品第二十五

伯 5595 號　《大佛頂萬行首楞嚴經》卷第六

伯 5596 號　《佛名經》卷第一

伯 5597 號　西域文

伯 5597 號　背面　殘佛經斷片

伯 5598 號　李紹宗所造佛像

伯 5599 號　至 5600 號（闕號）

伯 5601 號　至 6000 號（闕號）

伯 6001 號　《佛名經》

伯 6002 號　麥粟油麵賬

伯 6003 號　新義鄉紀事竹簡

伯 6004 號　祭亡文

伯 6005 號　諸僧布賬

伯 6005 號　都僧統令諸寺進業修習三時禮懺帖

伯 6006 號　《佛說佛名經》

伯 6006 號　二月八日齋日祈願文

伯 6007 號　破粟面賬

伯 6008 號　刻本千佛

伯 6009 號　《金光明經》卷第一讚歎品第四

伯 6010 號　祭文

伯 6011 號　習字及《金剛般若波羅蜜經》

伯 6011 號　律疏

伯 6011 號　《佛名經》

伯 6011 號 《金剛般若波羅蜜經》

伯 6012 號 殘佛經斷片

伯 6013 號 殘佛經斷片

伯 6014 號 致楊闍梨書函

伯 6015 號 《佛名經》

伯 6016 號 《佛說八陽神咒經》

伯 6017 號 《大智度論》卷第三十一初品中十八空義第四十八

伯 6018 號 殘牒狀及欠油賬

伯 6019 號 《大般若波羅蜜多經》卷第一標題

伯 6020 號 真言一行

伯 6021 號 《摩訶般若波羅蜜經》卷第二十六七譬品第八十五

伯 6022 號 難字習寫及真言油賬等殘片

伯 6023 號 僧願力狀

伯 6024 號 社司轉帖

伯 6025 號 樹下說法圖

伯 6026 號 禮懺文菩薩名

伯 6027 號 菩薩名

伯 6028 號 殘文一行

伯 6029 號 殘契約（存保人名一行）

伯 6030 號 殘文十字

伯 6031 號 《大般若波羅蜜多經》殘片

伯 6032 號 殘佛經五字

伯 6033 號 殘文四字

伯 6034 號 殘文二字

伯 6035 號 殘佛經七字

伯 6036 號　《維摩詰所說經》卷中文殊師利問疾品第五

伯 6037 號　便麥賬

伯 6038 號　殘賬、西域文、殘佛經一行等

補王書所未備之《蘇俄所劫敦煌卷子目錄》

　　敦煌卷子流落於蘇俄列寧格勒亞洲民族研究所者，為數不少，計有 11050 號，其中 1 號至 2954 號，孟列夫氏已編成目錄二冊，自 2955 號至 9584 號為碎塊，自 9585 號至 11050 號，搜自黑水故城。

　　孟列夫氏之目錄二冊，出版於西元一九六三年及一九六七年，較王書為晚出，固非王氏所及見，今特譯為中文，一併補入《敦煌遺書最新目錄》。至於王書散錄中所列中央圖書館藏卷目錄，現「敦煌卷子」已印出，亦可覆實對勘。尚有日本大谷大學所藏目錄，亦已印成正續二冊，與王書散錄不同，均予校訂，使《敦煌遺書總目索引》一書中之缺憾，補正而完美。

北京所藏敦煌「俟考諸經」的新標目

　　北京新編的《敦煌遺書目錄》，附在四千七百餘米的縮微膠卷之前，這個新目錄共計八千七百三十八卷，將同類的經典歸併在一部中，共計列四百六十一部經。經過這樣大規模的整理，要研究北京所藏敦煌卷子，就得依憑這份新目錄了。

　　以前如欲查檢北京的敦煌卷子，都依據陳垣的《敦煌劫餘錄》。到王重民編撰《敦煌遺書總目索引》，北京的部分仍依陳書所錄為準。可惜陳書依千字文次第編號，每字又分百號，查閱不很方便，陳氏所定經名又沒注明卷第，有些僅憑猜測，未必可信。許多未曾考明經名的卷子，就闕疑地列為「俟考諸經」。而近年北京新編的微卷目錄，投入了大量人力，重新歸類，另予編號，自 1 號至 8738 號，各種經典重新查對卷次，作了一番徵信。

　　但是北京新編的目錄中，仍留下六十幾條無法考明的殘經，自北字第 8673 到北字第 8738 號，列為「俟考諸經」，這些沒頭沒尾的無名殘卷，一直是困惑著敦煌學者的難題。

　　筆者因編輯《敦煌寶藏》，將各經卷一一重新研閱，在這北京無法解決的六十幾條「俟考諸經」上有了重大的突破，現將各無名殘經翻檢查明，給予新的標目如下：

　　北 8673 號（字九十一），舊注「俟考諸經」，今考出為：《大通方廣懺悔滅罪莊嚴成佛經》卷下。

　　北 8674 號（裳三十二），舊注「俟考諸經」，今考出為：《六度有波羅蜜》。（參見北 6789、北 7172 及北 6688 號梵網經菩薩戒序）

　　北 8675 號（裳八十六），舊注「金光明經」，新編目錄列為「俟考」，今考出為：《寶云經》卷第四。

　　北 8676 號（裳四十八），舊注「大般若經」，新編目錄列為「俟考」，今考出為：《阿毗達磨大毗婆沙論》卷第八十一。

　　北 8676 號背面，諸家無考，今考出為：《中阿含經》雙品第一。

　　北 8677 號（余六十一），舊注「俟考諸經」，今考出為：《大般若波羅蜜多經》卷第五百三十六。

　　北 8678 號（稱三十二），舊注「俟考諸經」，今考出為：《勝天王般若波羅蜜經》卷第四，平等品第六。

　　北 8679 號（官三十八），舊注「俟考諸經」，今考出為：《大方等大集經》卷第二十一《寶幢分中四天王護法品》第十一。

　　北 8681 號（制六十八），舊注「俟考諸經」，新編目錄列為「俟考」並云：「其文似系別譯玉耶經」。今考出為：《佛說王鄉經》。（可參閱北 8231 號）

　　北 8682 號（師二十五），舊注「六度無極經」，新編目錄列為「俟考」，今考出為：《大寶積經》卷第一百十七。

　　北 8684 號（金八十五），舊注「相宗唯識義」，新編目錄列為「俟

考」，今考出為：《大乘百法明門論開宗義記》。

北8684號背面，諸家無考，今考出為：《成實論》卷第十二滅盡品第一百五十四。

北8685號（始六十七），舊注「施食軌」，新編目錄列為「俟考」，今考出為：《佛說救拔焰口餓鬼陀羅尼經》。

北8685號背面，諸家無考，今考出同為：《佛說救拔焰口餓鬼陀羅尼經》。

北8686號（人二十），卷內有「佛性同異章第七」，諸家列為「俟考」，今考出為：《究竟一乘經論文》第六章及佛性同異章第七。

北8687號（騰五十九），卷內有「禪章第五、般若章第六、出家章第七、孝慎章第八、戒色慾章第九」，諸家不知經名，列為「俟考」，今考出為：眾經要攢並序出眾經文略取妙言要義十章合成一卷。（該卷上接北8718號）

北8688號（冬十一），舊注及新編目錄均列為「俟考諸經」，今考出為：《佛說演道俗業經》。

北8689號（藏五十八），舊注及新編目錄均列為「俟考諸經」，今考出為：《普賢菩薩說證明經》，《佛說證香火本因經》第二。

北8690號（歲七十九），舊注及新編目錄均列為「俟考諸經」，今考出為：《大通方廣懺悔滅罪莊嚴成佛經》卷下。

北8691號（律八十七），舊注「文與河五十二號歲七十九號同」，新編目錄列為「俟考」，當與歲七十九號同為：《大通方廣懺悔滅罪莊嚴成佛經》卷下。

北8694號（致九十八），舊注及新編目錄均列為「俟考諸經」，今考出為：《佛性海藏智慧解脫破心相經》卷下。

北8695號（結七十八），舊注「雜集事緣殘卷」，各卷原有「歌梨

王割截忍辱仙人節節解緣」、「慈力王以血餧五夜叉緣」、「鹿野苑先置緣」，據標以供參考。

北 8696 號（李三十三），舊注及新編目錄均列為「俟考諸經」，今考出為：《佛說一切施主所行六度檀波羅蜜經》。該經今不見，參見《經律異相》卷第二十六所引。

北 8697 號（河五十二），舊注及新編目錄均列為「俟考諸經」，今考出為：《大通方廣懺悔滅罪莊嚴成佛經》卷下。

北 8698 號（鱗三十），舊注「俟考諸經」，新編目錄謂「藏五十八號文與鱗三十號同」，今考出此二號同為：《普賢菩薩說證明經》。（可參見伯 2186 號及斯 6997 號）

北 8699 號（羽七十五），舊注及新編目錄均列為「俟考諸經」，今考出為：《普達王經》。

北 8701 號（師八十九），舊注及新編目錄均列為「俟考諸經」，今考出為：《大般涅槃經》卷第三十一。

北 8702 號（帝三十三），舊注「俟考諸經」，新編目錄謂「此乃中土論」，未確定標題，今考此為：皈依三寶文、四大五蘊文、四諦文，均可參見小乘三科。

北 8704 號（官二），舊注及新編目錄均列為「俟考諸經」，今考出為：《大寶積經》卷第四十五毗利耶波羅蜜多品第九之一。

北 8705 號（官六十五），舊注及新編目錄均列為「俟考諸經」，今考出為：《大乘入道次第開決》。

北 8708 號（乃七十九），舊注及新編目錄均列為「俟考諸經」，今考出為：《佛藏經》卷上念僧品第四。

北 8709 號（衣九十九），舊注及新編目錄均列為「俟考諸經」，今考出為：《佛為首迦長者說業報差別經》。

　　北 8710 號（裳三十一），舊注及新編目錄均列為「俟考諸經」，今考出為：《八波羅夷經》。（參見北 7119 號，7125 號）

　　北 8711 號（推四十四），舊注及新編目錄均列為「俟考諸經」，今考出為：《大寶積經》卷第八十八。

　　北 8712 號（地七十六），舊注及新編目錄均列為「俟考諸經」，今考出為：戒緣下卷。（參見《大正藏》八十五冊中村不折氏藏敦煌本）

　　北 8713 號（黃六十四），舊注及新編目錄均列為「俟考諸經」，今考出為：《大寶積經》卷第一。

　　北 8714 號（黃七十九），舊注及新編目錄均列為「俟考諸經」，今考出為：《大方等大集經》卷第二十三。

　　北 8715 號（盈十），舊注及新編目錄均列為「俟考諸經」，今考出為：《大乘百法明門論開宗義決》。

　　北 8716 號（辰三十四），舊注「俟考諸經」，新編目錄謂「正面不知何經，背面由第三段起，一題佛說出家功德經，一題依入道次第，一題沙彌十戒法並威儀一卷」。今考出正面為：《四分律刪補隨機羯磨》卷上、《大智度論》卷第十二、《太上一乘海空經》卷第九舍愛品第九。背面為：讖文、《佛說出家功德經》、《八波羅夷經》、《三界斷惑圖》（參見斯 2313 號）、《大般若經四處十六會說》、《沙彌十戒法並威儀》一卷。

　　北 8717 號（陽二十），舊注及新編目錄均列為「俟考諸經」，今考出為：《大乘百法明門論開宗義記》。背面有「能緣見色辨」六行。

　　北 8718 號（陽一〇〇），舊注及新編目錄均列為「俟考諸經」，今考出為：《眾經要攢並序出眾經文略取妙言要義十章合成》一卷。（下接北 8687 號）

　　北 8719 號（水八），舊注及新編目錄均列為「俟考諸經」，今考出

為：《目蓮救母變文》。此為諸家未曾發現者，《敦煌變文集》所未收錄。背面疑為藥師道場文。

北 8720 號（昆八十三），舊注及新編目錄均列為「俟考諸經」，今考出為：《法門名義集賢聖品法門名義》第五。中間闕落一段，遙接斯4676 號。

北 8721 號（劍八十七），舊注「俟考諸經」，新編目錄謂「卷內寫第四豎真應義、第五豎境智義、第六豎因果義」，今考卷內有「道德經為教」又有「以五千文詮無窮之理」等語，為道教詮理答難而作，是道家佚書，而日人大淵忍爾所未見者。背面有「右安幢豎傘自是常規建福銷災每歲恆有」字一行，下為釋門書儀。

北 8722 號（李三十九），舊注及新編目錄均列為「俟考諸經」，今考末段為《大莊嚴論三論音義》及《菩薩瓔珞本業經音義》。

北 8723 號（李一○○），舊注及新編目錄均列為「俟考諸經」，今考出為：《道行般若經》卷第六、第七。

北 8724（柰十五），舊注及新編目錄均列為「俟考諸經」，今考出為：《佛說長阿含經》第十八轉輪聖王品第三。

北 8726 號（海八十），舊注及新編目錄均列為「俟考諸經」，今考出為：和菩薩戒文。此文不見於藏經，《大正藏》八十五冊頁一三○○收錄英倫藏本，首尾完整，所惜日人所錄，句讀不通，訛字特多，幾無法卒讀，該文中段為：

諸菩薩莫多慳，多積寶□，仍山見有貧窮來乞者，一針一草不能制貪心，不識知厭足，當來空手入黃泉，佛子，諸菩薩莫多瞋，多瞋定受奔蛇，身婉轉腸行無手足，為□前世忿怒日，八萬個□來唼食，

遺留自骨乃皮□，□所□苦難堪忍，何時劫得勝人身，佛子，諸菩薩莫謗三寶，若謗三寶墮惡道，三百具長釘完釘處，口叫喚連天聲浩浩謗佛，謗更□嗔銅開鐵櫟來相悖痛哉苦哉，不可論何時值遇天掌道，佛子，和云：微塵至犯黑極千生，勝果菩提斯皆頓失，玩嬰六道良亦可悲，天上人間取生何路，和云：墮惡道中已至極苦，更經劫數誠可痛，心歲月疑長不知，得聞父母三寶名字已否。……

今對照北 8726 號，始知此段文字當訂正如下：

（諸菩薩），莫多慳，多慳積實縱似山，見有貧窮來乞者，一針一草不能刪，貪心不識知厭足，當來空手入黃泉。佛子，諸菩薩，莫多嗔，多嗔完受蟒蛇身，宛轉腹行無手足，為緣前世忿怒目，八萬個蟲來唼食，唯留白骨及皮筋。受欺痛苦難可忍，何時卻得復人身。諸菩薩，莫謗三寶，若謗三寶墮惡道，三百具長釘定釘心。叫喚連天聲浩浩，謗佛謗法更加嗔，銅關鐵棒來累楛，痛哉苦哉不可論，何時值遇天堂道。佛子，微塵至犯，累及千生，勝果菩提，斯皆頓失。已嬰六道，良亦可悲，天上人間，為生何處？戒師：如此罪人，墮於地獄，經無已劫，戒師：如此罪人，不知得聞父母三寶名字與否。……

其末尾文字稍有不同，但舉此一段殘卷，即可校正佚經，因此，為無名殘卷一一標目，自有其學術意義。

北 8727 號（河一），舊注「俟考諸經」，新編目錄謂「此系小乘經」，今考出為：《法句譬喻經》卷第一雙要品第九、放逸品第十、華香品第十二，卷第二華香品之二、惡行品第十七、卷第三安寧品第二

十三。分品與今本不同，以今本校之，不相續。

　　北 8729 號（潛三十七），本卷卷中有題，似為《金光明最王經》摘抄。其背面亦有題，當為《五千五百佛名經》卷第四卷中及第五卷。

　　北 8730 號（翔十八），舊注及新編目錄均列為「俟考諸經」，今考出為：《太玄真一本際經》卷第一護國品。其背面亦為：《太玄真一本際經》卷第一護國品。

　　北 8732 號（帝四十七），舊注及新編目錄均列為「俟考諸經」，今考出為：《金光明最勝王經》卷第五余勝陀羅尼品第八。

　　北 8733 號（始三十九），舊注及新編目錄均列為「俟考諸經」，今考出為：《戒緣》下卷。（參見中村不折氏藝敦煌本），其實卷末有題，唯「卷」字俗寫，細辨當可認出。

　　北 8734 號（制五十七），舊注及新編目錄均列為「俟考諸經」，今考卷上有字，當為世親菩薩所造：劫章誦。

　　北 8735 號（制八十三），舊注及新編目錄均列為「俟考諸經」，今考其中有「伏願我今聖皇寶位常安萬萬年」字樣，其他為七言韻文，似為講唱押座文。

　　北 8737 號（服十三），舊注及新編目錄均列為「俟考諸經」，今考其中「文殊菩薩觀想蹉跗敷座」一段，又見於伯 3835 號，該號亦雜抄諸經，雖有「佛說觀經」之標目，但不在此經中，今暫標目為：大集金剛藏菩薩、地藏菩薩、文殊菩薩印咒。背面有「悟身真言」實接續於卷子正面者。

　　北 8738 號（衣四十九），舊注及新編目錄均列為「俟考諸經」，今考出為：《真檀摩尼判行法咒》、《觀世音擲鬼法印第二》、《梢印法第四》、《降魔法印第五》。

　　此外尚有十二條尚無法確定，如北 8680 號（皇二十四），卷中有「對治相違諍論沙門婆羅門」字樣，此類字義分別見於《大乘義章》及《瑜伽師地論》，疑為此類論疏。北 8683 號（制七十二）亦為佛經論釋類卷子，北 8692 號（陽八）似為「問地獄經」，該經已佚，參見《經律異相》卷四十九、卷五十。北 8693 號（騰九）佛與阿難問答，是經部書。北 8700 號（翔五十一），新編目錄疑為「五辛經」之類。北 8703 號（鳥三十一），僅存疏釋佛經起端一段，似為《阿彌陀經疏釋》，可參見斯 4655 號，唯佛經起端都同，故亦可能為《金剛經疏釋》。北 8706 號（官八十七），似為寶積部殘佛經。北 8707 號（人九十五），卷中有「離染定」、「離染依」，似為諸宗部之論釋，內容參見《大乘入道次第開決》。北 8722 號（李三十九）殘佛經，似為論釋類書。北 8725 號（菜四十），專釋「顛倒」，似為疏釋類書。北 8728 號（淡七十四），僅殘存《世尊說咒語》一段。北 8731 號（龍四十），為真言殘文。北 8736 號（文六十八），亦為真言殘文一段。

　　除此「俟考諸經」之外，新編《敦煌遺書目錄》中，亦有不盡詳確處，而各卷之背面往往未編入目錄，今將補正之處，附列如下：

　　北 99 號（號二十四），新編目錄謂為「《大寶積經》卷第一百一十二、一百一十三」，今考此號實為雜湊拼成，首二行拼接有誤，實為《大寶積經》卷二十八、卷二十一、卷四。

　　北 292 號背面（盈九十四背），今考為：《大乘入楞伽經》卷第六變化品第七。此卷上接北 300 號背面。

　　北 300 號背面（歲七十七背），今考為：《大乘入楞伽經》卷第六變化品第七。此卷下接北 292 號背面。

　　北 413 號背面（宇二十九背），今考為：《金剛般若波羅蜜經》。

北 469 號（雨五十五），新編目錄為「佛說大乘稻芊經」，今考此外尚有《普賢菩薩行願王經》上卷、《大乘四法經》、《因緣心經頌》、《佛說遺教經》。

北 652 號背面（暑二背），今考為：《金光明最勝王經》卷第一如來壽量品第二。

北 722 號背面（潛六背），今考為：《妙法蓮華經》卷第七觀世音菩薩普門品第二十五。

北 845 號背面（霜七十四背），今考為：《佛說佛藏經》。（接北 848 號背面）

北 848 號背面（余五十三背），今考為：《佛說賢劫千佛名經》卷下，又《佛說佛藏經》。（接北 845 號背面）

北 1307 號背面（河九十九背），今考為：《維摩經抄》方便品第二、弟子品第三。（參見北 1323 號）

北 1319 號背面（鳥八十七背），今考為：《御注金剛般若波羅蜜經宣演》卷上。

北 1329 號背面（致七十一背），今考為：《瑜伽師地論》卷第九《本地分中有尋有伺等三地》之六。

北 1912 號背面（岡三十五背），今考為：五台山贊。（參見斯 4429 號）

北 2056 號背面（裳七十九背），今考為：禮懺文、嘆佛文。（參見斯 6206 號）

北 2062 號背面（張四十九背），今考為：《華嚴經指歸》一卷。

北 3006 號背面（服六十七背），今考為：《四分戒本釋賢稱注》。（參見斯 2636 號、斯 4236 號）

北 3063 號背面（服六十七背），今考與北 3006 號略似，似為《四

分戒本注》。

北 3064 號背面（服六十七背），今考為：《將釋僧戒初篇四波羅夷義決》。（參見斯 4611 號）

北 3414 號（羽二十三），新編目錄為「大般若波羅蜜多經」，今考為：《摩訶般若波羅蜜經》卷第二十一方便品第六十九。其背面為：大降魔穢積金剛聖者大心陀羅尼及無邊甘露陀羅尼元帥神咒。

北 3519 號背面（秋二十三背），今考為：《金光明經》卷第四、十地菩薩咒及第六卷咒。

北 3534 號背面（果二十八背），今考為：《妙法蓮華經》卷第一序品第一。

北 3554 號背面（咸二十九背），今考為：付囑法藏傳略抄並注。

北 3556 號（人三十四），新編目錄為「金剛般若波羅蜜經」，今考為：《釋淨土群疑論》卷第五（上接北 3691 號），後段及背面為《金剛經》。

北 3691 號背面（潛五十一背），今考為：《釋淨土群疑論》卷第五。（下接北 3556 號）

北 3894 號（列十六），新編目錄為「金剛般若波羅蜜經」，今考卷後為：《佛說庵提遮女經》。

北 4232 號背面（宇七十六），今考為：《佛說八陽神咒經》。

北 4333 號背面（金四背）及北 4354 號背面（翔二十四背），並有《妙法蓮華經》卷第七普門品第廿五。

北 4446 號背面（收一背），北 4447 號背面（閏四十二背），今考並為：《金剛經贊釋》。

北 4456 號背面（人七十五背），今考為：南宗贊。（參見斯 4173 號）

北 4474 號背面（李五十六背），今考為：《天請問經》。

北 5231 號背面（張四十五背），今考為：《彌塞沙律》二十五卷中、《阿毗曇毗婆沙論》第四秩、《般泥洹後灌臘經》、《沙彌羅經》、《大方廣佛華嚴經》卷七十三。

北 5976 號背面（師三十二背），今考為：《大般若波羅蜜多經》卷第四十五初分菩薩品第十二之一。

北 6056 號背面（月七十五背），今考為：《大般若波羅蜜多經》。

北 6187 號（裳四十九），新編目錄為「妙法蓮華經」，未注明卷第，今考為：《大般涅槃經》卷第一壽命品第一。

北 6233 號背面（文十背），今考為：除患啟願文。（參見北 6854 號背面）

北 6280 號背面（雨五十一背），有聲母雙聲字表。

北 6436 號背面（盈七十九背），今考為：波逸提懺悔法。（參見北 7147 號）

北 6447 號背面（陽六十二背），今考為：《大般若波羅蜜多經》卷第二百七十六初分難信解品第三十四之九十五。

北 6608 號背面（翔九十九背），今考疑為：《別本佛本行集經》卷第七俯降王官品樹下誕生品。

北 6614 號背面（宇六十背），今考為：《大乘稻芊經隨聽疏》。

北 6632 號背面（翔四十背），《有心經》。

北 6635 號背面（宙四十二背），今考為：《雜阿含經》卷第四十。

北 6851 號背面（制二十四背），今考為：印沙佛文。（參見斯 663 號）

北 6854 號背面（地六十二背），今考為：除患啟願文（參見北 6233 號）

北6903號背面（河十七背），今考為：《唐律疏》卷第二。

北6984號（官十），新編目錄為「四分比丘尼羯磨法」，今考為：《四分律刪補隨機羯磨》。（參見北6989號）

北6990號（調九十八），新編目錄為「尼僧差人求授羯磨」，今考為：《大比丘尼羯磨》。（參見北6991號）

北7007號背面（玉七十八背），今考為：《佛說佛名經》卷第一至卷第十一（不含佛名）。

北7077號背面（云六十八背），今考為：禮懺文。

北7079號背面（雨二十八背），今考為：《毗婆沙論》第十一秩第三卷（即北7317號）。

北7090號（官二十六），新編目錄為「四部略小抄」，今考為：律部要略小抄一卷。

北7091號至7105號，新編目錄並標為「戒律名數節抄」，今考北7091號（芥三十六）為律中小抄，北7092號（服三十一）、北7093號（致二十二）、北7094號（余十一）並為：小抄一卷。北7095號（冬九十二）、北7096號（衣三十二）、北7097號（致九十六）、北7098號（柰二十一）、北7099號（人六十九）並為：四分律抄。北7100號（洪三）為律部略抄，北7101號（菜八）、北7102號（余五十八）並為：四分律抄。北7103號（宿三十九）為律部略抄，北7104號（陽五十九）為四分律抄。北7105號（河八）為四分律略抄一本。

北7147號至北7179號，新編目錄均稱「戒律」，未標題目，今考北7147號（月七十四）似為別本《比丘尼羯磨》、北7148號（月九十三）似為《授戒請師羯磨法》、北7149號（宿三十）為《四分比丘尼戒本》、北7150號（列二十四）為羯磨、北7151號（余六）為《摩訶僧祇律大比丘戒本》、北7152號（歲四十）即北6789號，已併入該號。

北 7153 號（呂八十七）為羯磨、北 7154 號（致五十四）為《四分律刪補隨機羯磨》卷上、北 7155 號（霜十七）似為《別本比丘尼羯磨》、北 7158 號（柰二十七）為禮懺文、北 7160 號（翔八十二）為《八波羅夷經》，與北 7123 號同，並可參見斯 3039、斯 2636、斯 4236、斯 4477 號等。北 7161 號為《四分律刪補隨機羯磨》，可參見北 6989 號。北 7164 號（人八十八）似為《別本比丘尼羯磨》，可參見斯 3758 號。北 7167、北 7168（皇二十七及皇四十八）似皆為《別本比丘尼羯磨》。北 7169 號（皇一百）為《大戒尼羯磨文》，同於北 6994 號。北 7171 號似為《別本四分比丘尼羯磨法》。北 7172 號（始九十八）、北 7173 號（制四）似均為《別本百緣經》，與北 8695 號所載三緣，均非藏經所收。北 7172 號背面為《梵網經》菩薩戒序文，北 7173 號背面為《佛說菩薩受無盡戒羯磨》一卷。北 7174 號（制六十四）為《十誦律》卷第八，北 7175 號（文一）為八戒偈頌文，參見北 7144 號。北 7176 號（文九十七）為《比丘尼布薩押座文》、北 7177 號（服三十）為《和十戒文》、北 7179 號（推六十五）為《四大戒略疏》，參見北 7183 號前半、又與北 7073、北 7069、斯 4477、斯 3039 號相同。

北 7183 號（霜二十六），新編目錄為「戒等雜寫」，今考為：《大乘四法經》、《大乘般若五辛經品》第八。

北 7184 號背面（柰九十七背），今考為：《妙法蓮華經》卷第一節抄。

北 7235 號背面（辰七十三），今考為：《妙法蓮華經》卷第五安樂行品第十四至從地踊出品第十五。

北 7238 號背面（昆六背），今考為：《大乘百法明門論隨聽手記》。

北 7244 號背面（金十八），今考為：太上洞玄靈寶天尊名。

北 7248 號至 7253 號，新編目錄均為「起信論義述」，今考北 7248

（咸四十六）、北 7249（淡四十八）、北 7250（始四十）、北 7251（始四十一）並為：《大乘起信論》略述，前二號為卷上，後二號為卷下。北 7252（海九十五），北 7253（衣四十）並為：《大乘起信論廣釋》，前為卷三，後為卷五。

北 7254 號背面（服六背），今考為：《四分律比丘戒本》。

北 7293 號（鳥九十三），新編目錄為「《大智度論》卷五十六」，今考定為：《瑜伽師地論分門記》。

北 7413 號背面（菜九十背），今考為：《妙法蓮華經》卷第四五百弟子受記品第八。

北 7536 號背面（收五十七背），今考為：《社司轉帖及大般涅槃經》卷第三十八迦葉菩薩品第十二之六。

北 7630 號背面（冬六十一背），今考為：《佛說藥師如來本願經》。

北 7666 號背面（余十九背），今考其正行部分為：《不空羂索咒經》，其倒行部分為：《大寶積經》卷第五十八文殊師利授記會第十五之一中。

北 7687 號（淡四），新編目錄為「祕密義抄」，今考似為：密宗二十八戒及散食法。（此號已並為北 88 號之背面）

北 7704 號背面（盈三十一背），今考為：《金光明最勝王經》卷第三滅業障品第五。

北 7707 號背面（盈七十六背），今考為：《大目乾運冥間救母變文》。（參見斯 2614 號）

北 7802 號背面（霜一百背），今考為：《佛說佛名經》卷四。

北 8022 號背面（出七十五背），今考為：《妙法蓮華經》觀世音菩薩普門品第二十五。

北 8024 號背面（岡四十八背），今考為：《南宗頓教最上大乘壇經》

一卷。

　　北 8041 號背面（李七十三背），有九九乘法表及社司轉帖。

　　北 8209 號背面（洪三十九背），有《心經》。

　　北 8239 號背面（昃九十二背），今考為：《佛說大隨求即得大自在陀羅尼神咒經》。

　　北 8248 號背面（生十背），今考為：四大五蘊文。（參見北 8702 號及小乘三科）

　　北 8314 號背面（騰二十背），今考為：午時無常偈。（參見北 8321 號七階《佛名經》）

　　北 8316 號背面（露二十二背），今考為：《中宮九極太上中皇真尊經》。（參見斯 810 號）

　　北 8347 號背面（生二十五背），今考為：《金光明最勝王經》卷第一序品第一。

　　北 8360 號（皇九十），新編目錄為「懺文」，今考為：啟請文。

　　北 8362 號（制五），新編目錄為「懺文」，今考為：和戒文，背面亦為和戒文。

　　北 8370 號背面（推七十九背），今考前半段為《太子成道變文》（參見伯 3496 號），後半段為《大方廣佛華嚴經》卷第三十八。

　　北 8374 號（宿九十九），新編目錄為「禪宗安心義」，今考為：《達磨論》。與斯 3375、斯 7157 號同。而斯 2054 號楞伽師資記引此正作《達磨論》。

　　北 8423 號（位二十），新編目錄列為「雜類」，今考為：《大乘二十二問本》。（參見斯 2674 號）

　　北 8424 號（號八十七），新編目錄列為「抄經」，今考為《楞伽經》、《思益經》雜抄。

北 8430 號（人七十九），新編目錄列為「雜寫」，今考為：《雜阿含經》卷三十三。

北 8431 號（字七十四），新編目錄列為「雜寫」，今考為：《大般若經》內各卷難字及百鳥名。

北 8432 號（衣二十八），新編目錄列為「諸經雜抄」，今考為：《正見經》、《涅槃經》雜抄。

北 8434 號（裳九十四），新編目錄列為「雜寫」，今考《舊雜譬經》見《諸經要集》卷九、《增一阿含經》見《諸經要集》卷十九。背面亦為《諸經要集》。

北 8445 號背面（麗八十五背），有殘《唐律》。

北 8449 號背面（人二背），有曇佛誕生緣。北 8453 號（重九十五），新編目錄標題為「道經卷第十」，今考出為：《太上業報因緣經》卷第五弦誓品第十。

北 8454 號（地十七），新編目錄僅稱「道經」，今考出為：《大道通玄要》卷第七上無戒品、中無戒品。背面為律師文、禪師文、布薩文、社齋文、嘆願文、放子出家願文。

北 8455 號（黃八十七），新編目錄僅稱「道經」，今考出為：《太玄真一本際經》卷第一護國品。

北 8456 號（辰十七），新編目錄僅稱「道經」，今考出為：《金真玉光八景飛經》。（參見伯 2728 號、伯 2848 號）

北 8457 號（宿五十七），新編目錄僅稱「道經」，今考出為：《洞淵神咒經》卷第四。

北 8458 號（列十九），新編目錄僅稱「道經」，今考出為：《消災滅罪寶懺》。

北 8459 號（陽八十三），新編目錄僅稱「道經」，今考其文似為

《洞淵神咒齋儀》。

　　北 8460 號（李七），新編目錄僅稱「道經」，今考出為：《首羅比丘經》。

　　北 8462 號（鳥八十四），新編目錄僅稱「道經」，今考出為：《太上道本通微妙經》卷第十稱揚持戒品第三、讚歎天尊品第四。（參見斯 2999 號）

　　北 8463 號（文八十五），新編目錄僅稱「道經」，今考出為：《太玄真一本際經》卷第四。

　　北 8464 號（服四十六），新編目錄僅稱「道經」，今考出為：《太玄真一本際經》卷第一。（參見伯 2453 號）

　　北 8465 號（服八十九），新編目錄僅稱「道經」，今考出為：《太上一乘海空智藏經》。

　　北 8466 號（裳三十），新編目錄僅稱「道經」，今考出為：《太上一乘海空智藏經》。

　　北 8467 號（位三十九），新編目錄僅稱「道經」，今考出為：《太玄真一本際經》卷第一護國品。

　　北 8468 號（麗四十七），新編目錄僅稱「道懺」，今考出為：太上洞玄靈寶天尊名。

　　北 8623 號背面（結六十一背），今考為：《六門陀羅尼經論廣釋》。

　　北 8672 號背面（河十二背），今考為：《大獻樂贊》。

敦煌所見李白詩四十三首的價值（上）

李白生前過著較為恣情適志的生活，身後又擁有千秋仰望的盛名，作品俱在，傳誦不絕。比起杜甫困蹇的生活遭遇，真有天壤之別。但是就作品的研究而言，杜詩號稱有千家注，學詩者必奉老杜為正宗，注杜解杜的著作，數以千計，而有關李白詩篇的批解研析，則為數寥寥。也許我們可以說：李白詩的風格超絕，近於「天仙之辭」，後人不易尋章摘句，去做箋注剖解的工作，因此對於李白詩篇本身的研究資料較少。本文就敦煌出現的李白詩篇加以比對研究，就是希望能提供一些新出的材料。

清末敦煌出現的唐人抄本詩選殘卷，共存唐詩七十三首，其中李白的詩有四十三首，以《四部叢刊》影印蕭山朱氏所藏明嘉靖癸卯郭雲鵬刊本分類補注李太白詩（下簡稱明嘉靖本）來核對，每首都還保存著，只有佚句，沒有佚詩。而其他的幾位詩人——李昂、王昌齡、丘為——都有整首不存的佚詩，這是由於李白的詩，在唐代流行最廣，家家傳抄，不易散佚，也由此可以窺測李白詩受當時人喜愛的程

度。

　　敦煌所見的李白詩，由於本集俱在，因此其價值不在輯佚方面，而在校勘方面。所存的四十三首詩，異文不少，細加揣摩校理，發現明清各本，凡字句與敦煌抄本出入處，有很多微妙的消息，而敦煌本往往使李白的原意得到更好的發抒。

　　本文的校勘，以敦煌殘卷為底本，復以明嘉靖本為主，並參照《四部備要》的王琦注《李太白全集》（下簡稱王琦注本，凡嘉靖本王琦注本文字並同時，總稱今本），王氏參校眾本，元刻蕭士贇注本，及繆日芑復宋蜀本也收羅在內，所收異文最備，往往可以考見古本的源流。其他如《樂府詩集》、《文苑英華》，尚存宋本面目，也一併作為校勘的副本。本文的校勘著眼點，不僅在排比字句的異同上，主要是站在詩歌批評鑑賞的角度，去推斷異文的是非，以顯示敦煌本的價值。所以關於字形的或體、異寫、避諱、損缺等，若與詩義無涉，將不在本文中細加討論。敦煌本若字有殘缺漏脫，暫加括號以標示。下面所舉各詩，是敦煌本唐人詩選殘卷中李白詩的原文：

古　意
（皇帝侍文李白）

　　朝入天苑中，謁帝蓬萊宮，青山暎輦道，碧樹搖煙空。謬題金閨籍，得與銀台通，待詔奉明主，抽毫頌清風。歸時落日晚，躞蹀浮雲驄，人馬本無意，飛馳自豪雄。入門紫鴛鴦，金井花綠桐，佳人出繡戶，含笑嬌鉛紅。清歌紹古曲，美酒沽新豐，快意且為樂，列筵坐群公。光景不可留，生世如轉蓬，早達勝晚遇，羞比垂釣翁。

　　明嘉靖本詩題作「效古二首」，敦煌本所選是效古第一首。依據這

　　敦煌殘卷本的通例，大凡一詩數首不全錄，題目往往略有更改，「效古」與「古意」，題旨相近。本詩是所選李白詩的第一首，按例在題下應有作者姓名，抄本將「皇帝侍文李白」六字寫在「宮中三章」之下，使前面九首李白的詩失去了作者，所以將「皇帝侍文李白」六字暫補於古意題下。

　　「入門紫鴛鴦，金井花綠桐」，今本「花綠桐」作「雙梧桐」，其實李白所想寫的是：一入門來，滿目絢爛，金色的井，花花綠綠的園樹，與上句紫色的鴛鴦，都著重在渲染色彩的瑰麗，下面更有「佳人出繡戶，含笑嬌鉛紅」句，原來這門內鮮豔的場景，還主要是在襯托那女主角的紅妝秀色，若作「雙梧桐」，對閨婦來說或許有意義，對本詩的女歌手來說並沒有特殊的含義。

　　「佳人出繡戶，含笑嬌鉛紅」，這二句詩今本均已佚失，這是一個何等重要的遺失！原來李詩寫入門所見，金碧燦爛，主要在使這位佳人的形象凸出。今本脫去這二句，是將一個女主角漏脫了。於是使下文的清歌古曲，不知所從來，而列筵群公也失去助興的紅歌星了。全詩寫：朝入宮中，為天子所寵信；暮入門來，便有列筵群公觥籌交錯的快樂。想來本詩是李白最得意時的生活寫照，美酒、佳人怎麼能少一樣？少了一樣就構不成李白理想的逸樂生活。

　　再就句數節奏而言，全詩原本是二十四句，每四句一小節，共分六段，段落勻稱，轉折分明，今本少了佳人含笑二句，使全詩的節奏起伏失去了勻稱。

　　至於「清歌紹古曲」今本並作「弦古曲」，紹有「繼」的意思，也是「緊糾」的意思，在「清歌」與「古曲」之間，用一個動態的字相連結，使歌聲緊繼著古曲，意味很好。且「清歌紹古曲」與下句「美酒沽新豐」對仗工整，紹字對沽，皆為動詞，今本因紹弦形近而致

誤，作「弦」字句意勉強得很。

　　其他如蹀字的「世」字部分寫作「云」，是避唐太宗的諱。「歌」字寫作「哥」，「豐」字誤作「豊」，皆是唐人書寫的習慣如此，姑且從略不論。

贈　趙　四

　　我有一匕首，買自徐夫人，匣中閉霜雪，贈爾可防身。防身同急難，掛心白刃端，荊卿一去後，壯士多凋殘，斯人何太愚，做事誤燕丹，使我銜恩重，寧辭易水寒。鑿石作井當及泉，造舟張帆當濟川，廉夫唯重義，駿馬不勞鞭，丈夫貴相知，何必金與錢。

　　題目「贈趙四」今本改併入「贈友人三首」中，本來敦煌詩選殘卷的通例是：從數首中選錄一首時，子題與總題往往稍作改動。但本詩必然是先有子題，後來總題作「贈友人三首」，抹去了趙四的名姓。「贈友人三首」可能是贈給同一個人，也可能贈給兩三個不同時地的人，贈給誰早已無考，由於本殘卷的出現，至少可知道本詩是給趙四的，而詩起首「我有一匕首，買自徐夫人」，據《史記》，徐夫人為趙人，李詩用來暗切「趙」姓，後人抹去詩題，又改首句為「袖中趙匕首」以保存「趙」字。凡此均可以證明子題先有，改題與改句在後，刪改的痕跡很明顯。

　　本詩與今本的字句異同較多，且詩句前後次第顛倒，爰特錄明嘉靖本全首，以資比較：「袖中趙匕首，買自徐夫人，玉匣閉霜雪，經燕復歷秦，其事竟不捷，淪落歸沙塵。持此願投贈，與君同急難，荊卿一去後，壯士多摧殘，長號易水上，為我揚波瀾。鑿井當及泉，張帆當濟川，廉夫唯重義，駿馬不勞鞭，人生貴相知，何必金與錢。」

敦煌本中「鑿石」、「造舟」二句本為七言句，今本則成五言，今本贈友人三首皆為五言古詩，改動的目的，顯然是為了使三首詩的句型統一。

又敦煌本真韻四句、寒韻八句、先韻六句，句數與轉韻不甚整齊。今本則真韻寒韻先韻各六句，讀來似乎整齊一些，但破壞了原作在音響方面暗藏的祕密：即敦煌本自真韻轉寒韻時，出句「防身同急難」的「難」字先押寒韻；又自寒韻轉入先韻時，出句「鑿石作井當及泉」的「泉」字先押先韻，這種轉韻時第一句先入韻——所謂「逗韻」——作為呼應的技巧，在今本中則不曾顧及，可見敦煌本的原作在音律上高乎一等。

再從文意方面說：上面是「我有一匕首」，下而才能有「贈爾可防身」，「我」與「爾」的關係是全詩的眼目，貫聯到下文「使我銜恩重」，結出「丈夫貴相知」來，詩意前後貫注。今本首句改為「袖中趙匕首」，則不知懷匕首者是誰，若據下文「持此願投贈」，則持匕首仍指作者自己，那「經燕復歷秦」亦應指自己，但「其事竟不捷」是指自己什麼事？不免無的放矢，上下無根。又敦煌本由於上文有「防身同急難，掛心白刃端」二句，把趙四比作荊卿，下文才能有「斯人何太愚，做事誤燕丹」二句，藉著斥秦舞陽不能同急難，以暗斥不重義的朋友。又才能有「使我銜恩重，寧辭易水寒」二句，自比高漸離，與荊卿同唱易水之歌，後來也有復仇的舉動，和趙四一樣，掛心在白刃端上。所以斯人以下四句，用意一正一反，脈絡很清楚，今本文句顛倒以後，在敘事的先後上及文義的清晰上，均不如敦煌本。

其他如「壯士多凋殘」，今本「凋殘」作「摧殘」，考《史記》載荊軻死後，「秦逐太子丹荊軻之客，皆亡」，壯士均逃亡變姓名，因此用「凋殘」來形容也是可通的。再則「丈夫貴相知」，今本丈夫作人

生，大概是嫌上文已有「廉夫」的字樣相犯重，不過作「人生」不如作「丈夫」那般語氣豪壯。

江上之山藏秋作

滄霞臥舊壑，散髮謝遠遊。山蟬號枯桑，始復知天秋。朔鴻別海裔，越燕辭江樓。颯颯風捲沙，茫茫霧縈洲。黃雲結暮色，白水楊寒流。感激心自傷，潺（湲）淚難收。薊蘭方蕭瑟，長嘆令人愁。

今本詩題作「江上秋懷」，較為通俗。「江上之山藏秋作」，題目甚為新穎。且全詩十四句，下面十二句，句句藏有秋意，用意正是表現「藏秋」。

詩句與今本無大出入。「滄」今本作「餐」，「滄」在說文中是「餐」的重文，是同一個字。又「鴻」今本作「雁」，鴻雁二字往往互混，如李白《臨江王節士歌》，敦煌本作「雁」，今本反作「鴻」。因為唐人寫本的雁字多從鳥，不從隹，字形與鴻相似，且鴻雁連稱，意義亦近。但鴻字為平聲，雁字為仄聲，作雁則「朔雁別海裔」為五仄，與第三句「山蟬號枯桑」為五平，遙遙相應，而第四句「始復知天秋」及第六句「越燕辭江樓」均為「仄仄平平平」三平落腳，格律似過於整齊。

「感激心自傷」今本作「惻愴心自悲」，意義相近。其他如「號」字的虎旁寫法不同，虎尾改從巾，是唐人避高祖祖父的諱。「白水楊寒流」的「楊」，今本作「揚」，楊字從木從手不分，可能是六朝人受隸書的影響，本詩自應以從手作揚為是。至於「湲」字則抄寫時漏脫，據今本補正。

送族弟琯赴安西作

　　漢家兵馬乘北風，鼓行而西破犬戎。爾揮白刃出門去，剪虜若草收奇功。君王按劍望邊色，旄頭已落胡天空。當今匈奴百萬眾，明年歸入蒲桃宮。

　　今本詩題作《送族弟綰從軍安西》，王琦見舊本「綰」一作「琯」，與敦煌本同。「赴安西作」改為「從軍安西」，似與詩中文句的改動有相連的關係。

　　「爾揮白刃出門去」，明嘉靖本作「爾隨漢將出門去」，大概因為敦煌本的詩題只說他赴安西，所以用「爾揮白刃」，或許是後人認為題意不明，所以改題目為「從軍安西」，為了呼應「從軍」，就改用「爾隨漢將」。況且下文有「當今匈奴百萬眾」，似非李琯揮白刃所能破，即使能破，也恐怕有人誤以為是李琯率領軍隊去破的，李琯僅是從軍的一員，並不是統帥，所以將詩句改為「隨漢將」，將題目改為「從軍」，分明是讀詩者避免誤猜才改的。王琦見舊本有作「爾揮長劍出門去」，是舊本尚存線索可循，但「揮白刃」比「揮長劍」更具視覺上的效果。

　　「君王按劍望邊色」，明嘉靖本「邊色」作「邊邑」，清王琦參校諸本，亦作邊色，可見古本多有作色不誤的。「邊色」空靈地泛指遠方，「邊邑」則落實為安西一帶。邊邑非君王所能望及，君王按劍，只能望邊色而已。色邑形近，邊邑常見，故誤為邑字。考關山自詩：「戍客望邊色」，色亦有誤作邑者。

　　「當今匈奴百萬眾，明年歸入蒲桃宮」明嘉靖本作「匈奴繫頸數應盡，明年應入蒲萄宮」。李詩原想用「匈奴百萬眾」來襯托李琯的勇猛，但似乎在誇張敵人匈奴的強盛，這種誇張容易引起誤解，或許是

唐代人所避諱的，於是取吳均詩「匈奴數欲盡」的意思，改寫李詩。
又「歸入」明嘉靖本作「應入」，王琦見舊本有作「驅入」的，歸入有
歸化意，較「應入」、「驅入」的含意為佳。又「蒲桃」明嘉靖本作「蒲
萄」，王琦本亦作「蒲桃」，字多通用。

魯中都有小吏逄七朗以斗酒雙魚贈余
於逆旅因鱠魚飲酒留詩而去

魯酒若虎魄，汶魚紫錦鱗，山東豪吏有俊氣，手攜此物贈遠人。
酒來我為傾，鱠作別離處，雙鰓呀呷鬐鬣張，跋剌銀盤欲飛去，呼兒
拂機霜刃揮，紅肌花落白雪霏，為君下筯一飡罷，醉著金鞭上馬歸。

敦煌本的詩題極似小序，於時、地、人記載均詳，明嘉靖本作「酬
中都吏攜斗酒雙魚於逆旅見贈」，王琦注本與明嘉靖本同，唯「中都
吏」作「中都小吏」，可見均自原題節縮，詳略不同。今本詩題節縮
後，失去了送魚酒者的姓名，由敦煌本的出現，知道攜魚酒的人，是
魯中都地方的小吏逄朗所贈，當時李白正寄旅於魯。逄音龐，逄姓出
北海，後人或作逢姓。

「酒來我為傾，鱠作別離處」，全詩除起首二句是五言外，這五六
兩句也是五言，是一首五七雜言的古詩。今本將斗酒雙魚並成七言一
句，改成「意氣相傾兩相顧，斗酒雙魚表情素」二個七言句。這新增
的七言句，「意氣」二字與上文「俊氣」重複，而「相傾相顧」則形同
知己，與李白在逆旅偶遇小吏的情景也不相稱。王琦參校眾本，見「繆
本此下多『酒來我飲之，膾作別離處』二句」，與《文苑英華》卷二四
二所引相同，是古本原貌尚存的痕跡，但所見繆本是將被改的原文附
錄在新改的文句下，則詩意形成了更加重複。李白的詩，原本一句談

酒，一句談魚，正承一二兩句直下，故意用粗直的筆法，表達出二人間率真放曠的感情。

「呼兒拂機霜刃揮，紅肌花落白雪霏」，今本「肌」字作「肥」。唯《文苑英華》所引仍作「肌」，與敦煌本同。下半首描寫拂幾桌、揮霜刃，切這兩條奮鰭張鬣、撥剌欲飛的魚，只見紅色的血流下來，剖開那雪白的肉。肉用雪來形容，刃用霜來形容，染血的肌用紅花來形容，詞語間十分諧和，而色彩則極為鮮明強烈，充滿了視覺上鮮豔的美。可見肥字本應作肌字，因形近而轉誤，這一個字也是差不得的。

其他如「虎魄」今本作「琥珀」，虎魄一詞，初無定字，所以明本亦有作「虎珀」的，敦煌本虎字避高祖祖父諱，虎尾作巾字形。又「鬐」今本作「鰭」，鰭為魚脊，《儀禮・士虞禮》：「魚進鬐」，則鬐也是魚脊，字可通用。「跋剌」明嘉靖本作「躐剌」，王琦本與敦煌本同，唯「剌」誤作「刺」，注文中説：「上音鉢，下音辣」，跋剌是形容「劃烈震激之聲」，狀聲的詞語，也往往沒有定字，杜甫漫成詩「船尾跳魚撥剌鳴」，字作撥剌亦可。又「餐罷」明嘉靖本作「餐飽」，但作「餐罷」的本子也很多，意義沒有出入。又「金鞭」今本並作「金鞍」，考上文有「著」字，猛著先鞭，用「醉著」則以「金鞭」為宜，李詩：「章台走馬著金鞭」、「先著祖生鞭」皆可證，金鞭指黃色的馬鞭。《文苑英華》作「金鞍」，但改「醉著」為「羞看」，所改都不如敦煌本。

梁園醉歌

我浮黃河去京關，掛席欲逢波連山，天長水闊厭遠涉，訪古始及平臺間。平臺為客憂思多，對酒遂作梁園歌，卻憶蓬池阮公詠，因吟綠水楊洪波。洪波浩蕩迷舊國，路遠西歸安可得？人生達命豈假愁，且美飲酒登高樓，平頭奴子搖大扇，五月不熱疑清秋。素盤青梅為君

設，吳塩如花皎白雪，持塩把酒但飲之，世上悠悠不堪說。昔人豪貴信陵君，今人耕種信陵墳，荒城虛照碧山月，古木盡入蒼梧雲。梁王賓客今安在，牧馬先歸不相待，舞影歌聲散綠池，空餘汴水東流海。沉吟此事淚沾衣，黃金買醉未能歸，連呼五白行六博，分曹賭酒酣馳暉。歌且（謠），意方遠，東山高臥還起來，欲濟蒼生不應晚。

　　今本詩題作「梁園吟」，考詩中文句自稱「梁園歌」，並有買醉酒酣字樣，可見醉字歌字，均已提及，而詩中所寫大抵為酒後狂言，因此詩題以作「梁園醉歌」為佳。考《文苑英華》卷三三六引本詩，正作「梁園醉歌」，與敦煌本同。

　　「我浮黃河去京關，掛席欲逢波連山」，明嘉靖本「黃河」作「黃雲」，黃河與下文「波連山」相應，黃雲則不相應，《文苑英華》作「黃河」，王琦參校諸本，亦定作黃河。「京關」明嘉靖本作「京闕」，作關則首句入韻，有「促起」的作用，按諸全詩雄闊的氣勢，起首當以入韻為佳。唐人抄本關字寫作「開」，以致誤作闕。王琦見「繆本作關」，是宋本尚有未誤者。唯「逢」字敦煌本書作「逢」，逢是阻塞的意思，唐人寫逢疑是「逢」字，視下文蓬字作「蓬」，則「逢」應為「逢」的俗寫。「逢」今本作「進」，用進字順適一些，但「欲逢」也可通。

　　「持鹽把酒但飲之，世上悠悠不堪說」，今本下句作「莫學夷齊事高潔」，王琦參校眾本，下句有的作「何用孤高比雲月」，有的作「咄咄書空字還滅」，大概是嫌「世上」一句通俗平庸，一再替它修飾改動，以致各本文字不同。其實下文說信陵君與梁王賓客漸滅，歌舞無存，空餘汴水東流，沉吟此事，淚下沾衣。則所沉吟的事，就是「悠悠不堪說」的事，這事是指死生無常，人生短暫。與上文「人生須達命，不容自苦」的用意也是一線直承的。對此無奈的命運與憂苦，只

有歸結於飲酒買醉。所以全詩只在寫人世生命的短促無常，不是在憤激世俗的粗鄙險怪，與夷齊高潔或咄咄書空，均不相關，勉強插入，上下便不通。

「梁王賓客今安在，牧馬先歸不相待」，「賓客」今本作「宮闕」，「牧馬」作「枚馬」，唯《文苑英華》所引與敦煌本同。考枚是枚乘，馬是司馬相如，他們都曾游梁，是梁孝王的賓客，上句說「梁王賓客」，下句當是「枚馬」才對，李詩：「梁苑傾鄒枚」，指鄒陽與枚乘，與本詩義近，可證。敦煌本誤書作「牧」，是枚牧形近的緣故。今本「賓客」改成「宮闕」，則上下文義不甚聯貫，應該是枚馬先歸，賓客安在，意義才順當。王琦參校眾本，有「一作賓客」的，也許就是指《文苑英華》，是古本面目尚存的證明。

「連呼五白行六博，分曹賭酒酣馳暉」，明嘉靖本「馳暉」作「池輝」。考謝朓詩：「馳暉不可接。」李善注：「馳暉，日也。」李白正用這典故，意思仍承接上文，說明盡量享受生前每一刻光陰。改作池輝，並沒有深意。

再則敦煌本席字寫作廗，是俗體，廗原本是另外一個字。敦煌本厭寫作猒，歌字寫作哥，都是古體。揚字寫作楊，是誤書。綠字本作淥，是通用字。

「人生達命豈假愁，且美飲酒登高樓」，今本假作「暇」，「假」在這裡是「容」的意思，人生達命，豈容多愁，與無暇愁苦的意義相近，但比「暇」字靈活些。王琦見「繆本作假」，考《文苑英華》亦作假，是宋本尚存原作舊貌。又「且美飲酒」今本作「且飲美酒」，且飲美酒，所美的是酒；且美飲酒，所美的是飲酒一事。就本詩上下文義看來，應是在讚美飲酒這件事。

「素盤青梅為君設」，今本「青梅」作「楊梅」，王琦參校諸本，

亦有保存作「青梅」的，「青梅」與下文「吳鹽」相應，鹽梅為古人的調味品，訴諸味覺，而青梅色澤亦鮮明，與白雪樣的吳鹽一齊訴諸視覺。就詩的意象而言，自然作青梅為佳。可能後人以為與上文「五月」的時令不合，才改為楊梅。

其他如「沾衣」今本作「滿衣」；「還起來」作「時起來」；「不應晚」作「未應晚」，意義相近，從略不論。

送程劉二侍御及獨孤判官赴安西

安西幕府多才雄，喧喧唯道三數公。繡衣貂裘照積雪，飛書走檄如飄風。朝辭明君出紫宮，瓊筵送別金樽空。天外飛霜下蔥海，火旗雲馬生光彩。胡塞塵清計日歸，漢家草綠遙相待。

今本題詩作「送程劉二侍郎兼獨孤判官赴安西幕府」，侍御變成了侍郎，考侍郎的官位甚高，唐代侍郎的官階是四品，不應為幕府之職，幕府有副使、行軍司馬、判官、掌書記等職，幕職原先不限出身，後來要奏請有出身的人員及六品以下正員官來擔任，可見侍御的地位比侍郎低很多。又考《舊唐書》封常清傳，記載安西幕府的判官有劉眺、獨孤峻，應該就是本詩所送三位客人中的二位。再考《漢書》上說：「侍御史有繡衣直指」，本詩中所形容的「三數公」，都是「繡衣貂裘」，可見是侍御，不是侍郎。《文苑英華》卷二六九引本詩，仍作「侍御」，與敦煌本同。

「朝辭明君出紫宮，瓊筵送別金樽空」，今本「瓊筵」作「銀鞍」，「金樽」作「金城」。考詩中所送的二位侍御劉眺與獨孤峻，為安西幕府的判官，位在六品以下，地位不高，送別的場面，何至於「金城」（長安）為之空巷？描寫得過分，大概是詩題誤為「侍郎」，以至誤改

本文。敦煌本作「金樽」，只描寫瓊筵送別時，金樽屢空，比較合乎實情。

「胡塞塵清計日歸，漢家草綠遙相待」，今本上句作「胡塞清塵幾日歸」，唯《文苑英華》所引，與敦煌本同。清塵較為平順，「塵清」取「塵為之清」的意思，字辭倒裝，頗有神采。「計日歸」有計日可待的意思，用在結尾，寓有滿懷信心、祝福的意思，改為「幾日歸」，好像是一個沒有信心的疑問句，這樣便失去結尾應有的悠揚筆力。

其他如「繡衣貂裘照積雪」，「照」今本作「明」，意義相近，照字有力。

元丹丘歌

元丹丘，愛神仙，朝飲潁水之清流，暮還蒿岑之紫煙，三十六峰長周旋。長周旋，躡星虹，身騎飛龍耳生風，橫河矯海與天通，我知爾心游無窮！

「橫河矯海與天通，我知爾心游無窮」，今本「矯海」作「跨海」，唯《文苑英華》卷三三二所引作矯海。跨海較為常見，矯有「飛舉」的意思，從上躍過，用「矯」字也很好。又今本「爾心游無窮」並作「爾游心無窮」，唯《文苑英華》與敦煌本同，是宋初所輯集的，往往尚存真貌。考上文寫躡星虹、騎飛龍，橫河矯海，與天相通，都是心靈的活動，不是身體的活動，所以應作「心游無窮」，而不是「遊興無窮」。李白集卷二十五有《題元丹邱山居》詩，知元丹邱是隱士，家於潁陽，他不是雲游四方的人物，更可證明作「心游無窮」為佳。

至於「潁水」的潁，明嘉靖本亦作潁，王琦注本改作潁，考潁陽在唐河南府，元丹邱在潁陽山居，潁水之山有三十六峰，是潁水的潁

字應從水，不從禾。

瀑　布　水

西登香爐峰，南見瀑布水，掛流三百丈，噴壑數十里。欻如飛電來，宛若白虹起，舟人莫敢窺，羽客遙相指。指看氣轉雄，壯哉造化功，海風吹不斷，江月照還空。空中亂叢射，左右各千尺，飛珠散輕霞，灑沫沸穹石。而我游名山，弄之心益閒，無論傷玉趾，且得洗塵顏，愛此腸欲斷，不能歸人間。

　　明嘉靖本的詩題作「望廬山瀑布水二首」，王琦本則將「水」字刪去。今本因詩題有「望」字，王氏所見的本子，有將第二句的「南見」也改為「南望」的。考香爐峰在廬山東南方，所以詩題有沒有指明廬山，意義相等。而詩中有「洗塵顏」字樣，則對這瀑布水不僅是「望」而已。不過，敦煌詩選有一個通例，即原作數首而選一首時，往往會改動題目。本詩原共二首，選取其一，題目或許會改得簡略些。

　　「舟人莫敢窺，羽客遙相指。指看氣轉雄」三句，明嘉靖本作「初驚河漢落，半灑雲天裡。仰觀勢轉雄」。舟人二句寫慣水的人也從未見過如此急水，駕雲奔電的仙流道人也只敢站在遠處。也許是後人嫌它粗俗，才修飾成初驚二句，但這樣一修飾，有兩個缺點，第一是內容方面與第二首「飛流直下三千尺，疑是銀河落半天」的意思重複，若第一首已寫初驚二句，自不必再作這第二首。第二個缺點是音節方面忘了作者原有的巧思，原來本詩是四句一節，共四節，結尾則六句一節，以表現悠衍、漫長的聲調。在四句一節之間，為求語氣貫聯直下，在第二節的末字與第三節的首字，均用「指」字頂真；在第三節的末字與第四節的首字，均用「空」字頂真。今本將二個頂真用的

「指」字，分別改成「裡」字「仰」字，是不曾瞭解原作巧妙的匠心。

至於「海風吹不斷，江月照遠空」，明嘉靖本作「還照空」，其實本詩對仗的地方極多，這二句也是對句，應該「吹」字對「照」，「不」字對「還」，才工整。王琦的注本定作「照還空」，與敦煌本同。考《文苑英華》卷一六四引此詩，正作「照還空」。

「空中亂叢射，左右各千尺」，今本「叢」作「潨」，潨是小水入大水、眾水交會的意思，眾水交會與「左右各千尺」意思不聯貫，所以下句今本改為「左右洗青壁」，況且「千尺」二字與下一首也重複，更有了需要改動的理由。

「無論傷玉趾，且得洗塵顏」，今本「傷玉趾」改為「漱瓊液」。傷玉趾或許嫌淺俗不雅，但漱瓊液與「無論」二字如何連接？何況「傷玉趾」與「洗塵顏」對得極工整，對句工整是本詩的特點，卻被後人改得面目全非。

「愛此腸欲斷，不能歸人間」，今本作「且諧宿所好，永顧辭人間」，上一句已是「且得」，下一句不應該又來「且諧」，足見修改的人不曾顧及上下語氣。大概《文苑英華》見兩個且字連著不好，又改作「仍諧」。「愛此」二句或嫌通俗，但不避粗俗正是李詩的本色。蘇東坡說：「太白豪俊，語不甚擇，往往有臨時卒然之句」，胡震亨也說：「白卒就語，亦自有不衫不履意在」，可證李詩應是不避粗俗的。

其他如「灑」作「流」，「弄」作「對」，「游名山」作「樂名山」，意義無大出入，王琦所見繆本作游名山，是宋本較為接近敦煌本的面目。

宮中三章

小小生金屋，盈盈入紫微。山花插寶髻，石竹繡羅衣。每出深宮

裡，常隨步輦歸。祇愁歌舞散，化作彩雲飛！

　　盧橘為秦樹，蒲陶是漢宮。煙花宜落日，絲管醉春風。笛奏龍鳴水，簫吟鳳下空。君王多樂事，何必向回中！

　　柳色黃金暖，梨花白雪香。玉樓開翡翠，珠殿入鴛鴦。選妓隨（雕輦），（征）歌出洞房。宮中誰第一，飛燕在昭陽！

　　明嘉靖本詩題作「宮中行樂詞八首」，據《本事詩》的記載，當時共作了十首，《敦煌詩選》選錄三首，題為「宮中三章」，依此殘卷通例，一詩數首不全錄，則詩題往往改為簡省。考《本事詩》載玄宗召李白「命為宮中行樂五言律詩十首」，而宋本《樂府詩集》所載曲調亦名「宮中行樂辭」，是今本詩題不誤，敦煌抄本改為簡省。

　　三章排列的次序，今第二為第三，第三為第二，總之是選錄了前面的三首，這三首文字與今本不同處較少，唯如「盈盈入紫微」，今本入作「在」，入字生動。「蒲陶是漢宮」，今本「是」作「出」，出字雖生動，但「是」字有矛盾、逆折的妙意，葡萄原是大宛西蕃的產品，漢家取來種在離宮別館，現在長葡萄的卻是漢宮了！宋本《樂府詩集》尚見異文有作「是」的。

　　「笛奏龍鳴水，簫吟鳳下空」，明嘉靖本「鳴」、「吟」二字上下互易，宋本《樂府詩集》的「鳴」字在上句「吟」字在下句，與敦煌本相同。後人或以鳳鳴龍吟為常見，以致改轉。

　　「何必向回中」，明嘉靖本作「還與萬方同」，宋本《樂府詩集》則與敦煌本相同，作「何必向回中」。回中是古地名，是秦皇漢武在甘肅邊境建造的宮城，可見結句正與起首二句呼應，謂君王樂事正多，何必專在邊境上去尋刺激，意思牽涉到當時開拓邊疆、流血千里的時事，或許後人為求避諱，才改作「還與萬方同」，取儒家與民同樂的意

思，頌揚君上，替君上隱諱，恐怕不是李白的本意。

「柳色黃金暖」，今本暖作「嫩」，嫩字訴諸觸覺，很別緻，但看到「暖」字，才知道比嫩字更妙。暖字也訴諸觸覺，卻加上了溫度，金黃色是暖色，與下句「梨花白雪香」的寒香相對，充滿了觸覺上真實的感受。這兩句詩原為陰鏗所作，李白借來開端，或許就改動了這一個字，今本又據陰鏗詩改回原作。

「玉樓開翡翠，珠殿入鴛鴦」，今本開作巢，宋本《樂府詩集》卷八十二錄異文作「關」，與敦煌本同。考唐人寫本「關」寫作「開」，與開字形近易誤。又「珠殿」明嘉靖本作「金殿」，據《漢書》載飛燕女弟在昭陽殿，以「明珠翠羽飾之」，則作「珠殿」為是。宋本《樂府詩集》錄異文「一作珠」，《文苑英華》卷一六九引此詩亦作珠，正與敦煌本同，王琦定作「珠」是對的。又「入鴛鴦」入字今本作「鎖」，其實這二句詩，也是工整的對句，一開一入也很自然，李白是很善用「入」字的，可惜被後人改去不少。

至於今本「祇」作「只」，「陶」作「萄」，古字通用，與詩義無關，從略不談。

山中答俗人問

問余何意棲碧山，答而不答心自閒。桃花流水窅然去，別有天地非人（間）。

明嘉靖本題目作「山中問答」，王琦見繆本作「山中答俗人」，少一問字，尚存古本面目。

此詩傳誦人口，少有異文，唯明嘉靖本「窅然」作「杳然」，王琦本則仍定作「窅然」，「窅然」有悵然意，字出莊子。唯與「杳然」音

同義近，無甚出入。

陰盤驛送賀監歸越

　　鏡湖流水春始波，狂客歸舟逸興多。山陰道士如相見，應寫黃庭取（白鵝）。

　　今本題目作「送賀賓客歸越」，考賀知章為秘書監太子賓客，所以稱賀監或賀賓客都是賀知章。知章自號「四明狂客」，所以詩中也稱他為「狂客」，四明在越，鏡湖在越，山陰也在越，與詩題歸越相符合。李白另有「送賀監歸四明應制」詩，與本詩題同意。敦煌本詩題又多了「陰盤驛」的地名，考《舊唐書》天寶三年「祖別賀知章於長樂坡」，長樂坡在長安東北十里，可能陰盤驛就在長樂坡。

　　「鏡湖流水春始波」，明嘉靖本「春始波」作「漾清波」，《文苑英華》卷二六九載本詩異文「一作春始」與敦煌本相同。考《冊府元龜》載天寶三年正月五日賀知章將歸曾稽，遂餞東路，是歸鄉正在春初，作「春始波」既寫景物，又點明時節，遠較「漾清波」為佳。

　　「應寫黃庭取白鵝」，今本「取」多作「換」，考《晉書》有王右軍寫《道德經》「換」道士鵝的記載，但李白詩說寫《黃庭經》，不是《道德經》，可見李詩所據不是《晉書》。又考《太平御覽》引何法盛晉中興書，有：「山陰道士養群鵝，羲之意甚悅，道士云：為寫《黃庭經》，當舉群相贈，乃為寫訖，籠鵝而去。」這段記載與李白詩較吻合，原文中並沒有「換」字，因此李詩原文作「取」也是可能的。

黃鶴樓送孟浩然下惟揚

　　故人西辭黃鶴樓，煙花三月下揚州。孤帆遠映綠山盡，唯見長江

天際流。

　　今本題目作「黃鶴樓送孟浩然之廣陵」，廣陵郡唐時屬淮南道揚州，揚州古時稱惟揚，《梁溪漫志》上記得很明白：「古今稱揚州為維揚，蓋取禹貢『淮海惟揚州』之語，今易惟作維矣。」是敦煌本作惟揚能保存古真的面目。

　　「孤帆遠映綠山盡」，明嘉靖本作「孤帆遠影碧空盡」，王琦見諸本「影」仍有作「映」的，「空」仍有作「山」的，考陸放翁《入蜀記》引李詩作「征帆遠映碧山盡」，是宋時所見本尚能與敦煌本相近。「碧空」大抵適宜描寫秋季九月，「碧山」、「綠山」才與上文春季「三月」相應，可見作「綠山」為是。又「孤帆」即「遠影」，「遠影」即「孤帆」，孤帆遠影四字的意思多少有些重複，原作是「遠映」，則所謂「帆檣映遠，山尤可觀」（陸游語），將江上的風光時令寫得具體而鮮明，那綠山、遠帆、江流、天光，遠近有序地從眼前直寫到水天一線處，充分地表現出匠心布置的空間深度感。

初下荊門

　　霜落荊門江樹空，布帆無恙掛秋風，此行不為鱸魚鱠，自愛名山入剡中。

　　本詩除題目「初下荊門」今本作「秋下荊門」外，詩中字句與今本全同。「秋」字詩中自有，作「初」字亦可。

千里思

　　李陵沒胡沙，蘇武還漢家。相思天上山，愁見雪如花！

　　本詩今本共有八句，下四句是「一去隔絕國，思歸但長嗟，鴻雁向西北，因書報天涯」。

　　至於三四兩句「相思天上山，愁見雪如花」，今本作「迢迢五原關，朔雪亂邊花」，細考這二句所以改動的緣故，可能是受了增添四句的影響，「思歸」與「相思」犯重，「相思」是綜合上文李陵、蘇武雙方而言，而「思歸」則是蘇武歸國以後單指李陵而言。因此若上文有了「相思」，下文不必再寫「思歸」。又「相思天上山」和「天涯」犯重，既描寫千里的相思，兩地的人互望著天上的雲山遐想，大雪如花，惦唸著山外邊的人寒冷如何？為他發愁。所以這四句詩的意味已自圓足，甚有餘韻，不必再寫「天涯」了。

　　今本延續成八句，很明顯地可以看出必須改去「思」字、「天」字的原因，以致換去不少字。其實八句的意味還不如四句，譬如七八兩句寫「鴻雁向西北，因書報天涯」，為什麼朔雪亂飛的時候，鴻雁還會向西北飛，而不向東南飛呢？或許唐人傳說李陵收到蘇武的信，是在九月重陽日，如《文苑英華》卷一八九載唐人省試詩題有「李都尉重陽日得蘇屬國書」，白行簡在詩中説：「三秋異鄉節，一紙故人書」，指李陵在九月得到南方的信。但李陵九月所得到蘇武的信，是否靠鴻雁傳遞的呢？白行簡在詩中還說：「雁盡平沙迥」，胡天九月，已經飛雪，鴻雁南飛，已是「雁盡平沙」了，怎麼會有向西北飛的雁呢？該作者用荒謬的想像去比附史事，與實景根本不合，李白該不至於作如此愚蠢的句子。

月下對影獨酌

　　花間一壺酒，獨酌無相親。舉杯邀明月，對影成三人。月既不解飲，影徒隨我身。暫伴月將影，為樂須及春。我歌月徘徊，我舞影凌

亂。醒時同交歡，醉後各分散。永結無情游，相期邈雲漢。天若不飲酒，酒星不在天；地若不愛酒，地應無酒泉。天地既愛酒，愛酒不愧天。三杯通大道，一斗合自然。但得酒中趣，勿為醒者傳！

今本詩題作「月下獨酌四首」，除第三首十二句外，其餘每首十四句，敦煌本引這詩共二十四句，是合併今本的一二首，而在「愛酒不愧天」下省去「已聞清比聖，復道濁如賢，賢聖既已飲，何必求神仙」四句。考《文苑英華》卷一九五亦有這四句。

從一詩數章或分或合的情形看來，李白的詩，在唐代是沒有定本的，唐貞元年間的劉全白曾說：「李君文集家有之，而無定卷。」是李詩或並或分，有許多不同的抄本，而抄者可以決定分合。直至宋初仍不曾統一，所以《文苑英華》收這首詩時，有些門類中錄一章，有些門類中錄三章，竟至前後重複，這種現象，可以證明本詩在宋初時仍然或分或合，各本不同，《文苑英華》成於眾手，以致所據篇章多有不同。吾人看敦煌本數首選二首時，詩題往往不同，有時也可以用這種原因來解釋。

至於胡震亨以為「天若不愛酒」以下為馬子才詩，馬子才是宋代元祐中人，今唐人抄本俱在，已錄本詩，胡說自不能成立。所以敦煌本的出現，在辨偽方面也頗有功用，龔自珍在「最錄李白集」中，定李白真詩一百二十二篇，所下判斷是否過於嚴苛，同樣可以敦煌本去對照。

再則如「為樂」今本並作「行樂」，「天若不飲酒」今本並作「天若不愛酒」，今本並與《文苑英華》所引同。「盃」今本作「杯」，「蹔」今本作「暫」，字並通用，姑不論。

戰　城　南

　　去年戰，桑乾源，今年戰，蔥河道，洗兵條支海上波，放馬天山雪中草，萬里長征戰，三軍盡衰老。匈奴已煞戮為耕作，古來唯見白骨黃沙田，秦家築城備胡處，漢家還有烽火然。烽火然不息，征戰無已時，野戰格鬥死，怒馬號鳴向天悲，烏戴啄人腸，悲飛上掛枯樹枝，士卒涂草莽，將軍空爾為，乃知兵者凶器，聖君應不得已而用之。

　　本詩文字與今本出入處不多，「秦家築城備胡處」，備字明嘉靖本作「避」，「避」字有失中華大國身分，秦皇築城所以「備」胡，備胡之來，不必避胡。考宋本《樂府詩集》卷十六及《文苑英華》卷一九六引本詩正作「備」，王琦本亦定作「備」，與敦煌本合。

　　「悲飛上掛枯樹枝」，悲字明嘉靖本作「銜」，《樂府詩集》亦作「銜」，王琦注本作「啣」，因上文「向天悲」已有「悲」字，大概為避免重出才改的。

　　「乃知兵者凶器」，今本凶器上有「是」字，成七字句。又「聖君應不得已而用之」，今本聖君作「聖人」，可能是嫌「聖君」二字直指當時皇上，使諷刺君主喜好邊功的意思太明顯，而六韜的原文是「聖人號兵為凶器，不得已而用之」，用原文可以不像直斥時政那樣刺眼。《文苑英華》仍作「聖君」，可證傳到宋代尚有未曾改盡的。但今本在「聖君」下都沒有「應」字，使結尾二句，一句六言，一句九言，成為七言八言了。本詩的句型長長短短，五六七八九言皆備，也許這是本詩的特色。

　　其他如「已煞」今本作「以殺」，「戴」今本作「鳶」，均為古字通用。戴，《漢書·五行志》注作「鴟也」，鴟即鷂鷹，鳶也是鷂鷹，與戴是同一種鳥。

白　鼻　騧

銀鞍白鼻騧，綠地障泥錦。細雨春風花落時，揮鞭且就胡姬飲。

今本「且就」作「直就」，且直形近致誤。「直就」雖覺豪邁，但「且就」亦通。宋本《樂府詩集》作「且就」，與敦煌本同。又注「一作直」，是宋時已有異文。這詩的意思和李白另一首《少年行》很接近：「五陵年少金市東，銀鞍白馬度春風，落花踏盡游何處，笑入胡姬酒肆中。」這二詩的命意應是承襲高陽樂人歌中的白鼻騧詩一樣（載《樂府詩集》），取寶馬換酒的寓意。

「綠地障泥錦」，宋本《樂府詩集》改為「綠池」，楊慎《升庵外集》遂以為地作池，得敦煌本的證明，知道「綠地」是對的，《西京雜記》有「以綠地五色錦為蔽泥」句，李詩正用此典。

烏　夜　啼

黃雲城邊烏夜棲，歸飛啞啞枝上啼。機中織錦秦川女，碧紗如煙隔牕語。停梭問人憶故夫，獨宿空床淚如雨！

今本「烏夜棲」都作「烏欲棲」，大概是因為下文寫「歸飛啞啞」，欲棲不定，暗示織女的欲眠不得，所以才改為「欲」字。其實作「烏夜棲」也未必就是棲穩入睡，第一句早些把題目「夜」字點出，與結尾「獨宿」起結相應，也是很好的。

結尾兩尾，明嘉靖本作「停梭悵然憶故夫，獨宿孤房淚如雨」，也許是由於詩中有織女、有故夫，中間忽然出現「問人」二字，覺得這個上下無根的第三者出現得很突兀，有些交代不清，所以才將「問人」二字改作「悵然」。宋本《樂府詩集》卷四十七，記宋時李詩異文，有

作「停梭向人問故夫」的，上句和敦煌本頗接近；但下句改成「欲說關西淚如雨」，王琦又見異文作「知在關西淚如雨」的，目的在使這「第三者」的身分略有表明。這裡可以略見修飾者的苦心，卻未必是李詩的原意。但王琦所見諸本中也有作「停梭問人憶故夫」和敦煌本相同的，足見諸本字句雖混淆，但李詩的原來面目，往往仍有線索可尋。再則「空床」今本作「孤房」，孤房比空床或許雅一些，可是印象空泛，不如「空床」那樣直率而具體，有時古樂府是以古拙率真為可愛的。

敦煌所見李白詩四十三首的價值（下）

行行遊獵篇

邊城兒閒不讀一字書，遊獵誇輕趫。胡馬秋肥宜白草，騎來躡影何矜驕。金鞭拂雪揮鳴鞘，半酣呼鷹出遠郊。彎弓滿月不虛發，雙鵠迸落連飛髇。海邊觀者皆闢易，勇氣英風振沙磧。儒生不及征戰人，白首垂惟復何益。

今本題目作「行行且遊獵篇」，多一且字。宋本《樂府詩集》則作「行行遊且獵篇」，且字在游字下。《樂府》解題謂此曲名起自劉孝威「遊獵篇」，亦謂之「行行遊且獵篇」，則題名原無定字。

明嘉靖本起首二句作「邊城兒生年不讀一字書，但將遊獵誇輕趫」，第一句為十字句，「生年」二字不很通順，第二句以後均為七字句。敦煌本第一句「一字」二字漏脫，補寫在旁，共為九字句，似較今本通順。第二句只有五字，則不如今本有「但將」（蕭刻本）或「但

知」（王琦注本）二字，上下貫聯，較為順適。本詩起首處句型長短較為特殊，抄寫時容易漏脫。

「彎弓」今本作「弓彎」，王琦見諸本有作「彎弧」的，則彎字原應在上。再則如李白《出自薊北門行》：「彎弓射賢王」，又《塞下曲》：「彎弓辭漢月」，又《贈宣城宇文太守詩》：「彎弓綠弦開」，又《獨漉篇》：「我欲彎弓向天射」，均作彎弓，是李白頗善用「彎弓」二字。

末二句「儒生不及征戰人，白首下帷復何益」，「征戰人」今本李集及《樂府詩集》卷六十七並作「游俠人」，衡諸全詩文義，似應作「游俠」才對。又「垂」今作「下」，王琦見「繆本作垂」，是宋本尚存古本原貌。「惟」字今本作「帷」，當為「帷」字，敦煌本抄者每以惟字代替。

至於「闓易」今作「辟易」，考《李白敘舊贈江陽宰陸調詩》：「鞍馬皆辟易」，繆刻本仍作闓易，作闓原來是班人寫本的面目。「勇氣」今作「猛氣」，意義相近，從略不論。

臨江王節士歌

洞庭白波木葉稀，燕雁始入吳雲飛。吳雲寒，燕雁苦，風號沙宿滿湘浦，節士感秋泣如雨。壯氣憤，雄風生，安得倚天劍，跨海斬長鯨。

詩中「雁」字明嘉靖本並作「鴻」，古人雁字多寫作從鳥，與鴻字形相近。「感秋」明嘉靖本作「悲秋」，宋本《樂府詩集》卷八十四仍作「感秋」，王琦所見繆本，亦與敦煌本同。「泣」字今本作「淚」，意義無甚出入。

「壯氣憤」今本作「壯士憤」，王琦所見異文，仍有作「氣」字的。

「壯士」與上句「節士」相重複，若如上文「吳云」二字作頂真用，則應作「節士憤」。敦煌本作「壯氣」與下文「雄風」頗諧合，且考李白《梁甫吟》詩：「逢時壯氣思經綸」，又《少年行》：「少年負壯氣，奮烈自有時」，是「壯氣」一詞，為李白所常用。

本詩與今本最大的不同，在於「泣如雨」之下，還有「白日當天心，照之可以事明主」二句，宋本《樂府詩集》亦有這二句，考南朝宋陸厥有《臨江王節士歌》，共十句，敦煌本李白詩亦十句，《樂府詩集》載錄此曲僅此二首，李詩應本陸厥曲作詞，以十句為宜。「白日」二句大概是後人以為全詩與詩題「臨江王」無涉，才加入「事明主」的意思，其實陸厥的原作也沒有事明主的意思。

烏棲曲

姑蘇台上烏棲時，吳王宮裡醉西施。吳歌楚舞歡未畢，青山猶銜半邊日。銀箭金壺漏水多，起看秋月墮江波。東方漸高奈樂何！

本詩與今本所載幾乎全同，僅「猶銜」作「欲銜」，就下午而言，欲銜代表的時間較早，猶銜代表的時間較晚，描寫沉醉於歌舞作樂，夜以繼日，則作「猶銜」為佳。王琦見「繆本作猶」，則繆本每與敦煌本相應，淵源甚古。宋本《樂府詩集》卷四十八、《文苑英華》卷二〇六，並作「猶銜」，是宋時版本尚多未誤。

長相思

長相思，在長安，絡緯秋啼金井欄，微霜淒淒簟上寒。孤燈不明思欲絕，卷帷望月空長嘆。美人如花隔雲端，上有青冥之天，下有淥水之波瀾。天長路遠魂飛苦，夢行不到關山難。長相思，摧心肝！

　　大凡普遍傳誦的詩篇，異字較少，因為它們是一直活在世人的口頭上。第三句「微霜淒淒簟上寒」，今本都改「上」為「色」。「簟上寒」是從觸覺去領受，「簟色寒」則是從視覺去領受。以觸覺領受暗示人曾睡在床上，所以已感到簟上的寒冷；以視覺領受則暗示人還沒有睡，只看到簟色有了涼意。所以「簟上寒」所寫的是：人已睡而為蟋蟀鳴醒，然後燃燈夜思，卷帷望月，動作的連續性交代得明白而生動。更何況下文有「夢行不到」的痛苦，自然以曾經睡著為宜。既是曾經入眠，則自然以「簟上寒」為佳。這樣說來，這個「上」字是全詩連續動作的關鍵，是不能被改動的。

　　「夢行不到關山難」，今本並作「夢魂不到」，上文有「天長路遠魂飛苦」句，後人以為改為「夢魂不到」能與上文密切相連。其實作「夢行不到」，用沈休文詩：「夢中不識路，何以慰相思」的意思，取張敏夢中往尋高惠故事，也是很順適而且極生動的。再說，「夢行不到」表示已經夢過，與上文「簟上寒」表示曾經睡過，文意正呼應。且作「夢行」又可以避免魂字的犯重，考《文苑英華》卷二〇二亦作「夢行」，尚存原作面貌。

　　其他如「欄」字，明嘉靖本作「闌」，王琦見「繆本作欄」，宋本《樂府詩集》及《文苑英華》亦作欄，是宋時尚相傳未改。「淥」今本作「綠」，二字通用。「卷惟」今本並作「卷帷」，自以作「帷」為正確，但敦煌本中屢次帷寫作惟，可能是唐人的習慣。

　　又「上有青冥之天」，「天」明嘉靖本作「長天」，宋本《樂府詩集》亦作「長天」，而《文苑英華》作「高天」，王琦注本作「高天」，與下句「下有綠水之波瀾」對稱，可能是敦煌本抄寫時漏脫一字，漏脫的字可能是「長」字，因為從《長相思》在長安開始，幾乎有意重出「長」字，如空長嘆、長天、天長，到結尾的長相思，一直是長長長的長相

思。

古有所思

　　我思佳人，乃在碧海之東隅，海寒多天風，白波連山到蓬壺，長鯨噴湧不可涉，撫心茫茫淚如珠，西來青鳥東飛去，願寄一言謝麻姑。

　　明嘉靖本詩題作「古有所思行」，多一行字。王琦注本亦無行字，合乎古本的舊貌。《宋書》載《漢鼓吹鐃歌十八曲》有「有所思」曲，似不必有「行」字。

　　「我思佳人」，今本作「我思仙人」，宋本《樂府詩集》見宋時有異文作「佳」，與敦煌寫本相同。「我思佳人，乃在碧海之東隅，海寒多天風」，與「美人如花隔雲端，上有青冥之高天，下有綠水之波瀾」同一機杼。這「佳人」、「美人」，富有浪漫的氣息，足以使想象力施展其無限的延展性。若作「仙人」則指定是結尾的「麻姑」，「麻姑」與「凡人」人神懸隔，意味就少。

　　「白波連山到蓬壺」，今本「到」作「倒」，白波如連接的山峰直到蓬壺，這「直到」的「到」，寫出了浩浩渺渺的悠遠境界，遠比「倒」字傳神。

　　「西來青鳥東飛去，願寄一言謝麻姑」，明嘉靖本「青鳥」作「有鳥」，恐是誤刻。西方來的當為青鳥，用漢武故事的典故極明顯。宋本《樂府詩集》仍作青鳥，王琦注本也改正作「青鳥」。又明嘉靖本「一言」作「一書」，一言一書用意雖相近，但「一言」況且不能傳達，更無論「一書」！所以一言比一書更能形容出懸絕不通的相思之苦。

　　至於「涌」字今本作「湧」，是同一個字的不同寫法。

胡　無　人

嚴風吹霜海草凋，筋斡精堅胡馬驕，漢家戰士三十萬，將軍誰者霍漂姚。流星白羽腰間插，劍花秋蓮光出匣，天兵照雪下玉關，虜箭如沙射金甲。龍風虎雲畫交回，太白入月敵可摧。敵可摧，旄頭滅，履湖之腸涉胡血，懸胡青天上，埋胡紫塞傍，胡無人，漢道昌！

「將軍誰者霍漂姚」，明嘉靖本「誰者」作「兼領」，宋本《樂府詩集》卷四十見舊本有「一作誰者」，與敦煌寫本同。《文苑英華》卷一九六作「誰是」，尚能部分存真。考杜甫詩：「借問大將誰，恐是霍嫖姚」，李杜所用同一典實，自以作「誰者」為可信。「漂姚」、「嫖姚」、「票姚」形容「勁疾」的意思，字並通用。

「龍風虎雲畫交回」，明嘉靖本作「雲龍風虎盡交回」，前人因拘於《易經》「雲從龍，風從虎」的次序，改詩句為「雲龍風虎」，其實李詩是寫戰陣的錯綜變化，和「雲從龍，風從虎」牽不上關係。王琦說：「雲龍風虎皆陣名。李衛公問對太宗曰：天地風雲龍虎鳥蛇，斯八陣何義也？靖曰：古人祕藏此法，故詭說八名於八陣，本一也。舊注引《周易》雲從龍風從虎之文，恐於詩義未當。」王氏懷疑得很正確，由敦煌本作「龍風虎雲」，故意與易辭錯綜，正可以證明不是用《易經》的意思。又「畫」字明嘉靖本作「盡」，《文苑英華》仍作「畫」，尚存真貌。下句寫太白入月是夜間，上句則正說白畫，描寫畫夜交兵，意思也頗順當。畫、盡二字形近，但畫字不可以改成盡字。

本詩的結尾，本來到「胡無人，漢道昌」已經收結，但在《文苑英華》及郭茂倩的《樂府詩集》收錄本詩時，又多了「陛下之壽三千霜，但歌大風雲飛揚，安得猛士守四方，胡無人，漢道昌」五句，宋代的蘇轍已指出「陛下」等三句為「不達理」，元人蕭士贇刻李白集，

就刪去了這幾句，他說：「詩至漢道昌，一篇之意已足，『陛下之壽三千霜，但歌大風雲飛揚，安用猛士兮守四方』，一本無此三句者是也。……今遂刪去。後人具正法眼藏者，必蒙賞音。」（《分類補注李太白詩》卷三）蕭氏所見的「一本無此三句」，正與敦煌本同。只要據敦煌本，不必具什麼「正法眼藏」，就可以證實蕭氏的說法是正確的。

陽　春　歌

　　長安白日照春空，綠楊結煙乘裊風，披香殿前花始紅，流芳髮色繡戶中。繡戶中，相經過，飛燕皇后輕身舞，紫宮夫人絕世歌，聖皇三萬六千歲，歲歲年年奈樂何！

　　「乘裊風」明嘉靖本作「垂裊風」，《文苑英華》乘亦作「垂」，王琦據宋本《樂府詩集》作「桑裊風」，裊裊同義，而乘字作「桑」，唐人寫乘作「乘」，寫垂作「垂」，二字形似，後人遂誤作「垂」字。又唐人寫桑多作「桒」，與唐人所寫乘字字形極近似，所以或誤作桑。得敦煌寫本，才知道應作「乘」，「乘」字寫綠楊乘風起伏，表現柳條的輕柔，很能傳神，比垂字、桑字遠勝。

　　其他如「聖皇」今本作「聖君」，意義本相似，但改作聖君以後，三萬六千歲，隨即改為三萬六千日，變成百歲的光陰了。大概是因為飛燕皇后、紫宮夫人都是塵俗間的人物，相對的「聖君」也應該是百歲光陰的人物，與三萬六千歲的神話世界不相協調，才加修改。且李白的詩中，如《古風》第廿三，即有「三萬六千日，夜夜當秉燭」，又《襄陽歌》：「百年三萬六千日，一日須傾三百杯」，常用「三萬六千日」字樣，所以更有了改動的理由。其實李白在本詩中的原意，只是取萬歲、千歲的誇張意義，萬歲不一定用在神話的世界，如陳張正見《前

有一樽酒行》：「欲令主人三萬歲，終歲不知老」，則頌揚世俗間人物，慣例亦用三萬歲字樣。同時張詩用下句的「終歲」緊接在「三萬歲」下，與李白用下句的「歲歲年年」頂真在上句「歲」字下，同出一轍，這種頂真的技巧，使誦讀起來一氣直下，也是很好的，不必改作日字。

再則「世」字敦煌寫本作「卄」，是避諱的緣故，《文苑英華》世作「代」，也是避諱的緣故。

白紵詞三首

揚清歌，髮皓齒，北方佳人東鄰子，且吟白紵停綠水，長袖拂面為君起。塞雲夜卷霜海空，胡風吹天飄塞鴻，玉顏滿堂樂未終。

館娃日落歌吹深，月寒江清夜沉沉，美人一笑千黃金，垂舞谷揚哀音，郢中白雪且莫吟，子夜吳聲動君心。動君心，冀君賞，願作天池雙鴛鴦，一朝飛去綠雲上。

吳刀剪綺縫舞衣，明妝麗服奪春暉，揚蛾轉袖若雪飛，傾城獨立世所稀，激楚結風醉忘歸，高堂月落燭已微，玉釵掛纓君莫違。

明嘉靖本將第二首的首句「館娃日落歌吹深」作為第一首的結尾，並改「深」為「濛」，以押東韻。這是沿襲元刻蕭士贇注本及宋刻郭茂倩《樂府詩集》而來的，使第一首成了九句。大概古人抄寫三首詩時，都接連書寫，以致後人分章時有所不同。清代的王琦舉鮑照《白紵辭》為例：「朱唇動，素袖舉，洛陽少年邯鄲女，古稱綠水今白紵，催弦急管為君舞，窮秋九月荷葉黃，北風驅雁天雨霜，夜長酒多樂未央」，並說：「太白此篇句法，蓋全擬之，蕭本以『館娃日落歌吹濛』一句續作末句，便不相類，今從古本。」王氏以為鮑照的《白紵辭》為八句，李白的擬作，句法長短應和鮑詩相同，據此刪去末句。今睹敦煌寫本三

首分別頂格書寫，「館娃日落歌吹深」為第二首的起句，非常明確，證實王琦的改正是對的。

其他文字，小有出入，影響不大。如「卷」今本作「捲」，王琦見「繆本作卷」，是繆本往往能保存古本真貌。「揚哀音」、「揚蛾」，明嘉靖本字並誤作楊，王琦注本已改正。

「子夜吳聲」今本作「子夜吳歌」，意思相近，但「子夜吳聲」原與上文「郢中白雪」交綜相對偶，白雪為曲名，子夜由人名而借為曲名；郢中指地域，則以「吳聲」指地域方音，上下對稱得好些。

「一朝飛去綠雲上」今本「綠」字作「青」，「青雲」較為常見，用「綠雲」形容天池，似乎尤為新穎澄潔，李白的《鳳台曲》也寫：「天借綠雲迎」，可見李白喜用綠雲裝飾天上明亮的美景。

「吳刀剪綺縫舞衣」，明嘉靖本「綺」字作「彩」，宋本《樂府詩集》彩下注「一本作綺」，與敦煌本相同。綺是有花紋的繒，彩也是有色的繒，意義相近。

「揚蛾轉袖若雪飛」，今本「蛾」字作「眉」，考蛾眉字本應作「娥」，唐初顏師古始有「形若蠶蛾」的說法，影響唐人的傳鈔，紛紛改作「蛾眉」，其實李白的《邯鄲才人嫁為廝養卒婦》詩：「揚娥入丹闕」，繆刻本仍作娥；又《上皇西巡南京歌》之五：「後宮親得照娥眉」，則今本仍作娥眉，是李白並不接受顏師古的說法，據《楚辭》王逸注：「娥、眉好貌」，則作娥才正確。傳鈔者改為蛾或眉，都不如作娥字。

飛龍引二首

黃帝鑄鼎於荊山煉丹沙，丹沙成黃金，騎龍飛去太上家，雲愁海思令人嗟，宮中綵女顏如花，飄然揮手浚紫霞，從風縱縱登鸞車，登

鸞車，侍軒轅，遨遊青天中，其樂不可言。

　　鼎湖水，清且閒，軒轅去時有弓劍，古人傳道留其間，後宮嬋娟多花顏，乘鸞飛煙亦不還，騎龍攀天造天關，造天關，聞天語，屯雲車，載玉女，載玉女，過紫皇，紫皇乃賜白兔所搗之藥，後天而老凋三光，下視瑤池見西母，蛾眉蕭颯如秋霜。

　　「騎龍飛去太上家」明嘉靖本作「騎龍飛上太清家」，王琦見「繆本作飛去太上」，繆本是復宋蜀本，較為接近唐人寫本，《文苑英華》卷一九三亦錄異文，有仍作「太上」的本子。考今本所謂「太清」一詞，為道家三清之一，《抱朴子·雜應篇》：「上升四十里，名曰太清，太清之中，其氣甚剛。」似「太清」自有其出典，但「太清家」三字相連，甚為少見。而「太上」一詞，意為「上聖之人」，《左傳·襄公二十四年》杜預注，即以太上指黃帝等人，則「太上家」即是黃帝之家，黃帝騎龍上飛，自返其家，於理甚順。又《漢武內傳》有《上元夫歌步玄之曲》：「負笈造天關，借問太上家。」《漢武內傳》雖為偽書，但已著錄於《隋志》，最晚作成於齊梁之間，李詩於第二首即云「造天關」，可見李詩正用《漢武內傳》為典故，敦煌本與繆本作「太上家」才是李白的原意。

　　「從風淰淰登鸞車」，明嘉靖本作「從風縱體登鑾車」，王琦注本亦作「縱體」，唯鑾則作鸞。王本與《文苑英華》所載相同。大概由於「淰淰」字不常見，從水從　抄寫時行書又相近，於是誤作「縱縱」，縱縱不易解釋，又改作「縱體」。其實《文選》揚雄《甘泉賦》有「風淰淰而扶轄兮」，淰淰為「疾貌」，疾風而扶轄，正是李詩「從風登車」命意的來歷，改作「縱體」，不免顯得倉促凌亂，大失風度，也大失詩味。

　　「鼎湖水，清且閒」，今本並作「鼎湖流水清且閒」，多一「流」字，王琦的注文說：「閒者是水止而不動之意」，既是水止不動，如何能容得這個「流」字！陸機詩：「惠心清且閒」，正謂心清不擾動，李詩正用陸機詩下三字，可見流字是後人所加，致使句意矛盾。

　　「屯雲車，載玉女」，明嘉靖本作「長云河車載玉女」，增一「河」字，聯成七言句，而「屯」字改為「長」字。王琦注本則作「屯雲河車載玉女」，屯字與敦煌本同。今考屯字唐人寫本作二畫一拐，以抄本中「逆」、「朔」等字為例，凡「屮」處多寫成平畫，似避憲宗「純」字諱而習慣於缺筆，則二畫一拐當是屯字。但二畫一拐與草書「長」字相似，可能因此而誤為「長」字。句中又增河字，道家雖談「河車」，如李白《古風》第四首有「吾營紫河車」句，但「長雲河車」便不通，王琦本雖作「屯」字，但「屯雲河車」也無法解釋，王注以為「言車之多若屯雲」，屯雲一詞見於列子，而李白《上皇西巡南京歌》之十：「上皇歸馬若雲屯」，亦以屯雲形容車馬，可見「屯雲車」才是李詩的原文。不是敦煌本的出現，幾乎無法讀通這兩首詩。

　　「紫皇乃賜白兔所搗之藥」，今本藥下有「方」字，「方」字與皇光霜押韻，讀來一氣直下，但所搗者應該是「藥」，不是「藥方」，傅玄《擬天問》有「白兔搗藥」句，《太平御覽》引《秘要經》也稱「白兔長跪搗藥」，或許「方」字是後人所增的，宋本《樂府詩集》卷六十引本詩，仍無「方」字，是一個很好的證據。

　　其他如「丹沙」今本作「丹砂」，沙砂通用。「西母」今本作「王母」，均指西王母而言，意義亦相同。「簫颯」今本作「蕭颯」，唐人從竹從艸受隸書影響，有時仍互混，蕭條、衰颯的意思應從艸頭作蕭，敦煌殘卷另載李白《獨不見》詩，其中的「蕭颯」字正從艸作蕭。

前有樽酒行二首

春風東來忽相過，金樽綠酒生微波，落花紛紛稍覺多，青軒桃李能幾何，煙光欺人勿蹉跎。君起舞，日西夕，當年意氣不肯傾，白髮如絲嘆何益！

琴奏龍門之綠桐，玉壺美酒清若空，催弦拂燭與君飲，看珠成碧顏始紅，胡姬如花當爐笑春風，笑春風，舞羅衣，君今不醉欲安歸。

《樂府詩集》將本詩歸入「前有一罇酒行」，宋初《文苑英華》收此詩，則題為「前有罇酒行」，仍與敦煌本同。

今本與敦煌本較大的差異，是「青軒」句上面多了「美人欲醉朱顏酡」七字一句。《樂府詩集》及《文苑英華》也都有這一句。其實這句詩是借用《楚辭》：「美人既醉朱顏酡」，李白會不會在這裡直用陳句，很值得懷疑，落花紛紛，桃李幾何，意思很聯貫，似乎不須中間插上「美人」句，況且第二首在三字句前共五句，第一首在三字句前也是五句，可見「美人」句是值得懷疑的。

「煙光欺人勿蹉跎」，今本「煙」並作「流」，考流光較為常見，但是李白卻善用「煙」字，《春夜宴桃李園序》：「陽春召我以煙景」，又《送孟浩然之廣陵》詩：「煙花三月下揚州」，是「煙光」正寫三月桃李的美好風光，扣緊上文東風落花的意思，比泛用「流光」二字，無法暗示季節風物要嚴謹得多。又「勿蹉跎」字今本並作「忽蹉跎」，上文始覺落花稍多，桃李幾何，當悟煙光欺人，勿為蹉跎，勸人警醒，意思很順當，與《詩經・摽有梅》勸及時的意思相同，應該作「勿蹉跎」才對，改為「忽」字，與第一句「忽」字犯重，意思也不及「勿」字。

「當年意氣不肯傾」，元代蕭注本及明嘉靖本「傾」作「平」，《文

苑英華》卷一九五錄異文「一作傾」，而宋本《樂府詩集》仍作「傾」，
與敦煌本同，王琦注本定作「傾」字是正確的。考李白《扶風豪士歌》：
「意氣相傾山可移」，又《山人勸酒》詩：「意氣遙相傾」，是李白常以
「傾」字來形容意氣。

　　「催弦拂燭與君飲，看珠成碧顏始紅」，今本「燭」並作「柱」，
弦柱都是琴上的配件，用弦似不必再用柱，用一個「燭」字點明時間，
也是很好的。「拂燭」的拂，取「遮蔽」的意思，與「拂日」的拂字相
同。今本「珠」並作「朱」，看朱成碧，可能是用南朝梁王僧孺《夜愁
示諸賓》詩：「誰知心眼亂，看朱忽成碧」，王詩指夜久燈盡，眼花繚
亂，把紅色看成綠色。李詩借來作酒多眼花，兼含夜久不明意，由此
可知「拂燭」二字不可少。但敦煌本的「珠」字大概是寫錯了。

　　「胡姬如花當爐笑春風」九字一句，今本增加「貌」字，寫成「胡
姬貌如花，當壚笑春風」十字二句。今本在三字句的前面成了六句，
所以第一首也加「美人欲醉朱顏酡」以足六句之數。見敦煌本才知三
字句前均為五句。「爐」明嘉靖本作「罏」，《樂府詩集》及王琦注本作
「壚」，王注還特別說明壚是放酒甕的壚，不是溫酒的火爐。但《文苑
英華》所引與敦煌本同作「爐」，可見作火爐解由來已久。

　　「君今不醉欲安歸」，明嘉靖本及王琦注本「欲」並作「將」，但
繆刻復宋本、《樂府詩集》及《文苑英華》均作「欲」，「欲」字到宋代
還沒有被改動。

古蜀道難

　　噫呼嚱，危乎高哉！蜀道之難，難於上青天！蠶叢及魚鳧，開國
何茫然！爾來四萬八千歲，乃不與秦塞通人煙。西當太白有鳥道，可
以橫絕峨眉巔！地崩山摧壯士死，然後天梯石棧方鉤連。上有橫河斷

海之浮雲，下有衝波逆折之回川，黃鶴之之飛尚不得過，猿猱欲度愁攀牽！青泥何盤盤，百步九折縈巖巒，捫參歷井仰脅息，以手撫心坐長嘆，問君西遊何時還，畏途巉巖不可攀，但見悲鳥號古木，雄飛從雌繞花間，又聞子規啼月愁空山！蜀道之難難於上青天，使人聽此凋朱顏！連峰入煙幾千尺，枯松倒掛倚絕壁，飛湍瀑流爭喧豗，砅崖轉石萬壑雷，其嶮若此，嗟爾遠道之人胡為乎來哉！劍閣崢嶸而崔嵬，一夫當關萬夫莫開，所守或匪親，化為狼與犲！朝避猛虎、夕避長蛇，磨牙吮血，殺人如麻！蜀道之難難於上青天，側身西望令人嗟！

　　詩題較今本多一「古」字，大概《蜀道難》是「古樂府」的緣故。

　　「噫呼嚱」今本並作「噫吁嚱」，李白在這裡故意用蜀地人的口語作開端，蜀地人見到驚異的事物就發「噫嘻嚱」的驚嘆聲（見宋景文公筆記），這驚嘆聲出於人類自然的口吻，發聲時口腔器官的肌肉，為了摹擬出希罕難能的意思，用盤盤折折、前移後退的口舌動作，來表達艱難少有的情意。基於這種認識，試比較「吁」「呼」二字在詩句中的不同作用：從噫到吁，就韻而言，一ㄩ兩韻的舌頭地位相同，只是將齊齒變成撮口罷了。再發嚱音則舌頭仍在原位。但從噫到呼則不簡單，舌頭要全部後退，而前部下降根部升起，才能發呼音。接著再發嚱音，又要把舌頭的前部再度上升。若就聲而言，吁嚱同為曉紐雙聲字，發音較順；而呼嚱的發聲口腔變化亦較大，乃知「噫呼嚱」比「噫吁嚱」更難發音，更能形況出山路的艱辛。

　　「乃不與秦塞通人煙」，前三字明嘉靖本作「不與」，《樂府詩集》卷四十作「乃與」，下注「一作不」，《文苑英華》作不與，下注「一作乃」，見敦煌本才知道當作「乃不與」，今存諸本各對了一半。「乃不與秦塞通人煙」是一句不尋常的八言句，用在本詩的開端部分，使起首

幾句的句型長長短短，無一相同，就像用具象的方式，形象化地表現
出崎嶇不平的山路歷程。更何況李白的意思，是在形容蜀地僻在一
隅，自古不適宜建行宮、宣聲教，暗示玄宗若進入蜀地，難與中原通
聲氣，將無法作百姓生靈之主。照這全詩的寓意來看，也應作「乃不
與」才對。

　　「然後天梯石棧方鉤連」，明嘉靖本「方」作「相」，《樂府詩集》
仍作「方」與敦煌本同。「方」字有歷經艱難始克完成的意思，與上文
「地崩山摧」相應，比用「相」字好。

　　「上有橫河斷海之浮雲，下有衝波逆折之回川」，明嘉靖本上句作
「上有六龍回日之高標」，下句「衝」作「沖」。《文苑英華》卷二百及
《樂府詩集》都保存「橫河斷海之浮雲」的異文，是宋時諸本尚未盡
改。「橫河斷海之浮雲」與「衝波逆折之回川」，對仗得很美。且「高
標」二字，用在這裡，稍覺費解，不像李白明朗、直率的風格。

　　「猿猱欲度愁攀牽」，「牽」字明嘉靖本作「援」，《樂府詩集》、《文
苑英華》、繆刻復宋本並作「緣」，「援」字「緣」字，所表現的是一隻
猿猱；不如「牽」字能表現引朋呼類的一群猿猱。王琦見「一本作
牽」，尚存原文的真貌。考李白《去婦詞》：「誰肯相牽攀」，可見牽攀
二字李詩常連用。

　　「雄飛從雌繞花間」，《文苑英華》「從雌」作「呼雌」，《樂府詩集》
在「呼雌」下注「一作雌從」，王琦定作「雌從」，則與「從雌」相反，
鳥類自有物競天擇的道理，大都雄鳥逐雌鳥，今本改為男行女從的觀
念，與自然景象未必相合。唯元刻蕭注本和明嘉靖本仍作「從雌」，與
敦煌本同。「花間」今本並作「林間」，花間指春季，是嚶鳴求偶的時
節，與上文「雄飛從雌」正相應。

　　「又聞子規啼月愁空山」是一句九言的畸零句，畸零句必須入韻。

「啼月」今本則作「啼夜月」，唯《文苑英華》作「啼月落」，在月上增「夜」字，或在月下增「落」字，使「啼夜月」或「啼月落」與「愁空山」相對，目的均在使這畸零句斷成「又聞子規啼夜月、愁空山」二句。其實這畸零句若作為前二句「山鳥悲號」的延續回聲也很好，不僅加強上文的語氣，也能造成空際延續蕩漾的效果。

「連峰入煙幾千尺」今本並作「連峰去天不盈尺」，唯《文苑英華》及《樂府詩集》所錄異文與敦煌本同。「千」字為李白最喜用而又最善用的字，但往往被改去，瀑布水詩中「左右各千尺」被改掉，這兒的「幾千尺」又被改去了。

「其嶮若此、嗟爾遠道之人胡為乎來哉」，今本「嶮」作「險」，嶮、險相通，形容山貌高峻，用嶮字更切合字義。明嘉靖本及《文苑英華》「若此」作「也如此」，唯《樂府詩集》仍作「其嶮若此」與敦煌本同。作「其險也如此」，可與下句間作一停頓，讀來語氣較為弛緩，「其險若此」則可與下句連接讀下，語氣峻急，上氣不接下氣，將爬山的人氣喘吁吁的樣子，一齊活現在音響裡。「嗟爾」句已有十一個字了，再加四字，成十五字，這句型的長度，把「遠道而來」的長遠路程作了具象式的表出。

敦煌本與今本還有一處最大的不同，就是今本在「殺人如麻」下還有「錦城雖云樂，不如早還家」二句，有了這二句，語氣又寬緩了不少，若沒有這二句，四字句下突接九言句，語氣急迫得多。我想所以要加這二句，可能是為了呼應詩中「問君西遊何時還」，於是勸他不如早還家。但本詩的要旨是什麼呢？據王琦的研究，詩中有「所守匪親，化為豺狼」的句子，又有蠶叢開國、劍閣難行等語，是指安祿山造反，天子逃往蜀地，當時眾議紛紛，都認為不適宜往蜀地避難，李白作《蜀道難》主要在表示反對「天子幸蜀」，所以「問君西遊何時

還」，君字乃指唐明皇。果真如王琦所說，則「錦城雖云樂，不如早還家」二句未免諷刺太過，且本詩當作於「初聞上皇倉卒幸蜀之時」，「樂」從何來？寇盜未平，如何「還家」？凡此皆與當時情事不合。附帶一提的是：《唐書攈言》中記載李白《蜀道難》題下注有「諷章仇兼瓊也」六字，黃庭堅作草書《蜀道難》，也寫了這六個字，現在由於敦煌本的出現，唐人手跡具在，並沒有這六個字，可見《攈言》的附會不可信。至於洪駒父《詩話》以為這詩是諷刺嚴武欲殺杜甫，勸誠杜甫不要在蜀中安居。今考嚴武欲殺杜甫的傳說，未必是真的，即使是真的，也在西元七六五年初（嚴武表杜甫為工部員外郎在 764 年），而李白早在西元七六二年下世，洪說如何可信？還是當以王琦的說法最為有理。

　　其他如「令人嗟」今本並作「長咨嗟」，唯《文苑英華》錄存異文與敦煌本同。令人嗟與長咨嗟意義相近。至於矗叢二字唐人寫法不同。「黃鶴之之飛」多寫了一個之字。「撫心」今本作「撫膺」，意義也相同，唯《文苑英華》仍作心，尚存古書真貌。「犵」今本作「豾」，兩字通用。

出自薊北門行

　　虜陣橫北荒，胡星耀精芒。羽書速驚電，烽火晝連光。虎竹救邊急，戎車森已行。明主不安席，按劍心飛揚。推轂出猛將，連旗登戰場。兵威衝絕漠，殺氣凌穹蒼。列卒赤山下，開營紫塞旁。孟冬沙風緊，旌旗颯凋傷。畫角悲海月，征衣卷天霜。揮刃斬樓蘭，彎弓射賢王。單于一平蕩，種落自奔亡。收功報天子，歌舞歸咸陽。

　　本詩與今本字句出入不大，「兵威衝絕漠」，今本「漠」作「幕」，

《樂府詩集》卷六十一及繆刻復宋本均作「漠」，與敦煌本同。考漠幕均從莫得聲，聲近古時通用。《漢書》「絕幕大克獲」應劭注：「幕，沙幕，匈奴之南界也。」是沙幕即沙漠。

「孟冬沙風緊，旌旗颯凋傷」，今本「沙風」並倒作「風沙」，唯《樂府詩集》仍作「沙風」與敦煌本同。「㫃」今本並作「旗」，㫃即是曲柄旗，意義無大出入。

「畫角悲海月」，「畫角」今本並作「畫角」。畫角一詞，詩中屢見，梁簡文帝詩：「林空畫角悲」，是字當作「畫角」，若作「畫」則與句中「月」字矛盾。此唐人傳鈔偶然疏忽處。

其他如「歌舞歸咸陽」，今本「歌舞」作「行歌」，句中已有「歸」字，則作行歌或歌舞，意義相同。《樂府詩集》仍作「歌舞」與敦煌本同。至於歌字、奔字、席字、卒字、楊字、旁字，書寫時或繁或省，多為唐人俗體字，虎字則因避諱而作「巾」尾，凡此皆不在本文中詳論。

陌上桑

美女渭橋東，春還事蠶作。五馬如飛花，青絲結金絡。不知誰家子，調笑來相謔。妾本秦羅敷，玉顏豔名都。綠筱映素手，采葉向城隅。使君且不顧，況復論秋胡。托心自有處，但怪傍人愚。徒令白日暮，高駕空踟躕。

「五馬如飛花」，今本並作「五馬如飛龍」，受王融詩「車馬若飛龍」及李嶠詩「金穴馬如龍」的影響，以飛龍比馬，甚為常見。敦煌本以花比馬，意象極新穎。《文苑英華》卷二○八作「五馬如花飛」與敦煌本相近。

　　「綠筱映素手，采葉向城隅」，「筱」今本並作「條」，「葉」今本並作「桑」，考筱為竹器，《陌上桑古辭》：「青絲為籠系，桂枝為籠鉤」，李白詩中映素手的「青筱」，應該指這竹籠的把手，用青筱代替原文的「桂枝」，若作「綠條」則似在指「青絲」了。「青絲」二字，上文已用來絡馬，這兒不宜再用。又若將青條作為桑條解釋，則上下二句同為一意，是否也重複？手攀桑條文與「向城隅」所指正在路上行進的時態不合。再考李白《子夜吳歌》也寫羅敷，有「素手青條上，紅妝白日鮮」，這青條的原文可能也是青筱，後人不解原意是「桂枝籠鉤」，誤以為是改採的桑條，才改成條字。其實李白寫女孩採桑，常提及放桑葉的竹器，如《贈清漳明府侄聿》詩：「桑柘連青雲，趙女不冶容，提籠畫成群」，就整個竹器而言是提籠，就籠鉤而言就是青筱。

　　敦煌本還有一點與今本不同，即今本在「托心自有處」上增「寒螿愛碧草，鳴鳳棲青梧」二句，蕭士贇以為「碧草青梧，亦古羅敷行盛稱其夫家好美之意」，用以比擬「托心各有其處」，細看全詩的文筆，都用賦體，直敘羅敷的故事，《古樂府》中記羅敷既「盛誇其夫」，就不應以「寒螿」自比，當然把「使君」比作「寒螿」更不對，所以這二句詩在文氣及含義上，都不像是李白原作。

　　其他如「但」字缺筆，是避睿宗旦字的諱。還有橋字、蠶字怪字等筆畫稍有不同，是唐人的俗體寫法。

紫騮馬

紫騮驕且嘶，霜翻碧玉蹄。臨流不肯渡，似惜錦障泥。白雪關城遠，黃雲海樹迷。抽鞭萬里去，安得念春閨。

　　「紫騮驕且嘶，霜翻碧玉蹄」，今本「驕」作「行」，唯王琦見「一

本作驕」與敦煌本同。「驕」寫馬高大，「嘶」寫馬聲宏。又今本「霜」並作「雙」，霜雙音同，傳寫致誤。「霜」形容馬耐寒，「碧玉」形容馬品種奇，履霜而行，秋風駿馬，氣象甚佳。後人因「雙翻」是形容馬在奔跑，所以將驕字也改為行字，不如原作。

「白雪關城遠，黃雲海樹迷」，明嘉靖本「白雪」作「白雲」，涉下文雲字而誤。其他諸本均作「白雪」。「關城」今本並作「關山」，唯《樂府詩集》存異文「一作城」與敦煌本同。「海樹」今本作「海戍」，遂解為「黃雲戍」，王琦以為是唐時戍名，但未詳所在。今見敦煌本才知是「樹」字，「海樹」與「關城」對仗得很工整，自不必輾轉考查地名仍無結果了。《樂府詩集》卷廿四引本詩仍作「海樹」，是正確的。

它如「抽鞭」今本作「揮鞭」，意義相近，且不論。

獨不見

白馬黃花塞，雲沙繞夢思。那堪愁苦節，遠憶邊城兒。螢飛秋窗滿，月度霜閨遲。摧殘梧桐葉，蕭颯沙棠枝。無然獨不見？流淚空自知！

本詩詩題為「獨不見」，今本改為「塞下曲」，為《塞下曲》六首之四，考另一首李白的「獨不見」詩，也以「白馬……」開頭，而以「……獨不見，流淚空自知」結束，知道本詩的題目應該是「獨不見」，因為樂府詩題載梁代柳渾的獨不見詩，結尾用「獨不見」三字，唐人擬作者也多用「獨不見」三字，而今本輯入「塞下曲」，與前後體例不一致。但是這個錯誤在編《樂府詩集》時已造成，《樂府詩集》卷九十二，已並為《塞下曲》六首。《文苑英華》中《塞下曲》李白的只收了一首，無法知道宋初是不是已將六首詩併合。

「白馬黃花塞」，今本並作「白馬黃金塞」，誤為黃金塞以後，便無從考查其地點，所以王琦的注文說：「黃金塞，邊上地名，未詳所在！」其實原文是作「黃花塞」，考黃花城在陝西省漢中道鳳縣北六十里，始建於唐初，至寶歷年始廢，可能即是詩中的黃花塞。

「無然獨不見」，今本並作「無時獨不見」，考李白另一首獨不見作「終然獨不見」，「終然」一詞，杜甫詩中屢見，「終然」、「終不然」、「無然」、「不然」用在疑問句中是「難道」的意思，是唐人的口語，後人不解，就改為「無時」。

其他如「沙」作「砂」，前《飛龍引》「丹砂」敦煌本亦作「丹沙」，是沙、砂二字唐人通用無別。

怨歌行

十五入漢宮，花顏笑春紅。君王選玉色，侍寢金屏中。薦枕嬌白日，卷衣戀香風。寧知趙飛燕，奪寵恨無窮。沈憂能傷人，綠鬢成霜蓬。一朝不得意，世事徒為空。鸕鷀換美酒，舞衣罷雕籠。寒苦不忍言，為君奏絲桐。腸斷弦亦絕，悲心夜忡忡。

「薦枕嬌白日」今本並作「薦枕嬌夕月」，《干祿字書》謂薦、荐通用，後人拘於薦枕當在晚間，改為「夕月」。不知用「白日」字，使侍寢至晨、晏起不早朝的意思，完全表出，比「夕月」更好。

「舞衣罷雕籠」今本並作「舞衣罷雕龍」，王琦雖然見到「一本作籠」，仍相信字應作「雕龍」，取蕭士贇所說「雕龍謂舞衣上之雕畫龍文」為解釋。其實「雕籠」一詞，見於禰衡的《鸚鵡賦》：「閉以雕籠，剪其翅羽」，是解釋作雕花的鳥籠。但李詩所用雕籠，意思略異，是指雕花的箱籠，舞衣既罷，鎖入雕籠不用，與上句鸕鷀換美酒，都在描

寫失寵後的寒苦情況。

惜罇空

　　君不見黃河之水天上來，奔流到海不復回（迴）。君不見床頭明鏡悲白髮，朝如青雲暮成雪。人生得意須盡歡，莫使金罇空對月。天生吾徒有俊才，千金散盡還復來，烹羊宰牛且為樂，會須一飲三百杯，岑夫子，丹丘生，與君歌一曲，請君為我傾，鐘（鍾）鼓玉帛豈足貴，但願長醉不用醒，古來賢聖皆死盡，唯有飲者留其名，陳王昔時宴平樂，鬥酒十千恣歡謔，主人何為言少錢，徑須沽取對君酌，五花馬，千金裘，呼兒將出換美酒，與爾同銷萬古愁。

　　詩題「惜罇空」今本並作「將進酒」，而詩中「丹丘生」句下今本又增入「將進酒，杯莫停」六字，使它與題目呼應。但細讀本詩，從「徑須沽取」以下，都是「惜罇空」的意思。考《文苑英華》卷一九五引本詩題下有「一作惜空酒」五字，是宋初詩題尚有與敦煌本相似的。大概「惜罇空」與「將進酒」都以飲酒放歌為內容，《樂府詩集》在編纂時已混為一曲了。

　　「床頭明鏡悲白髮，朝如青雲暮成雪。」今本「床頭」並作「高堂」，高堂懸鏡，難得去照一照，不如床頭的曉鏡，且暮相照，則朝如青雲，暮成白雪，上下用意貫聯。且如李白《贈別舍人弟台卿之江南》詩：「梧桐落金井，一葉飛銀床，覺罷攬朝鏡，髮毛颯已霜。」好像李白所寫的鏡子，都在床頭近處。又「青雲」今本並作「青絲」，唐人以雲寫鬢髮的詩很多，雲與雪是同類的事物，用在一句中非常諧合，青雲與白雪的轉換，趣味比「青絲白雪」好。

　　「天生吾徒有俊才」今本並作「天生我材必有用」，《文苑英華》

見異文作「天生我身必有材」，唯王琦尚見有異文作「天生吾徒有俊才」，與敦煌本相同的。照敦煌本的字面，這句詩只能看作相當自負，自詡有「千金散盡還復來」的本領。並不能說「樂觀進取」，更談不到能「把握當下的確實性及人格價值」。再從詩的格律來說，這句詩的末一字「才」字，是押韻的，古詩轉韻時出句的末字也要入韻，改為「必有用」則不押韻，與古詩的格律也是不合的。

在「丹丘生」句下，《文苑英華》所引已有「將進酒，杯莫停」二句，杯字有些本子或作「君」，明嘉靖本改為「進酒君莫停」五字一句，今見敦煌本才知道這些是後增的。

「請君為我傾」，今本並增二字作「請君為我傾耳聽」，「耳聽」二字一定是和「將進酒杯莫停」二句同時增加的，因為丹丘生的「生」，和「為我傾」的「傾」，生在庚韻，傾在清韻，在唐朝清庚是押韻的。而加了「杯莫停」的「停」在青韻，在宋初則青韻獨用，與庚清不通押（參見廣韻下平聲目次注），所以必須加「耳聽」二字，「聽」也在「青」韻，以便與「停」相押。其實若在唐朝時，庚清青都是通押的（參見馬宗霍唐人用韻考），「停」字可以和生傾押韻，不必加「耳聽」二字，宋初時才青韻獨用，必須加「耳聽」二字，由此可以覘兄本詩的改動是在宋代初年，難怪唐人寫本沒有這些字。

「鐘鼓玉帛豈足貴，但願長醉不用醒」，「玉帛」今作「饌玉」，饌玉是指所食都是珍美的東西，正在勸酒作樂，如何該說所食的珍品不足貴呢？玉帛則指諸侯相見的禮物，玉帛與鐘鼓都是諸侯的禮儀陳設，代表顯赫的地位，說顯赫的地位不足貴，還不如長醉，文理上通順得多。《文苑英華》作「鐘鼎玉帛豈足貴」，最接近敦煌本。「不用醒」明嘉靖本作「不願醒」，《樂府詩集》作「不復醒」，《文苑英華》存異文作「用」，與敦煌本同。

「古來賢聖皆死盡」今本並作「古來聖賢皆寂寞」，只有《文苑英華》與敦煌本同，尚存原本真貌。大概是後人以為賢聖不朽，且「死盡」二字太粗直，所以改為「皆寂寞」。其實「皆死盡」與下句「唯有……」最為聯貫。

其他如迴作回，鍾是鐘，哥是歌，以及鼓字、徑字寫法容或不同，都可以作同一個字看，姑且從略不論。

從駕溫泉宮醉後贈楊山人

（少年）落拓楚漢間，風塵蕭瑟多苦顏，自言管葛竟誰許，長吁錯漠還閉關。一朝逢君垂拂拭，剖心輸丹雪胸臆，忽蒙白日回景光，直上青雲生羽翼。幸陪鑾輦出鴻都，身騎飛龍天馬駒，王公大人借顏色，金印紫綬來相趨，當時結交何紛紛，片言道合唯有君，待吾盡節報明主，然後相攜臥白雲。

「少年落拓楚漢間」，今本「落拓」作「落魄」，「落魄」、「落泊」是形容衣食不足、志行衰惡的樣子。「落拓」、「落托」是形容心志出群、不拘小節的樣子，聲與義雖有相近的地方，但此處似應作落拓。《北史・楊素傳》：「素少落拓，有大志，不拘小節。」是「少年落拓」四字才是李詩的原文，繆刻本作「落托」意尚相近。李白另一首《梁甫吟》詩：「狂客落拓尚如此」，繆本作拓，今本並作魄，可見李白喜用「落拓」字，今人並改為落魄。

「長吁錯漠還閉關」，今本「錯漠」作「莫錯」，注家對「長吁莫錯」一語都不曾作注，可見「莫錯」二字在句中無法解釋，也無法通順。考「錯漠」一詞，見范靜《妻沈氏晨風行》：「神往形返情錯漠」，又鮑照《行路難》：「今日見我顏色好，眼花錯莫與先異」，錯漠與錯莫通

用，仇兆鰲在杜甫《瘦馬行》「失主錯莫無晶光」句下注：「錯莫猶云落寞」，是錯漠有離群索居、孤寂落寞的意思。今本倒作莫錯，以致不通。

「一朝逢君垂拂拭」，今本並作「一朝君王垂拂拭」，其實這裡的逢君，君是「你」的意思，指楊山人，與下文「片言道合唯有君」的君字一樣，是指楊山人。所以下句「剖心輸丹雪胸臆」是形容朋友之間的坦誠，絕不是形容君臣之間的效忠。到「忽蒙白日回景光，直上青雲生羽翼」，才是君王的恩典，若上文已有「君王垂拂拭」，則下文何以又要「忽蒙」呢？豈不成了重複？

「王公大人借顏色，金印紫紱來相趨。」明嘉靖本「借」字作「惜」，王琦注本仍定作「借」，借是藉助的意思，掛金印紫紱的權貴相趨走訪，助壯了我的顏色。唐人官服以紫色為貴，金印紫紱最為顯貴，「印」嘉靖本作璋，王琦注本定作「章」，並取李善注「金章、銅印」為解釋。其實原文即是「金印」。「紱」今本並作「綬」，紱與綬都是系印的帶子。

「待吾盡節報明主」，「主」明嘉靖本作「王」，考全詩十六句，分為四節，每四句一節，每節轉一韻，凡押仄韻者第三句末字用平聲，押平韻者第三句末字用仄聲，據此全詩格律來校勘，則主為仄聲，當作主字才對。王琦注本已校定作主，今睹敦煌唐人手跡，證明是正確的。

附注：

上期未能確定「陰盤驛」所在，今考出陰盤驛在長樂坡東六十里，應予補正。遠送難別，正顯示賀、李兩人間的情誼。

敦煌所見王昌齡詩七首的價值

　　王昌齡的詩，史書上評為「縝密而思清」，古詩尤其是雄直多而輕豔少，但是他的為人卻因「不護細行」而數次被貶，好像他的人格與作品的風格不很一致。愛護王昌齡的人，説他孤潔恬澹，以致遭人排擠；譏彈他的人，則説他仕進之心太切，往往言行相背。王昌齡是不是一個具有雙重人格的人呢？由於作品保留得不完整，史料記載得不詳細，不能遽下定論。

　　敦煌唐人詩選寫本殘卷在清末出現，巴黎編號伯二五六七中收錄王昌齡的詩七篇，五篇見存於本集，二篇則是佚詩。羅振玉在敦煌詩選殘卷的跋文中説：「王龍標詩，卷中十七篇，見於集本者僅三篇」，這數字不正確，羅氏誤將孟浩然的九首詩及荊冬倩詩一首一併作為王昌齡的了，查考不周，致使計算錯誤。

　　五首見於本集的詩，都收在明正德十四年勾吳袁翼刊本中，沒有一首出現在後人補遺的六十首詩裡。用現存的詩與敦煌本去對勘，詩題及句中的異文頗多，這便有校讎的價值；那二首佚詩，可供風格及

意趣的探究，這便有輯佚的價值，像第七首《題淨眼師房》詩，失傳已久，卻隱約地顯露出王昌齡真實的性情。再則唐代是詩的朝代，唐人所選的詩，其鑑識能力高、選詩標準嚴，這些也有研究的價值。

茲將敦煌寫本各詩的原文寫下，有關文處用括號表示。然後用目前所存的各種明刻本及宋本選集來校勘，有不少新的發現：

邯鄲少年行

秋風鳴桑條，白草狐兔嬌，邯鄲飲來酒未消，（城北原平）揲皂雕，走馬穿圍射騰虎，翻身卻月佩弓綯。

詩題「邯鄲少年行」，今本皆題為「城傍曲」，考全詩文義，寫輕生尚勇，意氣放浪，飲酒射虎，裘馬輕狂。與作者另外的《少年行》三首意致相類。所以詩題應為《少年行》，中又有「邯鄲飲來酒未消」句，知道題目作「邯鄲少年行」是有依據的。今本題為《城傍曲》，其實王昌齡的《城傍曲》，已經失傳，到清末才被發現，敦煌殘卷所選的第二首王詩，乃是《城旁曲》的原作，其中有「城旁粗少年」句，可以作為證據。由於本集失載，《城旁曲》已成為佚詩，僅存詩題，亦已經張冠李戴，幸賴殘卷出現，改正了本詩詩題的錯誤。

「白草狐兔嬌」，白草今本並作「草白」，這一個字顛倒，在語氣及詞性上都會有所不同，「白草」的白只在寫景物的顏色，而作「草白」，則在景物的色形之外，「白」字還兼有動詞「變白」的動態意味，兼寫出秋來時季節性的變化。草白比白草或許要好一些，王昌齡也常用「草白」，如《聽彈風入松闋贈楊府》詩：「松風吹草白」、《江中聞笛》詩：「何嘗邊草白」等。但王詩也用「白草」，如《從軍行》：「邊聲搖白草」。推想起來，本詩原文應是白草，大概後人以為草白較好，

才改動的。嬌，今本作驕，所射者虎，則狐兔稱嬌自佳。

「邯鄲飲來酒未消」，飲字明正德袁翼刊本及《四部叢刊》影翻宋本《河岳英靈集》並作「飯」，而嘉靖刻黃貫曾浮玉山房本、明高棅《唐詩品彙》及明萬曆刻黃德水等編《唐詩紀》本均作「飲」，與敦煌本同。《全唐詩》亦定作「飲」，飲字與酒字相應，飲酒的意氣豪放與掣雕射虎的勇猛亦相應，作「飲」字比飯字好。飲與飯字形相近，以致誤寫，飯與飽二字唐宋時音近，以致袁翼刊本兼存異文有作「飽」字的。作飽也不如飲字。

「走馬穿圍射騰虎，翻身卻月佩弓弰」今本上句作「射殺空營兩騰虎」，射虎事一般均用李廣故事，據《史記·李廣列傳》：「虎騰傷廣，廣亦竟射殺之」，則射殺騰虎四字，實有出典，但「空營」及「兩」字均沒有著落，史書用「空營」一詞，意為「傾巢而出」，用在這裡不很妥當，而吳昌祺解「兩」為「箭聯雙虎」，尤為無稽之談。不如「走馬穿圍射騰虎」那樣明白通曉，合乎情理。又「翻」今本作「回」，音義皆近。「弰」今本作「弰」，弰為生絲，指弦而言。弰為弓末，拉弓使箭亦稱為弰，庾信詩：「明月動弓弰」，王詩正用庾詩意，應作弰字才對。大概綃弰二字，唐人通用，正如絃弦二字一樣。

其他如桑字木上作卉形，條字作雙人旁，嬌字、鄲字受北碑及隸書影響，筆畫有所增損，虎字是避諱字改為巾尾，於詩義均無影響，姑且從略不談。

城旁（曲）

降奚能騎射，戰馬百餘匹。甲仗明寒川，霜□□□□。□□然單于，薄暮紅旗出。城旁粗少年，驟馬垂長鞭。脫卻□□□，□□淪狄天。匈奴不敢出，漠北開塵煙。

　　這是一首已經佚失一千多年的詩，至敦煌殘卷出現，才重見於人間。詩題「城旁」下應有闕文，因為在「旁」字下面的左右各行均有闕文，是原卷已經破損。猜想詩題「城旁」下闕了一個「曲」字，今本的王昌齡詩集中均有「城傍曲」的詩題，其所錄的詩卻是「邯鄲少年行」，本詩描寫「城旁粗少年」，所以《城旁曲》應該是指本詩才對。至於今本「傍」字，敦煌殘卷往往作「旁」，如李白出自薊北門行「開營紫塞傍」，敦煌本傍字也作旁，傍旁通用。

　　本詩共十二句，前三韻押仄韻，後三韻押平聲。自仄韻轉入平聲先韻時，第七句的末一字用「年」字先押韻，作為音響上的前導，所以年鞭疊用韻腳，這也是古詩轉韻時的規律。由於句數及韻腳的推定，本詩共缺了幾個字，也就可以算出來。

　　這詩雖有十一個字缺損，但韻節高亮，意態雄健。所寫慷慨赴難的精神，頗似另一首《少年行》：「聞道羽書急，單于寇井陘，氣高輕赴難，誰願燕山銘！」所寫神勇立功的壯舉，比另一首《出塞》：「但使龍城飛將在，不教胡馬度陰山」更樂觀，本詩是作了全面肯定的期許。

　　分析王昌齡所作的邊塞戰爭詩：如《代扶風主人答》、《出塞行》、《從軍行》（秋草馬蹄輕）等，所寫大抵是荒涼苦辛，有厭戰的思想；而如《塞下曲》、《從軍行》（向夕臨大荒）、《箜篌行》等，所寫都是有功不報，傷心怨恨，這意思重複了許多次。但如《從軍行》（大將軍出戰）、《從軍行六首》（七絕）、《變行路難》、《少年行》、《出塞》及本詩，均有奮勵自強的獻身精神，這種鼓吹從軍樂的邊塞詩，在唐詩之中不易多得，屬於悲壯雄偉、引人注目的男高音。這三類邊塞戰爭詩，思想上似乎是混合著希望與失望的矛盾，但從義勇奏捷的從軍樂，到功多被黜，再到軍沒亡歸的無著落處，這三層轉折，也可以看

出王昌齡心頭躍躍欲試的豪情壯志，與懷才負氣不獲伸展的苦悶心情。

送單十三晁五歸（江夏）

　　寒江綠竹楚雲深，莫道離居遷遠心。曉夕雙帆歸鄂渚，愁將孤月夢中尋。

　　詩題「歸」字下殘破，應有闕文，今本詩題作「送人歸江夏」，知道闕文應是「江夏」二字。詩中說歸「鄂渚」，鄂渚指唐時鄂州的江渚，在湖北武昌府，江夏縣也是在湖北武昌府。這詩可能是作者五十歲出為江寧丞時作，在江寧江邊送友人返鄂州。他另一首送李五詩：「玉碗金罍傾送君，江西日入起黃雲。扁舟乘月暫來去，誰道滄浪吳楚分」，作於江西東方長江的下游吳地甚明顯，大概也作於江寧丞時期，所寫楚云扁舟，景物與本詩相類。又《芙蓉樓送辛漸》詩：「寒雨連江夜入吳，平明送客楚山孤」，芙蓉樓在江蘇鎮江，詩中所寫寒江楚山，與本詩亦同。可見本詩若作於江蘇江寧，也可以寫楚山、楚雲。至於詩中說離居遷遠，與作者左遷的時地均合。

　　又今本詩題只說「送人」，被送者的姓氏排行，以及被送的人數，均已失傳。而敦煌本則既言姓氏，又說明所送共二人，所以詩中有「曉夕雙帆歸鄂渚」的句子，一人朝發，一人夕往。若題目只作「送人」，詩中「曉夕雙帆」的意思便不好解。

　　「寒江綠竹楚雲深，莫道離居遷遠心」，「綠竹」今本作「綠水」，寒江綠竹，見得綠水逢寒而色不凋，若作綠水，春江則水綠，寒江雲深則與綠水不協調。又「離居」今本作「離憂」，憂字與心字重複，如作者《送崔參軍往龍溪》詩：「譴謫離心是丈夫」，有心字自不必再有憂字。敦煌本作離居，「離居」則與「遷遠心」相關合，謂離居遷遠的

心。又考作者《出郴山口至疊石灣野人室中寄張十一》詩：「數目乃離居，風湍成阻修」，是「離居」一詞，王詩喜用，郴山口詩是被謫嶺南作，本詩是被謫江寧作，所以同稱為離居。後人可能以為王昌齡是江寧人，貶為江寧丞，是回到家鄉，不能算離居，或許因此才改為離憂，其實稱王昌齡為王江寧，是由於任官於江寧，他應該是京兆人。這一個居字、憂字的出入，很可能牽連著王昌齡的籍貫問題。

巴陵別李十二

　　搖枻巴陵洲渚分，清波傳語便風聞。山長不見秋城色，日暮蒹葭空水雲。

　　詩題「別」字，今本並作「送」，送別義同。別李十二可能是送別李白，王詩的習慣不在排行下寫名字。杜甫有與《李十二白同尋范十隱居》詩，可證李白排行為十二，而賈至有《初至巴陵與李十二白同泛洞庭湖》詩，是李白確曾在巴陵。考賈至在肅宗時為中書舍人，坐小法貶岳州司馬，在巴陵與李白相遇，李白亦有寄至詩：「賈生西望憶京華，湘浦南遷莫怨嗟」（事見《唐詩紀事》卷二十二）是賈李相遇在肅宗時。考肅宗時李白到巴陵，計在至德二年，永王兵敗時，亡走彭澤，又在乾元二年遇赦後，還憩岳陽一帶，時在西元七五七至七五九年，李遇賈至當在七五九年左右。但王昌齡已於七五七年被殺於鄉里，當時不在巴陵。再考昌齡於西元七四八年，左遷龍標尉，李白有詩相贈，可證二人相識當在左遷以前，所以王李在巴陵相遇，必在賈李巴陵相遇之前，王李相遇而作本詩的年代，可在玄宗時李白四十歲以前，開元二十六年至二十八年，王昌齡屢經襄陽漢水長江水道，當時李白也在這一帶活動，因此這詩可能作於西元七三八年左右。至於

李白在二十四歲左右已到過洞庭，但那時王昌齡還沒登第，也沒有到巴陵一帶的記載。

「搖枻巴陵洲渚分，清波傳語便風聞。」明正德袁翼刊本「枻」作「拽」，敦煌本的「枻」字因避唐太宗的諱，將世字省筆成廿，枻是楫的意思，讀音近曳，字又可通作拽，如《漢書・司馬相如傳》有「揚旌枻」句，《文選》司馬相如賦作「揚旌枻」，《文選》是唐人李善作的注，當時也避太宗諱，才改作拽。今本王詩作「拽」是「拽」字的誤寫，《唐詩紀》及《全唐詩》又改作曳，更失去詩句原貌。又「清波」今本並「清江」，搖枻向洲渚遠處，清波演漾，船上的講話聲音，從水波上隨風傳來，遠遠地還能聽到，可見用「清波」二字具體而傳神，用「清江」則覺寬泛，喚起的意象不如「清波」那樣清晰、明確。

送康浦之京

故園今在灞陵西，江畔逢君醉不迷。小弟鄰莊尚漁獵，一封書去雁行啼。

詩題「康浦」今本並作「李浦」。吳昌祺還注釋說：「李浦，少伯鄉人，因居止接近而念其弟也。」考李浦是四川潼川府射洪縣人。王昌齡是京兆人，所以說故園在灞陵西，灞陵在長安城東，王李二人鄉籍相去甚遠，吳說是「鄉人」並不正確。見敦煌本原來是送「康浦」，康浦到京城去，作者托他帶信，詩中既說「故園」，又說「鄰莊」，想來康浦才是作者故鄉附近的人。

「一封書去雁行啼」，今本作「一封書寄數行啼」，照今本的寫法，只寫出家書一封，清淚數行，沒有致思的餘地。敦煌本作「雁行啼」，則悲悽的情感仍存在著，並能點出清秋淒其的季節性，雁行失序，又

能暗示著兄弟離散的情誼，但聽雁淚聲聲，景物中飽含著愁情，十分感人。敦煌本比今本好得多了。

長　信　怨

　　真成薄命久尋思，夢見君王怯復疑。火照西宮知夜飲，分明復道奉恩時。

　　詩題「長信怨」，明正德袁翼刊本作「長信秋詞五首」，本詩為第四首。考樂府相和歌詞楚調曲題為「長信怨」，正與敦煌本同。影宋本《才調集》引本詩作「長信愁」，愁怨形似，轉寫致誤，可見本詩題目原本為「長信怨」。又考《長信秋詞》五首中，形式並不統一，第一首「金井梧桐秋葉黃」，第二首「高殿秋砧響夜闌」，第五首「長信宮中秋月明」，都在首句點出「秋」字。第三首「奉帚平明金殿開」，雖無秋節，或許「團扇」一詞暗含「秋起」的哀怨，說是「秋詞」，勉強說得通。本詩則並沒有指明是「秋」的字面，與一、二、五首可能並非同時作，後人歸併在一題之下，把它統稱為《長信秋詞》五首，殊不知本詩並沒有確定是「秋」怨。敦煌寫本將本詩題為「長信怨」，《河岳英靈》沈氏翻宋本將「奉帚平明」一首題為「長信宮」，那可能是各詩分篇獨立時原始的題目，《長信秋詞》應該指一、二、五只有三首才對。

　　「夢見君王怯復疑」，「怯復疑」今本並作「覺後疑」，我在《中國詩學》「考據篇」中已討論過這問題：大概是因為「復」字與「後」字行書極相似，「復」誤成了「後」，「怯後疑」不通順，且怯、覺同為入聲而音近，再改成「覺後疑」，「覺後疑」三字固然也很有情趣，但不如「怯復疑」三字最能表現希望與失望矛盾雜糅的情感，這種矛盾衝

突的情感在王詩中是屢見的。本詩寫夢見了往日的君王，醒來半怯半疑，這半怯半疑已概括了「覺後」的意思，「怯」可能是由於往日敬畏的餘威尚在，「疑」可能是由於夢中承恩的甜蜜未消。思前想後，溯往衡今，冰涼的事實卻橫在眼前，用「怯復疑」三字，將在冷宮中那種畏縮失望、反覆參疑、接受了命運還不死心於命運的棄婦心情，描繪得極為傳神。

其他如「復道」的復字，唐人抄本作水旁，今本或作雙人旁，或作衣旁，唐人往往通用，這些與詩義沒有出入的字形差異，姑且不在本文中討論。

題淨眼師房

白鴿飛時日欲斜，禪房寂歷飲香茶。傾人城，傾人國，嶄新剃頭青且黑。玉如意，金澡瓶，朱唇皓齒能誦經。吳音喚字更分明，日暮鐘聲相送出，袈裟掛著箔簾釘。

《題淨眼師房》是三七雜言的七古詩，而接在下面的幾首詩，由於沒題作者，羅振玉誤以為是王昌齡的佚詩，其實是孟浩然的詩。本詩的前面一首《長信怨》詩，見於王昌齡集；本詩後面的一首《夜泊廬江》是孟浩然詩，見於孟集。由於孟詩沒題作者，所以這首介乎兩位作者之間的《題淨眼師房》詩，究竟是王的佚詩還是孟的佚詩，或許會生疑問。不過王集中如《城傍曲》、《烏棲曲》是雜言體的詩，而孟集中除了加「君不見」作冒頭的長句外，全部作品中不看見雜言體的詩，因此相信《題淨眼師房》是王昌齡所作，是王昌齡集外的佚詩。（當然也不能完全排除是王、孟以外另一位作者的可能性），本詩的出現，使王詩增加了三七雜言的活潑風格。

　　再從內容方面説，描寫一位出家的女士，竟不忘寫她的朱脣皓齒，還說她是傾城傾國，顛倒眾生。已經削髮為尼，還形容她鬢髮青黑得極新。禪房雖是寂寞，但陳設卻充滿了金玉的氣象。誦經總該是心無雜念的了，卻形容她吳娃軟語，嬌嬌滴滴。凡此種種構思，多少有些故意的輕薄，這和王昌齡「不護細行」的記載也相合。《唐才子傳》上説他「奇句俊格，驚耳駭目，奈何晚途不矜小節，謗議騰沸」，然而所謂「不護細行」、「不矜小節」究竟是指什麼事情？從今存的本集各詩中似乎不易窺識，他和王維、孟浩然、李白很合得來，大家也看得起他，「大節」應該是不虧的。「細行」方面，他曾寫過「一片冰心在玉壺」，形容自己節操清廉，所以在錢財方面，他有著清白的自信。女色方面，照目前所存的詩，也都是規規矩矩，如本集所載《題朱煉師山房》詩，用二仙女設宴胡麻飯故事，相信朱煉師是一位女道士。又載《謁焦煉師》詩，所寫「爐香淨琴案，松影閒瑤墀」也像女性，而以「西海」相期，期望會見王母以得道成仙，所以焦煉師也是女道士。這二首寫女性道士的詩，所寫大致高潔端莊，並沒有輕薄的意味，而幸有敦煌佚詩的出現，顯露出王昌齡放誕輕狂的一面，給「不護細行」四字作了一些旁證。所以這首佚詩，説不定是愛護王昌齡的人嫌它輕薄故意刪去的，其實唐代的官箴或許嚴一些，但唐代的男女社交遠較宋代開放，唐人在王昌齡幾百篇詩中選取七首，居然還能把這首詩入選，可見唐人認為這首詩正是王昌齡風趣可愛的地方。

敦煌所見孟浩然詩九首的價值

　　敦煌石室所出現的唐人寫卷中，已發現九首孟浩然的詩，載在巴黎編號伯二五六七號唐人詩選殘葉中。由於詩作下沒有署作者的名字，所以羅振玉、王重民等人，都不會指出詩選殘葉中有孟浩然的詩。孟詩的前面載有七首王昌齡的詩，於是聯混起來，以為這九首孟詩乃是王昌齡的佚詩。其實詩中有「氣蒸雲夢澤，波動岳陽城」等孟詩名句，作者問題應該很容易被發現才對。

　　敦煌所見的九首孟詩，目前在孟集中都保存著，沒有一首亡佚，所以就輯佚的眼光看，價值不大。但是詩題及詩句文字的出入，仍有仔細研究的價值。因為孟浩然的詩清切細膩，所以在淡雅之中自有其細密的針線，詩中若有了錯字，這種密縷細縫的匠心妙處，便隱匿不明，雖然今存的孟集版本，自宋元明以來，已經將錯改的字一再地調整，但是一旦唐人的手跡出現，才知道原作的用字，畢竟比後人校改的字高明十倍。況且還有詩題的竄改、詩句的多寡，都會使詩意變動，一一研討，自有校讎的價值。

　　最令人興奮的是：由於第九首《寒食臥疾喜李少府見尋》詩，詩題與孟集有了差異，從差異的比對研究中，附帶地發現孟集中另一首《重酬李少府見贈》詩，是李少府所作，這二首詩原本是一酬一唱，但千年以來，一直被人視作是孟浩然的詩。這樣在詩篇的辨偽工作上，敦煌詩選殘葉更有其意想不到的價值。

　　下面將敦煌寫本孟詩九首的原文錄下，闕文處用括號表示，並取商務《四部叢刊》縮印江南圖書館所藏明刊本、士禮居所藏楊氏影印宋本、明顧道洪校刊本等來作校勘，從文字的異同入手，一一論定其是非正誤，並以詩歌的鑑賞為校勘的目標與歸宿。至於唐人書寫時字體、筆畫的稍異，與詩意無涉者，不在討論之列。

夜泊廬江聞故人在東林寺以詩寄之（孟浩然）

　　江路經廬阜，松門入虎溪。聞君尋寂樂，清夜宿招提。石鏡山精怯，禪枝怖鴿棲。一燈如悟道，為照客心迷。

　　本詩題以《四部叢刊》縮印江南圖書館藏明刊本來校勘，完全相符，士禮居藏印宋版及《全唐詩》無「林」字，明刊唐百家詩本無「以詩」二字，今見敦煌藏本，知《四部叢刊》影明刊本，最為正確。詩題下敦煌本漏署作者「孟浩然」姓名，以致使以下九首孟詩，聯在王昌齡名下，羅振玉為詩選殘卷作跋，誤以為王昌齡詩共十七首，王重民據羅說作敘錄，承訛踵謬，未及改正，其實所選王詩僅七首。

　　本詩文字與《四部叢刊》影明刊本大致相同，僅「禪枝怖鴿棲」，「禪枝」叢刊本作「禪林」。禪林的意思是指「山林之士，湖海之流，雲集招提，修習淨業」，所以孟浩然的《本闍黎新亭作》詩：「八解禪林秀」，禪林正是指這意思，而本詩若用「禪林」就不很適宜。近人據

明汲古閣本則作「禪床」，並說：「床，一作林，一作枝，非。」又說：「禪床怖鴿棲，用《涅槃經》，謂一鴿為獵者所逐，惶怖殊甚，避於舍利佛身影之下，猶復顛慄。至佛影下，始獲安然。此用禪床，非謂真棲於床上也。如依它本作林或作枝，於怖字義未盡，且畜鴿夜不野棲，亦以作床為是。」（《孟浩然詩說》頁一百〇六）該說判斷應作「禪床」，但又說不必真是「床上」，說頗牽強，可見純然以鑑賞來判斷異文的是非，證據嫌脆弱。考庾信安昌寺碑：「禪枝四靜，慧窟三明」，杜甫用以為典，如《游修覺寺》詩：「禪枝宿眾鳥」，唐人詩以禪枝泛指禪堂旁的樹枝，甚為常見，本詩作「禪枝」才對。今見敦煌寫本，才知士禮居藏印宋版、明顧道洪校刊本及《全唐詩》並作「禪枝」是正確的。

寄是正字

正字芸香閣，經過宛如昨。幽人竹桑園，歸臥寂無喧。高鳥能擇木，羝羊漫觸藩。物情今已見，從此欲無言。

詩題「是正字」，《四部叢刊》影明刊本作「趙正字」。「是」亦姓氏，正字為官名，位在九品，不易查考。但作「是正字」本自通順。後人罕見「是」姓，疑其有誤，或徑行刪去姓氏，如士禮居藏楊氏影宋本及《文苑英華》卷二五〇引均無「是」字，是宋本不作趙正字，明本作「趙」姓，或以「是」、「趙」形近而臆改，臆改的時間必然也很早，至少它不是淵源於上述的宋本。

《四部叢刊》影明刊本，「幽人」句為第二句，「經過」句為第三句，二三兩句顛倒。考士禮居藏影宋本、《文苑英華》卷二五〇及明朱警編《唐百家詩》，均以經過句為第二句，幽人句為第三句，今得敦煌

本相互比對，足見宋本淵源有自，詩句顛倒的錯誤，實始於唐代。説敦煌本顛倒錯誤，不只是依據對仗，因為對仗仍可能有隔句的扇對，主要是因為敦煌本一、二兩句的末字並用仄聲，三、四兩句的末字並用平聲，在孟詩中沒有第二個例子。

「幽人竹桑園」，《四部叢刊》本作「幽人竹葉園」，影宋本及《文苑英華》並作「幽人竹素園」，作桑字平仄不協，而唐人寫本桑字木上作卉，寫葉字多將世字避諱作云，是否因字形類似而傳抄成葉字。考《文苑英華》辨正引文選張景陽《雜詩》：「游思竹素園」以為當作「竹素園」。在《文選》張協《雜詩》：「游思竹素園，寄辭翰墨林」句下，李善注引《風俗通》：「劉向為孝成皇帝典校書籍，皆先書竹，為易刊定，可繕寫者以上素也，今東觀書竹素也。」孟詩寫芸香閣，乃是用漢蘭台的別稱，正字即秘書省校書郎，他的工作正如東觀校書的職務，所以孟詩應該是本著張詩而作的，作「竹素園」才對。

末句「從此欲無言」，《四部叢刊》影明刊本作「從此願忘言」，士禮居影宋本及《文苑英華》均作「無言」，是宋本尚存古詩原貌。近人箋注孟浩然集，據陶潛飲酒詩「欲辯已忘言」以為作「忘言」是對的，也有人認為作「從此願忘言」較勝，其實末句「從此欲無言」乃是用《論語·陽貨篇》孔子説：「予欲無言」的典故，並不是用陶潛詩為出典，「從此欲無言」是呼應第四句「歸臥寂無喧」，覺得幽人校書、讀書的寧靜生活太好了，這種生活像高鳥選到了茂木為寧謐的棲宿，比羝羊觸藩進退不能的煩躁情況好多了，所以下面説物情已見。高鳥與羝羊生活態度的高下既已判明，乃知多言躁進，遠不如寧靜寂寞，所以用孔子「予欲無言」的典故，全詩的意旨十分貫注。考其謬誤的原委，大概由於欲字與願字行草很相似，無字與忘字唐音很接近，才誤作「願忘言」，至於「從此」二字，《文苑英華》作「徒自」，大概

「從」字訛作「徒」字，於是又改此為自，幸見敦煌寫本，足以改正錯字。

與張折衝游耆闍寺

　　釋子彌天秀，將軍武庫才。橫行塞北盡，獨步漢南來。貝葉金傳口，山樓作賦開。因君振嘉藻，江楚氣雄哉！

　　詩題與詩句，《四部叢刊》影明本大致同於敦煌寫本。其中「金傳口」則作「傳金口」，考《佛祖統紀序》：「大迦葉下至師子尊者，皆能仰承佛記，傳弘大法，謂之金口祖承」，據此則「傳金口」三字較為順適，敦煌寫本抄寫時倒乙。就整卷唐人詩選殘葉而言，證明寫卷有誤處，都在本詩前後。

　　「山樓作賦開」，《四部叢刊》影明本樓字作「櫻」，唯明顧道洪校刊本及士禮居藏影宋本、《全唐詩》並作「山樓」，與敦煌本同。因作賦而敞開的，應是「山樓」，不是「山櫻」，孟浩然的《姚開府山池》詩：「樓因教舞開」，用「樓開」與本詩機杼相似。後人或許是樓、櫻形似而誤書，或許是認為「櫻」與「葉」對仗較工才作櫻。孟浩然的律詩，對仗本不求其工整嚴切，五六二句，似對非對。況且「貝葉」與「山樓」四字，才能將題目「耆闍寺」三字全部寫出，假若沒有「樓」字，「寺」的形像在全詩中便不曾交代了。王孟名家，敘題往往細密不漏。又若作「櫻」字，則忽然點出春天的季候，就本詩來說，正說「橫行塞北盡」、「江楚氣雄哉」，突然又點出春季風物，不僅多餘，也極不調和，所以近人認為「作櫻」是沒有根據的。再就上下照應來說，第七句「因君振嘉藻」是從「作賦」二字生出；「江楚氣雄哉」是從「山樓開」三字望見，可見必然是樓字才對，不可能是櫻字。

梅道士水亭

傲吏非（凡）吏，名流即道流。隱居不可見，高論莫能詶。水接仙源近，山藏鬼谷幽。往來迷處所，花下問魚舟。

首句敦煌抄寫本漏「凡」字，諸本並有「凡」字，可據以補正。

「高論莫能詶」，《四部叢刊》影明本及諸本詶並作酬。考酬詶音同，並在尤韻。玉篇：「詶，答也」，可見從言部的詶字，乃是酬答的本字，從酉部的酬字是假借字。今孟集有《重詶李少府見贈》詩，仍作詶，這詩題已證明不是孟浩然寫的，但酬字作詶，卻是當時通用的習慣。

「往來迷處所，花下問魚舟」，《四部叢刊》影明本，「往來」作「再來」，影宋本亦作「再來」。作再來，或許是以《桃花源記》「尋向所志，遂迷不復得路」為出典，或許是因為孟集中有三首訪梅道士的詩，其中「清明日宴梅道士房」詩寫「忽逢青鳥使，邀人赤松家。丹灶初開火，仙桃正發花」，似是初來，所以記谷中景物新鮮且較詳，且這詩的「仙桃發花」，正可作本詩「仙源」的注腳。把這詩作初來，本詩作再來，前者因有「使者」相邀，不致迷路，此番則路徑不熟，情人指引。這樣解釋，雖也可通，但若作「往來迷處所」，則描寫尋訪者迷離摸索的徘徊情狀，使上文「仙源」、「鬼谷」等似近又遠的幽僻境界，有了很好的表現。況且孟浩然很善於用「往來」，如《自潯陽泛舟經明海》作：「往來逗潯陽」，《入峽寄弟》：「往來行旅弊」，《送韓使君除洪府都督》：「往來看擁傳」，《與諸子登峴山》：「往來成古今」，「往來」一詞屢用。又《初春漢中漾舟》詩：「輕舟恣來往」，《舟中曉望》詩：「來往接風潮」，行舟時喜用往來或來往，則本詩原作是「往來」的可能性很大。

又「漁舟」諸集本並作「漁舟」，考唐人漁魚通用，如《左傳・隱公五年》：「公將如棠觀魚者」，唐人陸德明《經典釋文》所見唐時本，「魚」有作「漁」者，而孟詩《尋梅道士張逸人》：「重以觀魚樂，因之鼓枻歌」，觀魚字不作漁。又敦煌詩選殘卷王昌齡詩：「小弟鄰莊尚漁獵」，字又作「漁」，是魚、漁唐人通用。花下問魚舟，與觀魚鼓枻、仙桃發花的景物，正相一致。

與黃侍御北津汛舟

津無蛟龍患，日夕常安流。本欲避驄馬，何知□鶂舟。豈伊今日幸，曾（是）昔年游。不奏琴中鶴，且隨波上鷗。堤緣九里（郭），（山）面百城樓。自顧躬耕者，材非管樂儔。聞君薦草澤，從此汛滄洲。

本詩敦煌寫本略有破損，「何知□鶂舟」，第三字似是「任」或「往」，不能確辨，今孟集本均作「同」字，考孟集《暮歲海上作詩》，有「虛舟任所適」句，《將適天台留別臨安李主簿》詩，有「行行任艫枻」句，《九日龍沙作詩》，有「滔滔任夕波」句，則原作可能是「任」字。「何知」二字，《四部叢刊》影明本不誤，士禮居藏影宋本及明顧道洪刊本及《全唐詩》並作「何如」，蕭繼宗氏說：「何知一作何如，此句與從張丞相獵詩『何意狂歌客』同一語意，何意猶言何意、何期，與上句『本欲』相承而轉也。」（孟浩然詩說）蕭說正確，這裡的何知，應作「何期」解，是「哪裡預料到」的意思。本欲避驄馬煩囂，何期反能與故交一同泛舟。所以下面又說：非僅是今日的幸會也曾在昔年相交遊，因此喜上加喜，意思才聯貫，改作「何如」就不通。再考孟詩「何知」二字，所用不止一處，後人不解，往往改為「何如」，如敦

煌抄本另有《寒食臥疾喜李少府見尋》詩：「何知春月柳」，今本並改作「何如」、「如何」，均不及作「何知」好，可參見下文所證。

「曾□昔年游」，敦煌本抄寫時遺漏一字，今各孟集本均作「是」字，暫據補。

「不奏琴中鶴，且隨波上鷗」，今各孟集本「不奏」並作「莫奏」，意思相同。琴中鶴謂引薦於朝廷，波上鷗謂閒放於草澤，侍御有薦才的心意，但我只有放逸江湖的志願，自己知道沒有管樂之才，僅能躬耕田野而已，所以請黃侍御「不必奏上」，用以婉謝薦賢的盛意，辭婉而達。

「堤緣九里□，□面百城樓」，九里下所闕，各孟集本並作「郭」字，面上所闕，各孟集太並作「山」字，暫據補。其他如「材」字今各孟集作才，驄字、鶴字、顧字書寫筆畫或有不同，與詩義無涉，皆從略不述。

姚開府山池

主家新邸第，相國舊池臺。館是招賢辟，樓因教（舞開）。軒車人已散，簫管鳳初來。今日龍門下，誰知文舉才。

本詩敦煌寫本不載詩題，當系漏奪，士禮居藏影宋本也不載詩題，足見版本淵源有自。今各孟集本均作「姚閣府山池」，姚開府疑即姚崇，姚崇以開府儀同三司罷政事，罷官就閒，詩中所說軒車人散，惟聲伎相從，與姚崇景況相合，又姚當時年六十七歲左右，孟當時年二十七歲左右，孟拜謁姚，正如孔文舉拜謁李膺，身份、年輩也相合。

「主家新邸第，相國舊池台」，「主家」今各孟集本並作「主人」，其實主家與相國對仗既工切，而人字第五句又重出，可見敦煌寫本作

「主家」要好得多。

「樓因教舞開」，舞開二字敦煌寫本殘闕，今各孟集本作「舞開」，蕭繼宗氏以為「五句軒車人已散應『招賢』句，六句簫管鳳初來應『教舞』句，蓋罷相後，車馬浸稀，而笙歌漸起矣」，蕭說正確，「舞開」二字，與全詩脈絡結構相合，可據今本補正。

至於邸字、招字、因字等書法或有不同，多因唐人書寫習慣有異，與詩義無涉，姑且不論。

洞庭湖作

八月湖水平，含虛混太清。氣蒸雲夢澤，波動岳陽城。

本詩詩題各孟集本均有出入，《四部叢刊》影明本作《臨洞庭》，士禮居藏影宋本及明顧道洪刊本均作《岳陽樓》，而《文苑英華》卷二五〇作《望洞庭湖上張丞相》。各孟集本均為八句，下有「欲濟無舟楫，端居恥聖明。坐觀垂釣者，徒有羨魚情」四句。唯敦煌寫本僅四句，猜想四句與八句的不同，與詩題有著密切的關聯，可能孟詩最早只作了四句，全部寫景，題目是《洞庭湖作》，後來要把這首詩送給張丞相，才續作四句，用後面增添的四句來寄意，並改詩題為「望洞庭湖上張丞相」，因此全詩上半臨洞庭，下半上丞相，可截然分割。這是作者自己先後改寫不同，當時一併流傳於世，以致句數有了出入。我很懷疑像「八月湖水平」這種很特殊的五言律詩中的平仄句律，就是因為由絕句增添成律詩時所遺留下來的。增添成八句以後，詩意應該很明白了，但唐汝詢根據「徒有」二字，證明孟浩然「不欲用世」，鐘惺根據「欲濟」二句，證明孟浩然「有用世之想」。其實題目與詩句增添以後，本有請張說丞相汲引、推薦的意思：渡大川，希望有舟楫的

援引；邦有道，不願意默守著貧賤，所以坐觀旁人垂釣，自己也生出
羨魚結網的心情，當然是願意用世才對。況且本詩與前首盼望姚崇舉
賢的詩，用意相同。姚崇罷政事在開元三年，姚崇卒在開元九年，九
年張說同中門下三品，孟浩然在姚崇罷政事後謁姚，姚去世後，又上
詩給張說，都在孟浩然努力為學以求出仕的年代，上張丞相詩作於孟
浩然三十三歲左右，那時還沒有「不欲用世」的念頭。敦煌寫本錄原
先的四句，所作應更早，氣象雄闊，與其他各詩不同，所以黃子雲在
《野鴻詩的》中，以為這是孟詩的「別調」。

　　「波動岳陽城」，「動」字《四部叢刊》影明本作「撼」，征諸宋明
詩話，都作「撼」字，可見這個字的改動由來已久，唯宋初《文苑英
華》引本詩及士禮居藏影宋本，並作「動」字，與敦煌本同，足證古
本自有其可貴的價值。

　　至於「含」字今各孟集本作涵，「蒸」字敦煌本或省畫，與詩義無
涉，且從略。

奉和盧明府九日峴山宴馬二使君崔員外張郎中

　　宇宙誰開辟，江山此郁盤。登臨今古用，風俗歲時觀。地理荊州
分，天涯楚塞寬。百城今刺史，華省舊郎官。共美重陽節，俱懷落帽
歡。酒邀彭澤載，琴輟武城彈。獻壽先浮菊，尋幽或藉蘭。煙虹鋪藻
翰，松竹掛衣冠。叔子神猶在，山公興欲闌。嘗聞騎馬醉，還向習池
看。

　　詩題今各孟集本無「奉和」二字，崔員外與張郎中次序先後互易，
「馬二使君」則作「袁使君」，《全唐詩》校作「一作馬使君」，正與敦
煌本同，是詩題原貌散見於各本。明朱警重編《唐百家詩》本，改省

詩題為「九日峴山宴」，則詩中「百城今刺史，華省舊郎官」二句失其所指，詩與題往往相應，「百城」指馬二使君，「華省舊郎官」指崔、張，可見詩題不應簡省。馬二使君，岑仲勉《唐人行第錄》謂馬二名字不可考。今考當時有刺史姓馬（見獨孤及《送馬鄭州》詩：「使君朱兩幡」），考查年代與本詩相近，考查地域則鄭州屬開封府，在洛陽附近，洛陽與襄陽唐代有官道可通，官商往來頻仍，杜甫詩所謂「便下襄陽向洛陽」，可證是唐代的交通要道，馬鄭州過襄陽峴山，可能是常事，只不知馬二使君是否就是這位馬刺史，今本誤作袁使君，益加無從查起了。

全詩與《四部叢刊》影明本僅有二字不同，即「叔子神猶在」，「猶」字作「如」；「山公興欲闌」，「欲」字作「未」。叔子用晉羊祜事，為峴山舊事，「神猶在」比「神如在」真切生動得多，孟集《送韓使君除洪府都督》詩：「勿翦棠猶在」，亦用「猶在」。山公用晉山簡事，山簡耽於酒，常醉，「興未闌」似謂酒興未足，「興欲闌」則指酒興已足。下句「嘗聞騎馬醉，還向習池看」，山簡每臨習家池，未嘗不大醉而還，則應作「興欲闌」，寫「酒興已足」為宜。山簡事孟詩屢用：山公常醉習家池（《高陽池送朱二》）；山公時取醉（《宴榮山人池亭》）；誰道山公醉，猶能騎馬回（《裴司士見訪》）。都寫山公醉酒興闌，可見應作欲字，士禮居藏影宋本、明顧道洪刊本，仍作「興欲闌」，是原本真貌尚存。

寒食臥疾喜李少府見尋

弱冠早登龍，今來喜再逢。何知春月柳，猶憶歲寒松。煙火臨寒食，笙哥達曙鍾。喧喧門雞道，行樂羨朋從。

　　《四部叢刊》影明本詩題作《李少府與王九再來》，考詩中「弱冠早登龍，今來喜再逢」，是從「弱冠」以來的再逢，不是只隔短時間的「再來」，所以使作者特別欣喜。詩中以「歲寒松」自比，是暗喻自己「臥疾」。「煙火臨寒食」已點明時節，而「鬥雞」也是寒食節的遊戲（見《荊楚歲時記》），因此敦煌本中的詩題，與全詩的詞句字字有了著落。反過來說，王九是王迴，在孟集中凡七見，或稱「白雲先生」，或稱「王山人」，詩題若有「王九再來」四字，則與本詩的構思完全不合。

　　我很懷疑孟集中另有一首《重訓李少府見贈》詩，是李少府作的，送給孟浩然，被後人收入孟集，該詩是：「養疾衡茆下，由來浩氣真。五行將禁火，十步想尋春。致敬維桑梓，邀歡即故人。還看後凋色，青翠有松筠。」詩中所說的「五行禁火」正是指寒食節，詩中稱養疾衡門，而寒食臥疾的正是孟浩然，孟集有《家園臥疾》詩，自稱「顧予衡茅下」，更可證明臥疾衡茆的正是孟浩然自己。而「由來浩氣真」正用孟子「我善養吾浩然之氣」一語，暗鑲著「孟浩然」三字，詩人哪裡會暗鑲自己的名字作標榜？可見是李少府贈給孟浩然的詩。孟浩然歸臥於襄陽，所以詩中稱桑梓。而贈詩結尾說「還看後凋松，青翠有松筠」，所以本詩說：「何知春月柳，猶憶歲寒松」，贈詩說要去看「後凋松」，答詩才感謝他「猶憶歲寒松」，贈詩說「十步想尋春」，答詩才把他比作「春月柳」，贈詩中稱「故人」，答詩才敘及「重逢」，兩詩恰好相對，正是一贈一答的詩。而士禮居藏影宋本《重本訓李少府見贈》的題目作《愛州李少府見贈》，從影宋本看來，明明說是李少府見贈的詩，並不是孟所作，後人編集時一併收入，宋本將詩旁所批注的「李少府見贈」字樣誤為詩題，至少還容易察覺不是孟詩，及至後代再加上「重訓」二字，就不容易剔除了。現在由於敦煌寫本的出現，比對

詩題的異同，竟附帶地發現這首屬入孟集的詩，不能不說是千年以來的快事！

　　「弱冠早登龍，今來喜再逢」，《四部叢刊》影明本「冠」字作「歲」，弱冠二字常用習見，而且能表示很久未見，所以作「冠」字為佳。「今來」《四部叢刊》影明本作「今朝」，詩題有「見尋」字，則作「今來」為勝。士禮居藏影宋本及明顧道洪本並作「今來」，相傳未誤。

　　「何知春月柳，猶憶歲寒松」，《四部叢刊》影明本「何知」作「何如」，考孟集《與黃侍御北津泛舟》詩，有「何知同鷁舟」句，又《除夜樂城逢張少府》詩：「何知歲除夜，得見故鄉親」，是「何知」一詞，孟詩常用。何知是「何期」的意思，出乎預料，所以充滿著意外的驚喜。自弱冠分別不見，到「今來再逢」，全出意外。哪裡能預想到容貌像「春月柳」一般在「尋春」的你，居然還記得臥病在床像「歲寒松」一般的我！這裡必須用「何知」二字，才能將意外的驚喜傳達出來，改作「何如」或「如何」，都會失去這種情趣。

　　「笙哥達曙鍾」，今各集本「哥」作「歌」，「鍾」作「鐘」，哥是古文，鍾是唐人習慣寫法，應改正。《四部叢刊》影明本「達」字作「咽」，為求與下文「喧喧」、「行樂」的句意一貫，作「達」字為勝，士禮居藏影宋本、明顧道洪本並作「達」，達應是孟詩的原貌。

地域文化研究叢書・敦煌文化研究叢刊　A0204023

敦煌文獻與文學叢考　上冊

作　　者　黃永武

編　　著　鄭阿財

版權策畫　李煥芹

責任編輯　曾湘綾

發 行 人　林慶彰

總 經 理　梁錦興

總 編 輯　張晏瑞

編 輯 所　萬卷樓圖書股份有限公司

臺北市羅斯福路二段 41 號 6 樓之 3

電話　(02)23216565

傳真　(02)23218698

出　　版　昌明文化有限公司

桃園市龜山區中原街 32 號

電話　(02)23216565

發　　行　萬卷樓圖書股份有限公司

臺北市羅斯福路二段 41 號 6 樓之 3

電話　(02)23216565

傳真　(02)23218698

電郵　SERVICE@WANJUAN.COM.TW

大陸經銷

廈門外圖臺灣書店有限公司

　　電郵　JKB188@188.COM

ISBN 978-986-496-447-5

2019 年 3 月初版

定價：新臺幣 400 元

如何購買本書：

1. 轉帳購書，請透過以下帳戶

　　合作金庫銀行　古亭分行

　　戶名：萬卷樓圖書股份有限公司

　　帳號：0877717092596

2. 網路購書，請透過萬卷樓網站

　　網址　WWW.WANJUAN.COM.TW

大量購書，請直接聯繫我們，將有專人為您

服務。客服：(02)23216565　分機 610

如有缺頁、破損或裝訂錯誤，請寄回更換

國家圖書館出版品預行編目資料

敦煌文獻與文學叢考　上冊 / 黃永武著　鄭
阿財編著. -- 初版. -- 桃園市：昌明文化出
版；臺北市：萬卷樓發行, 2019.03
　　冊；　　公分
ISBN 978-986-496-447-5(上冊：平裝). --

1.敦煌學　2.敦煌文學

797.9　　　　　　　　　　　　　108003188

本著作物經廈門墨客知識產權代理有限公司代理，由浙江大學出版社授權萬卷樓圖書股份
有限公司出版、發行中文繁體字版版權。

本書為金門大學產合作成果。　　　　　　　　校對：武玉珊／華語文學系四年級